PONS

Niederländisch

bearbeitet von
Sjoerd E. Arts
und
Renske Arts-Zonneveld

Reisewörterbuch
Ernst Klett Verlag für Wissen und Bildung

Begleitend zum
Pons Reisewörterbuch Niederländisch
1 Compact-Cassette
Beide Seiten besprochen
Sprechzeit ca. 60 min.
Klettnummer 51824
Lieferung durch jede Buchhandlung oder, wo dies auf Schwierigkeiten
stößt, gegen Portokosten per Nachnahme vom Verlag.

PONS Reisewörterbuch

Bearbeitet von
Sjoerd E. Arts
und
Renske Arts-Zonneveld

unter Mitwirkung und Leitung
der Verlagsredaktion Wörterbücher
Leiter: Wolfgang Kaul, M. A.;
Mitarbeit an diesem Werk:
Dr. Elisabeth Görg, Verlagsredakteurin

Grammatik:
Judith Goedbloed, Meckesheim

CIP-Titelaufnahme der Deutschen Bibliothek
Pons-Reisewörterbuch.
Stuttgart: Klett. – Niederländisch
[Hauptbd.]. Bearb. von Sjoerd E. Arts und Renske Arts-Zonneveld
1. Aufl., Nachdruck – 1990
ISBN 3-12-518140-2
NE: Arts, Sjoerd E. und Arts-Zonneveld, Renske [Mitverf.]

1. Auflage 1984 – Nachdruck 1990
© Ernst Klett Verlag für Wissen und Bildung GmbH, Stuttgart 1984.
Alle Rechte vorbehalten.
Umschlaggestaltung: Erwin Poell, Heidelberg und
Christa Janik, Leinfelden.
Illustrationen: Christa Janik, Leinfelden bei Stuttgart.
Fotosatz: KLETT DRUCK H. S. GmbH, Korb.
Druck: Augsburger Druckhaus, Augsburg.
Printed in Germany.
ISBN 3-12-518140-2

Inhaltsverzeichnis

Abkürzungen im Reisewörterbuch

acc	Akkusativ, 4. Fall	accusatief
adj	Adjektiv, Eigenschaftswort	bijvoeglijk naamwoord
adv	Adverb, Umstandswort	bijwoord
conj	Konjunktion, Bindewort	voegwoord
dat	Dativ, 3. Fall	datief
el	Elektrizität	elektriciteit
etw	etwas	iets
f	Femininum, weiblich	vrouwelijk
jdm	jemandem	iemand
jdn	jemanden	iemand
jur	juristisch	rechtsterm
m	Maskulinum, männlich	mannelijk
mil	Militärwesen	militair
n	Neutrum, sächlich	onzijdig
pers prn	Personalpronomen	persoonlijk voornaamwoord
pl	Plural, Mehrzahl	meervoud
pol	Politik	politiek
poss prn	Possessivpronomen	bezittelijk voornaamwoord
prn	Pronomen, Fürwort	voornaamwoord
rel	kirchlich, geistlich	kerkelijk
s.	sich	zich
sing	Singular, Einzahl	enkelvoud
tele	Telefon, Telegraf	telefoon
ugs	umgangsprachlich	gemeenzaam
verb	Verb, Zeitwort	werkwoord

Vorwort

Das PONS Reisewörterbuch ist Sprachführer und Wörterbuch zugleich. Es enthält neben den Wörterbuchteilen Deutsch — Niederländisch und Niederländisch — Deutsch als Kernstück eine reiche Auswahl von Redewendungen und Beispielsätzen, die es dem Reisenden ermöglichen, die wichtigsten Alltagssituationen im fremden Land sprachlich zu meistern.

Die Wörterbuchteile enthalten in beiden Sprachrichtungen zusammen rund 5000 Stichwörter. Besonders berücksichtigt wurden Ausdrücke der modernen gesprochenen Umgangssprache, soweit sie für Situationen typisch sind, die der Tourist häufig antrifft.

Die Redewendungen sind nach 14 Themenbereichen gegliedert: Allgemeine Wendungen; Mit dem Auto unterwegs; Reisen mit Bahn, Flugzeug oder Schiff; An der Grenze — Zoll; Bank — Geldwechsel; Unterkunft; Essen und Trinken; In der Stadt; Auf der Post; Auf der Polizei; Zeitvertreib — Vergnügungen; Einkaufen — Geschäfte; Beim Friseur; Krankheit.

Die aufgeführten Beispielsätze lassen sich leicht vielen weiteren Gesprächssituationen anpassen, da einzelne Wörter oder Satzelemente mit Hilfe der dem Sachbereich zugeordneten Wortlisten und mit Hilfe des Wörterbuchteils ausgetauscht werden können. Zur Erleichterung der Aussprache sind alle niederländischen Wörter und Wendungen mit der Lautschrift versehen.

Außerdem bietet das PONS Reisewörterbuch eine Kurzgrammatik, die jedem Benutzer willkommen sein wird, der sich über den Aufbau der niederländischen Sprache rasch orientieren möchte.

Das PONS Reisewörterbuch ist aufgelockert durch lustige Illustrationen und farbige landeskundliche Fotos. Anhand der zahlreichen authentischen Materialien wie Karten, Schilder und Formulare kann sich der Benutzer auf den Auslandsaufenthalt vorbereiten und einstimmen.

Das PONS Reisewörterbuch ist ein zuverlässiger und praktischer Sprachbegleiter, mit dessen Hilfe der Reisende sowohl das Reiseland als auch seine Bewohner näher kennenlernen kann.

● Die blauen Punkte markieren Äußerungen oder Sätze, mit denen er im fremden Land konfrontiert werden könnte und die er verstehen sollte.

Aussprache

'	vor einer Silbe bedeutet, daß die nachfolgende Silbe betont ist.		
:	bedeutet, daß der vorhergehende Laut lang zu sprechen ist.		
[i:]	wie in **T**ier	dier	[di:r]
[i]	wie in M**i**nute	tien	[tin]
[ɪ]	wie in K**i**nd, etwas offener als [i]	wind	[wɪnt]
[e:]	wie in r**e**den, B**ee**t, m**e**hr	regen weer	['re:xən] [we:r]
[ɛ]	wie in B**ä**cker, r**e**tte	kerk rest	[kɛrk] [rɛst]
[ɑ:]	wie in h**a**ben, W**aa**ge, K**a**hn	wagen aarde	['wɑ:xən] ['ɑ:rdə]
[ɑ]	wie in Kl**a**ng	dat	[dɑt]
[y:]	wie in H**ü**te, k**üh**n	uur	[y:r]
[y]	wie in H**ü**tte, **Y**psilon	minuut	[mi'nyt]
[ø:]	wie in b**ö**se, **Öh**rchen	sleutel	['slø:təl]
[œ]	wie in m**ö**chte	huis	[hœeis]
[ə]	wie in bitt**e**, nie betont	regen twintig vrolijk	['re:xən] ['twɪntəx] ['vro:lək]
[ʌ]	wie in frz. l**e**	lucht	[lʌxt]
[u:]	wie in K**u**r, **Uh**r	boer	[bu:r]
[u]	wie in B**u**rg	boek	[buk]
[w]	wie in **W**asser, aber kaum stimmhaft	wind eeuw	[wɪnt] [e:w]
[o:]	wie in **O**fen, B**oo**t, **Oh**r	olie school	['o:li] [sxo:l]
[ɔ]	wie in **o**ffen, S**o**nne	zon	[zɔn]
[p]	wie in **P**ol	papier	[pɑ:'pi:r]

[b]	wie in **B**ohne	boer	[bu:r]
[t]	wie in **T**eller	tien	[tin]
[d]	wie in **D**elle	dier	[di:r]
[c]	wie in Hüt**ch**en	kaartje	['ka:rcə]
[k]	wie in **K**ahn	kerk	[kɛrk]
[g]	wie in **G**ans	migraine melkboer	[mi'grɛ:nə] ['mɛlgbu:r]
[f]	wie in **f**allen	fles	[flɛs]
[v]	wie in **V**ioline	vet	[vɛt]
[s]	wie in rei**ß**en, la**ss**en	smaak	[sma:k]
[z]	wie in rei**s**en, le**s**en	zon	[zɔn]
[ʃ]	wie in Ti**sch**, die Lippen jedoch nicht gerundet	meisje	['mɛiʃə]
[ʒ]	wie in **G**ara**g**e, Lo**g**e	garage	[xɑ:'ra:ʒə]
[j]	wie in **J**ahr	jaar	[ja:r]
[x]	wie in a**ch**, no**ch**, zwischen Vokalen nicht so hart gesprochen	lucht school regen	[lʌxt] [sxo:l] ['re:xən]
[h]	wie in **H**aus	huis	[hœis]
[l]	wie in **L**uft	lucht	[lʌxt]
[r]	wie in **R**egen	regen	['re:xən]
[m]	wie in **M**arkt	markt	[mɑrkt]
[n]	wie in **N**ummer	nummer	['nʌmər]
[ŋ]	wie in A**ng**st	angst bank	[ɑŋst] [bɑŋk]

● Die Diphthonge werden im Niederländischen in ihren beiden Bestandteilen deutlich hörbar ausgesprochen, z. B.

reis [rɛ.is] Reise

Wörterbuch Deutsch-Niederländisch

A

abbestellen *(Zimmer)* opzeggen ['ɔpsɛxən]; *(Fahr-, Flugkarten)* annuleren [any'le:rən]

Abend avond ['a:vɔnt]; **heute abend** vanavond [van'a:vɔnt]

Abendessen avondeten ['a:vɔnte:tən] *n*

abends 's avonds ['sa:vɔnts]

aber maar [ma:r]

abfahren (von) vertrekken (van) [vər'trɛkən ('van)] ⟨vertrok, vertrokken⟩, wegrijden (van) ['wɛxrɛidən ('van)] ⟨reed weg, weggereden⟩

Abfahrt vertrek [vər'trɛk] *n*

Abfall vuilnis ['vœilnɪs] *n*, afval ['afal]

abholen afhalen ['afha:lən]; **~ lassen** laten afhalen ['la:tən 'afha:lən]

Abkürzung afkorting ['afkɔrtɪŋ]

abladen lossen ['lɔsən], afladen ['afla:dən] ⟨laadde af, afgeladen⟩

ablehnen afwijzen ['afwɛizən] ⟨wees af, afgewezen⟩, weigeren ['wɛixərən]

abnehmen afnemen ['afne:mən] ⟨nam af, afgenomen⟩; *(dünner werden)* vermageren [vər'ma:xərən]

Abreise vertrek [vər'trɛk] *n*

abreisen (nach) vertrekken (naar) [vər'trɛkən (na:r)] ⟨vertrok, vertrokken⟩

Abschied afscheid ['afsxɛit] *n*

abschleppen wegslepen ['wɛxsle:pən]

abschließen afsluiten ['afslœitən] ⟨sloot af, afgesloten⟩; *(beenden)* eindigen ['ɛindəxən] ⟨eindigde, is geëindigd⟩

Abschnitt *(Formular, Scheck)* strook [stro:k]

Absicht bedoeling [bə'dulɪŋ]

absichtlich *adv* met opzet [mɛt 'ɔpsɛt], opzettelijk [ɔp'sɛtələk]

Abstand afstand ['afstant]

abwärts naar beneden [na:r bə'ne:dən]

abwesend afwezig [af'we:zəx], absent [ap'sɛnt]

achtgeben (auf) letten (op) ['lɛtən (ɔp)], oppassen ['ɔpasən]

Achtung respect [rɛs'pɛkt] *n*, eerbied ['e:rbit]; **~ !** let op! [lɛt 'ɔp], pas op! [pas 'ɔp]

Adresse adres [a:'drɛs] *n*

adressieren adresseren [a:'drɛse:rən]

Agentur agentschap [a:'xɛntsxap]

ähnlich gelijksoortig [xəlɛik'so:rtəx], overeenkomstig [o:vəre:ŋ'kɔmstəx]

Ahnung voorgevoel ['vo:rxəvul] *n*, vermoeden [vər'mu:dən]; **keine ~ !** geen (flauw) idee [xə:n ('flɔu) i'de:]

alle *(sämtliche)* alle ['alə]; **auf ~ Fälle** in ieder/elk geval [in idər/ɛlk xə'val]; **~ Tage** elke dag ['ɛlkə dax]; **~ zwei Stunden** om het uur ['ɔm ət 'y:r]; *(ausgegangen)* op ['ɔp]

allein alleen [a'le:n]

alles alles ['aləs]

allgemein algemeen [alxə'me:n]; **im ~ en** in het algemeen ['ɪn ət alxə'me:n]

als *(zeitlich)* toen [tun]; *(bei Vergleich)* dan [dan]; **besser ~** beter dan ['be:tər dan]; **nichts ~** niets dan ['nits dan]; **~ ob** alsof [al'zɔf]

also dus [dʌs]

alt oud [ɔut]

Alter leeftijd [le:ftɛit]

Amt *(Dienststelle)* bureau [by'ro:] *n*, kantoor [kan'to:r] *n*

amtlich ambtelijk ['amtələk], officieel [ɔfi'sje:l]

amüsieren, s. ~ zich amuseren ['zɪx a:my'ze:rən]

an *(räumlich)* dat aan [a:n]; **am Meer** aan zee [a:n 'ze:]; *acc* naar [na:r]; *(zeitlich)* **am Abend** 's avonds ['sa:vɔnts]; **am Sonntag** op zondag [ɔp 'sɔndax], 's zondags ['sɔndaxs]

anbieten aanbieden ['a:mbidən] ⟨bood aan, aangeboden⟩

Andenken souvenir [suvə'ni:r] *n*, herinnering [hɛr'ɪnərɪŋ]

andere andere ['ɑndərə]

andermal, ein ~ een andere keer [ən 'ɑndərə ke:r]

ändern veranderen [vər'ɑndərən]

anders anders ['ɑndərs]

anderswo ergens anders ['ɛrɣəns 'ɑndərs]

anderthalb anderhalf [ɑndər'hɑlf]

Anfang begin [bə'xɪn] n

anfangen beginnen [bə'xɪnən] ⟨begon, is begonnen⟩

Angabe aangifte ['a:ŋxɪftə], verklaring [vər'kla:rɪŋ]; **~ n machen** gegevens verstrekken [xə'xe:vəns fər'strɛkən]; **nähere ~n** nadere gegevens [na:dərə xə'xe:vəns]

Angebot aanbod ['a:mbɔt] n; (Laden) aanbieding ['a:mbidɪŋ]

Angelegenheit aangelegenheid [a:ŋxə'le:xənhɛit], zaak [za:k]; **eine ~ erledigen** een zaak regelen [ən za:k 're:xələn]

angenehm aangenaam ['a:ŋxəna:m]

Angestellte, der/die ~ bediende [bə'dində], employé [ãmplwa:'je:], personeelslid [pɛrso:'ne:lslɪt] n ⟨-leden⟩

Angst angst [ɑŋst]

anhalten aanhouden ['a:nhoudən] ⟨hield aan, aangehouden⟩

anklopfen aankloppen ['a:ŋklɔpən]

ankommen aankomen ['a:ŋko:mən] ⟨kwam aan, aangekomen⟩

Ankunft aankomst ['a:ŋkɔmst]

Anlage (el) installatie [ɪnsta'la:tsi]; (Grün~) plantsoen [plant'sun] n; (Brief) bijlage ['bɛila:xə]

Anlaß (Grund) reden ['re:dən]; (Gelegenheit) aanleiding ['a:nlɛidɪŋ]

anmachen (Licht) aansteken ['a:nste:kən] ⟨stak aan, aangestoken⟩

anmelden aanmelden ['a:mɛldən]

Annahme toelating ['tula:tɪŋ]; (Vermutung) veronderstelling [vərɔndər'stɛlɪŋ]

annehmen aannemen ['a:ne:mən] ⟨nam aan, aangenomen⟩

Anruf telefoontje [telə'fo:ncə] n

anrufen opbellen ['ɔbɛlən]

anschauen bekijken [bə'kɛikən] ⟨bekeek, bekeken⟩, aanzien ['a:nzin] ⟨zag aan, aangezien⟩

anscheinend adv blijkbaar ['blɛikba:r], naar het schijnt [na:r ət 'sxɛint]

Anschluß (Zug) aansluiting ['a:nslœitɪŋ], verbinding [vər'bɪndɪŋ]

Anschrift adres [ɑ'drɛs] n

ansehen aankijken ['a:ŋkɛikən] ⟨keek aan, aangekeken⟩, toekijken ['tukɛikən] ⟨keek toe, toegekeken⟩

Ansicht aanblik ['a:mblɪk]; **zur ~** ter inzage [tɛr 'ɪnza:xə]; (Meinung) mening ['me:nɪŋ]

Ansichtskarte ansichtkaart ['ɑnzɪxtka:rt]

anstatt in plaats van [ɪm 'pla:ts vɑn]

anstrengend vermoeiend [vər'mujənt]

Anstrengung inspanning ['ɪnspanɪŋ]

antik antiek [ɑn'tik]

Antiquitäten antiquiteiten [ɑntikwi'tɛitən]

Antwort antwoord ['ɑntwo:rt] n

antworten antwoorden ['ɑntwo:rdən]

Anwalt advocaat [atfo:'ka:t], procureur [pro:ky'rø:r]

anwenden aanwenden ['a:nwɛndən], gebruiken [xə'brœikən]; (Gesetz) toepassen ['tupasən]

anwesend aanwezig [a:n'we:zəx]

Anzahl aantal ['a:ntal] n

Anzeige (Inserat) advertentie [atvər'tɛnsi], annonce [ɑ'nõ:sə]

anziehen (Kleidungsstück) aantrekken ['a:ntrɛkən] ⟨trok aan, aangetrokken⟩; **s. ~** zich aankleden [zɪx 'a:ŋkle:dən]

Anzug pak [pɑk] n, kostuum [kɔs'tym] n

anzünden aansteken ['a:nste:kən] ⟨stak aan, aangestoken⟩

Apfel appel ['ɑpəl]

Apotheke apotheek [ɑpo:'te:k]

Apparat toestel ['tustɛl] n, apparaat [ɑpa:'ra:t] n

Arbeit werk [wɛrk] n, arbeid ['ɑrbɛit]

arbeiten werken ['wɛrkən]

ärgern, s. ~ über zich ergeren over [zɪx 'ɛrxərən 'o:vər]

arm arm [ɑrm]

Arm arm [ɑrm]

Armband armband ['ɑrmbɑnt]

Armbanduhr (pols)horloge [('pɔls)hɔr'lo:ʒə] n

Ärmel mouw [mouw]

Art manier [ma:'ni:r], soort [so:rt]

Artikel artikel [ɑr'tikəl] n

auch ook [o:k]; ~ **nicht** ook niet ['o:k nit]
auf (1) *prp dat* op [ɔp]; ~ **der Post** op het postkantoor [ɔp ət 'pɔstkɑnto:r]; ~ **der Reise** tijdens de reis ['tɛidəns də 'rɛis]; ~ **der Straße** op straat [ɔp 'stra:t]; *acc* naar [na:r]; ~ **die Post** naar het postkantoor [na:r ət 'pɔstkɑnto:r]; ~ **niederländisch** in het Nederlands [ın ət 'ne:dərlɑnts]; ~ **einmal** ineens [ın'e:ns], opeens [ɔp'e:ns]
auf (2) *(offen)* open ['o:pən]
aufbewahren bewaren [bə'wa:rən]
Aufenthalt verblijf [vər'blɛif] *n; (Zug)* oponthoud ['ɔpɔnthout] *n*, vertraging [vər'tra:xıŋ]
auffordern uitnodigen ['œitno:dəxən], vragen [vra:xən] ⟨vroeg, gevraagd⟩
Aufführung uitvoering ['œitfurıŋ]
aufgeben *(Gepäck, Post)* ter verzending afgeven [ter vər'zɛndıŋ 'afxe:vən] ⟨gaf af, afgegeven⟩
aufhalten, jdn ~ ophouden ['ɔphoudən] ⟨hield op, opgehouden⟩; **s.** ~ zich ophouden [zıx 'ɔphoudən], verblijven [vər'blɛivən] ⟨verbleef, verbleven⟩
aufhängen ophangen ['ɔphɑŋən] ⟨hing op, opgehangen⟩
aufhören ophouden ['ɔphoudən] ⟨hield op, opgehouden⟩, uitscheiden ['œitsxɛidən] ⟨scheed uit, uitgescheden⟩
aufladen opladen ['ɔpla:dən], opleggen ['ɔplɛxən]
aufmachen open maken ['o:pə ma:kən], open doen ['o:pə dun] ⟨deed open, opengedaan⟩
aufmerksam oplettend [ɔp'lɛtənt]
Aufnahme *(Empfang)* ontvangst [ɔnt'faŋst], onthaal [ɔnt'ha:l] *n; (Foto)* opname ['ɔpna:mə]
aufnehmen *(Foto)* nemen ['ne:mən] ⟨nam, genomen⟩
aufpassen (auf) oppassen (op) ['ɔpɑsən (ɔp)]
aufpumpen oppompen ['ɔpɔmpən]
aufschieben uitstellen ['œitstɛlən], opschuiven ['ɔpsxœivən] ⟨schoof op, opgeschoven⟩
Aufschub uitstel ['œitstɛl] *n*, vertraging [vər'tra:xıŋ]

Aufseher *(Wächter)* opzichter ['ɔpsıxtər]
aufstehen opstaan ['ɔpsta:n] ⟨stond op, opgestaan⟩
aufwachen wakker worden ['wɑkər wɔrdən]
aufwecken wakker maken ['wɑkər ma:kən]
Aufzeichnung aantekening ['a:nte:kənıŋ]
Aufzug lift [lıft]
Auge oog [o:x] *n*
Augenblick ogenblik ['o:xəmblık] *n*
aus *(Herkunft)* uit [œit]; ~ **Amsterdam** uit Amsterdam [œit ɑmstər'dɑm]; *(Material)* van [vɑn]; **ein Kleid** ~ **Seide** een jurk van zijde [ən 'jʏrk fɑn 'zɛidə]; *(Grund)* om [ɔm]; ~ **diesem Grund** om deze reden [ɔm 'de:zə 're:dən]
Ausdruck uitdrukking ['œidrəkıŋ]
ausdrücklich *adv* uitdrukkelijk [œi'drʌkələk]
Ausflug tochtje ['tɔxcə] *n*, uitstapje ['œitstɑpjə] *n*
Ausfuhr uitvoer ['œitfu:r], export ['ɛkspɔrt]
ausführen *(Arbeit)* uitvoeren ['œitfuren]
ausfüllen *(Formular)* invullen ['ınvələn]
Ausgaben *pl* kosten ['kɔstən], uitgaven ['œitxa:vən]
Ausgang uitgang ['œitxɑŋ]
ausgeben uitgeven ['œitxe:vən] ⟨gaf uit, uitgegeven⟩
ausgehen uitgaan ['œitxa:n] ⟨ging uit, uitgegaan⟩
ausgeschlossen uitgesloten ['œitxəslo:tən]
ausgezeichnet uitstekend [œit'ste:kənt]
Auskunft inlichting ['ınlıxtıŋ], informatie [ınfɔr'ma:tsi]; ~ **einholen** inlichtingen inwinnen ['ınlıxtıŋən 'ınwınən]
Auskunftsstelle informatiebureau [ınfɔr'ma:tsiby'ro:] *n*
Ausland buitenland ['bœitənlɑnt] *n;* **im/ins** ~ in/naar het buitenland [ın/na:r ət 'bœitəlɑnt]
Ausländer buitenlander ['bœitəlɑndər]
ausländisch buitenlands ['bœitəlɑnts]

auslöschen blussen ['blʌsən], doven ['do:vən]
ausmachen uitdoen ['œitdun] ⟨deed uit, uitgedaan⟩
Ausnahme uitzondering ['œitsɔndəriŋ]
auspacken uitpakken ['œitpakən]
Ausreise vertrek [vər'trɛk] n
ausruhen, s. ~ uitrusten ['œitrəstən]
aussehen uitzien ['œitsin] ⟨zag uit, uitgezien⟩
außen buiten ['bœitən]; **von** ~ van buiten [van 'bœitən]
außer behalve [bə'halvə], buiten [bœitən]
außerdem bovendien [bo:vən'din], behalve dat [bə'halvə dat]
außergewöhnlich buitengewoon ['bœitəngə'wo:n]
außerhalb buiten ['bœitən]
äußerlich adj uiterlijk ['œitərlək]; adv van buiten [van 'bœitən]
Aussicht uitzicht ['œitsixt] n
Aussprache uitspraak ['œitspra:k]
aussprechen uitspreken ['œitspre:kən] ⟨sprak uit, uitgesproken⟩

aussteigen uitstappen ['œitstapən]
Ausstellung tentoonstelling [tɛn'to:nstɛliŋ], expositie [ɛkspo:zi'tsi]
aussuchen uitzoeken ['œitsukən] ⟨zocht uit, uitgezocht⟩
Austausch uitwisseling ['œitwisəliŋ]
austauschen uitwisselen ['œitwisələn]
ausüben (Beruf) uitoefenen ['œitufənən]
Ausverkauf uitverkoop ['œitfərko:p]
Auswahl keus [kø:s], keuze [kø:zə]
Ausweg uitweg ['œitwɛx]
Ausweis (Personal) identiteitsbewijs [idɛnti'tɛitsbəwɛis] n
ausziehen (Kleidungsstück) uittrekken ['œitrɛkən] ⟨trok uit, uitgetrokken⟩; (Wohnung verlassen) verhuizen [vər'hœizən]; **s.** ~ zich uitkleden [zix 'œitkle:dən]
Auto auto ['ɔuto:/'o:to:]; ~ **fahren** autorijden ['ɔuto:/'o:to:rɛidən]
Automat (Waren) automaat [ɔuto:'ma:t]
automatisch automatisch [ɔuto:'ma:tis]

B

Bad bad [bat] n
baden (Wanne) baden ['ba:dən]; (schwimmen) zwemmen ['zwɛmən] ⟨zwom, gezwommen⟩
Badeort badplaats ['batpla:ts]
bald gauw [gɔu], spoedig ['spudəx]; **so** ~ **wie möglich** zo gauw mogelijk [zo: 'xɔu 'mo:xələk]
Ball (1) (zum Spielen) bal [bal]
Ball (2) (Fest) bal [bal] n
Band (1) n (aus Stoff) band [bant], lint [lint] n
Band (2) m (Buch) (boek)deel [('bug)de:l], band [bant]
Bank (Geldinstitut; Sitzbank) bank [baŋk]
bar zahlen contant betalen [kɔn'tant bə'ta:lən]
Bargeld contant geld [kɔntant 'xɛlt]
bauen bouwen ['bɔuwən]
Bauer (Landwirt) boer [bu:r]

Bauernhof boerderij [bu:rdə'rɛi]
Baum boom [bo:m]
Baumwolle katoen [ka:'tun]
beabsichtigen bedoelen [bə'dulən], van plan zijn [van 'plan zɛin]
beachten letten op ['lɛtən ɔp]
beantworten beantwoorden [bə'antwo:rdən]
Bedauern spijt [spɛit]
bedauern beklagen [bə'kla:xən], medelijden hebben met ['me:dəlɛidən hɛbən mɛt]
bedecken bedekken [bə'dɛkən]
bedeckt (Wetter) bewolkt [bə'wɔlkt]
bedeuten betekenen [bə'te:kənən]
bedeutend van betekenis [van bə'te:kənis], belangrijk [bə'laŋrɛik]
Bedeutung betekenis [bə'te:kənis]

bedienen bedienen [bə'dinən]
Bedienung bediening [bə'diniŋ]
Bedingung voorwaarde
['vo:rwa:rdə]
Bedürfnis behoefte [bə'huftə]
beeilen, s. ~ zich haasten
[zɪx 'ha:stən]
beenden afmaken ['avma:kən],
eindigen ['ɛindəxən]
befinden, s. ~ zich bevinden
[zɪx bə'vɪndən] ⟨bevond, bevonden⟩
befolgen opvolgen ['ɔpvɔlxən],
navolgen ['na:vɔlxən]
befördern bevorderen
[bə'vɔrdərən]; *(Fracht etc.)* verzenden [vər'zɛndən], vervoeren
[vər'vurən]
befreundet sein bevriend zijn
[bə'vrint sɛin]
befürchten bang zijn voor
['baŋ zɛin vo:r], vrezen ['vre:zən]
begegnen ontmoeten [ɔnt'mutən]
begeistert (von) enthousiast
(over) [ãntu'ʒast (o:vər)]
Beginn begin [bə'xɪn] *n*
beginnen beginnen [bə'xɪnən]
⟨begon, begonnen⟩
begleiten begeleiden [bəxə'lɛidən]
begrüßen begroeten [bə'xrutən]
behalten houden ['houdən]
⟨hield, gehouden⟩
Behälter reservoir [rezɛr'vwa:r] *n*,
tank [tɛŋk]
behandeln behandelen
[bə'handələn]
Behandlung behandeling
[bə'handəlɪŋ]
behaupten beweren [bə'we:rən]
behilflich, jdm ~ **sein** iemand
behulpzaam zijn
['imant bə'hʌlpza:m zɛin]
Behörde (overheids)instantie
[('o:vərhɛits)ɪn'stantsi]
bei *(nahe)* bij [bɛi]; ~ **Tag** overdag
[o:vər'dax]; ~ **Nacht** 's nachts
['snaxts]; ~ **Tisch** aan tafel
[a:n 'ta:fəl]; ~ **diesem Wetter** bij
dit weer [bɛi 'dɪt we:r]; ~**m Essen**
bij het eten [bɛi ət 'e:tən]
beide beide ['bɛidə]
Beifall goedkeuring ['xutkø:rɪŋ],
instemming ['ɪnstɛmɪŋ]
Beileid deelneming ['de:lne:mɪŋ]
beinahe bijna ['bɛina:], haast [ha:st]
beisammen bijeen [bɛi'e:n], bij elkaar [bɛi 'ɛlka:r]

Beispiel voorbeeld ['vo:rbe:lt] *n;*
zum ~ bijvoorbeeld [bɛi'vo:rbe:lt]
bekannt bekend [bə'kɛnt]; **jdn mit**
jdm ~ **machen** iemand voorstellen ['imant 'fo:rstɛlən]; ~ **sein**
bekend zijn [bə'kɛnt sɛin]
Bekannte, der, die ~ kennis
['kɛnəs]
bekanntmachen bekend maken
[bə'kɛnt ma:kən], publiceren
[pybli'se:rən]
beklagen, s. ~ **(über)** zich beklagen (over) [zɪx bə'kla:xən ('o:vər)]
bekommen krijgen ['krɛixən]
⟨kreeg, gekregen⟩
belästigen lastig vallen
['lastəx falən] ⟨viel, gevallen⟩
belegen, einen Platz ~ een plaats
bespreken/reserveren
[ən 'pla:ts bəspre:kən/re:sɛr've:rən]
beleidigen beledigen [bə'le:dəxən]
Beleidigung belediging
[bə'le:dəxɪŋ]
beleuchtet verlicht [vər'lɪxt]; *(fest-*
lich) verlicht [vər'lɪxt], geïllumineerd [xəilymi'ne:rt]
Belgien België ['bɛlxijə]
Belgier Belg [bɛlx]
Belgierin Belgische ['bɛlxisə]
Belieben, nach ~ naar believen
[na:r bə'li:vən]
belohnen belonen [bə'lo:nən]
Belohnung beloning [bə'lo:nɪŋ]
bemerken bemerken [bə'mɛrkən];
(sagen) opmerken ['ɔpmɛrkən],
zeggen ['zɛxən] ⟨zei, gezegd⟩
bemühen, s. ~ zich inspannen
[zɪx 'ɪnspanən]
benachrichtigen inlichten
['ɪnlɪxtən], bericht zenden
[bə'rɪxt sɛndən] ⟨zond, gezonden⟩
Benehmen gedrag [xə'drax] *n*
benötigen nodig hebben
['no:dəx hɛbən]
benutzen gebruiken [xə'brœikən];
(Verkehrsmittel) gebruik maken
van [xə'brœik ma:kən van]
Benzin benzine [bɛn'zinə]
beobachten gadeslaan ['xa:dəsla:n]
⟨sloeg gade, gadegeslagen⟩, observeren [ɔpsɛr've:rən]
bequem makkelijk ['makələk],
aangenaam [a:ŋxəna:m]
Bequemlichkeit gemak(zucht)
[xə'mak(səxt)], gerieflijkheid
[xə'riflək hɛit]

berechnen berekenen [bə're:kənən]
berechtigt bevoegd [bə'vuxt],
gerechtigd [xə'rɛxtəxt]
bereit bereid [bə'rɛit], klaar [klɑ:r],
gereed [xə're:t]
Berg berg [bɛrx]
bergab bergaf(waarts)
[bɛrx'af(wa:rts)]
bergauf bergop(waarts)
[bɛrx'ɔp(wa:rts)]
Bericht bericht [bə'rixt] *n*
berichtigen verbeteren
[vər'be:tərən], rectificeren
[rɛktifi'se:rən]
Beruf beroep [bə'rup] *n*
beruhigen, s. ~ kalmeren
[kal'me:rən]
berühmt beroemd [bə'rumt]
berühren aanraken ['ɑ:nra:kən]
Berührung aanraking ['ɑ:nra:kɪŋ],
contact [kɔn'takt] *n*
beschädigen beschadigen
[bə'sxɑ:dəxən]
Beschädigung beschadiging
[bə'sxɑ:dəxɪŋ]
beschaffen *verb* verschaffen
[vər'sxafən]
beschäftigt (mit) bezig (met)
['be:zəx (mɛt)]
bescheinigen (schriftelijk) verklaren [('sxrɪftələk) vər'kla:rən]
Bescheinigung (schriftelijke)
verklaring [('sxrɪftələkə) vər'kla:rɪŋ],
attest [a'tɛst] *n*
beschleunigen bespoedigen
[bə'spudəxən]; *(Auto)* optrekken
['ɔptrɛkən], accelereren
[aksələ're:rən]
beschließen besluiten [bə'slœitən]
⟨besloot, besloten⟩
beschreiben beschrijven
[bə'sxrɛivən] ⟨beschreef, beschreven⟩
beschützen beschermen
[bə'sxɛrmən]
Beschwerde klacht [klaxt], bezwaar [bə'zwa:r] *n*, moeite ['muitə]
beschweren, s. ~ **(über)** zich beklagen (over) [zɪx bə'kla:xən (o:vər)]
besetzt *(Platz, voll)* bezet [bə'zɛt]
Besitz bezit [bə'zɪt] *n*
besitzen bezitten [bə'zɪtən]
⟨bezat, bezeten⟩
Besitzer eigenaar ['ɛixəna:r], bezitter [bə'zɪtər]
besonders in het bijzonder
[ɪn ət bi'zɔndər]

besorgen bezorgen [bə'zɔrxən]
besorgt bezorgd [bə'zɔrxt]
Besorgung boodschap ['bo:tsxap];
~ **en machen** boodschappen doen
['bo:tsxapə dun]
besser beter ['be:tər]
bestätigen bevestigen
[bə'vɛstəxən]
bestehen *(existieren)* bestaan
[bə'sta:n] ⟨bestond, bestaan⟩; ~ **auf**
staan op ['sta:n ɔp] ⟨stond, gestaan⟩,
blijven bij ['blɛivə bɛi]
⟨bleef, gebleven⟩; ~ **aus** bestaan uit
[bə'sta:n œit]
bestellen bestellen [bə'stɛlən]; *(Ho-*
tel, Platz) bespreken [bə'spre:kən]
⟨besprak, besproken⟩, reserveren
[re:sɛr've:rən]
Bestellung bestelling [bə'stɛlɪŋ]
bestimmt beslist [bə'slɪst]
Besuch bezoek [bə'zuk] *n*, visite
[vi'sitə]
besuchen, jdn ~ iemand bezoeken ['imand bə'zukən]
⟨bezocht, bezocht⟩
beten bidden [bɪdən] ⟨bad, gebeden⟩
betrachten bekijken [bə'kɛikən]
⟨bekeek, bekeken⟩
beträchtlich aanmerkelijk
[a:'mɛrkələk]
Betrag bedrag [bə'drax] *n*
betreffend wat betreft
[wad bə'trɛft]
betreten *verb* betreden [bə'tre:dən]
⟨betrad, betreden⟩, binnentreden
['bɪnatre:dən]
⟨trad binnen, binnengetreden⟩
Betrieb bedrijf [bə'drɛif] *n*
betrinken, s. ~ zich bedrinken
[zɪx bə'drɪŋkən] ⟨bedronk, bedronken⟩
Betrug bedrog [bə'drɔx] *n*
betrügen bedriegen [bə'drixən]
⟨bedroog, bedrogen⟩, oplichten
['ɔplɪxtən]
betrunken dronken [drɔŋkən]
Bett bed [bɛt] *n*; **zu** ~ **gehen** naar
bed gaan [na:r 'bɛt xa:n]
Bettwäsche beddegoed ['bɛdəxut]
n
beunruhigen, s. ~ zich ongerust
maken [zɪx ɔnxə'rʌst ma:kən]
beurteilen beoordelen [bə'o:rde:lən]
Beutel zak [zak], buidel ['bœidəl]
bevor vóór [vo:r], voordat ['vo:rdat]
bewegen bewegen [bə'we:xən]
⟨bewoog, bewogen⟩

bewegt *(Gefühl)* ontroerd [ɔnt'ru:rt]; *(Meer)* woelig ['wulɐx]
Bewegung beweging [bə'we:xɪŋ]
Beweis bewijs [bə'wɛis] *n*
beweisen bewijzen [bə'wɛizən] ⟨bewees, bewezen⟩
Bewohner bewoner [bə'wo:nər]
bewölkt bewolkt [bə'wɔlkt]
bewundern bewonderen [bə'wɔndərən]
bewußt bewust [bə'wʌst]
bezahlen betalen [bə'ta:lən]
bezaubernd betoverend [bə'to:vərənt]
beziehen, s. ~ auf betrekking hebben op [bə'trɛkɪŋ hɛbən ɔp]
biegen buigen ['bœixən] ⟨boog, gebogen⟩
Bier bier [bi:r] *n*
Bild *(Foto)* foto ['fo:to:]; *(Abbildung)* afbeelding ['avbe:ldɪŋ]; *(Gemälde)* schilderij [sxɪldə'rɛi] *n*
bilden vormen ['vɔrmən], ontwikkelen [ɔnt'wɪkələn]
billig goedkoop [xut'ko:p]
binden binden ['bɪndən] ⟨bond, gebonden⟩
Bindfaden paktouwtje ['paktɔucə] *n*
Birne peer [pe:r]; *(el)* lamp [lamp]
bis tot [tɔt]; **~ jetzt** tot nu toe [tɔt 'ny tu]
bißchen, ein ~ een beetje [ən 'be:cə]
bitte alstublieft [alsty'blift]; *(Antwort auf Dank)* graag gedaan [xra:x xə'da:n]; **wie ~?** wat zegt U? [wat 'wɛxt y]
Bitte verzoek [vər'zuk] *n*
bitten, jdn um etw ~ iemand om iets verzoeken ['imant ɔm its fər'zukən] ⟨verzocht, verzocht⟩
bitter bitter ['bɪtər]
Blatt blad [blat] *n*
blau blauw [blɔu]; **hell-/dunkel ~** licht-/donkerblauw ['lɪxt/'dɔŋkərblɔu]
bleiben blijven ['blɛivən] ⟨bleef, gebleven⟩
bleich bleek [ble:k]
Bleistift potlood ['pɔtlo:t] *n*
Blick blik [blɪk]
blind blind [blɪnt]
Blitz *(Wetter)* bliksem ['blɪksəm]; *(Foto)* flits [flɪts]

blöd(e) dom [dɔm], idioot [idi'o:t]
blond blond [blɔnt]
blühen bloeien ['blujən]
Blume bloem [blum]
Blumenzwiebel bloembol ['blumbɔl]
Boden bodem ['bo:dəm], grond [xrɔnt]; *(Fuß ~)* vloer [vlu:r]
Boot boot [bo:t]
Bord, an ~ gehen aan boord gaan [a:n 'bo:rt xa:n] ⟨ging, gegaan⟩
böse boos [bo:s]
Botschaft *(dipl. Vertretung)* ambassade [amba'sa:də]
Brand brand [brant]
Braten gebraden vlees [xə'bra:də vle:s] *n*
braten braden ['bra:dən] ⟨braadde, gebraden⟩; *(in der Pfanne)* bakken ['bakən] ⟨bakte, gebakken⟩
brauchen nodig hebben ['no:dəx hɛbən]
braun bruin [brœin]
brechen breken ['bre:kən] ⟨brak, gebroken⟩
breit breed [bre:t]
brennen branden ['brandən]
Brief brief [brif]
Briefkasten brievenbus ['brivəbəs]
Briefmarke postzegel ['pɔstse:xəl]
Briefpapier postpapier ['pɔstpa:pi:r] *n*
Brieftasche portefeuille [pɔrtə'fœjə]
Briefträger postbode ['pɔstbo:də]
Briefumschlag envelop(pe) [ãvə'lɔp(ə)]
Briefwechsel briefwisseling ['brifwɪsəlɪŋ], correspondentie [kɔrɛspɔn'dɛntsi]
Brille bril [brɪl]
bringen brengen ['brɛŋən] ⟨bracht, gebracht⟩
Brot brood [bro:t] *n*
Brötchen kadetje [ka'dɛcə] *n*, broodje ['bro:cə] *n;* **belegtes ~** belegd broodje [bə'lɛxt bro:cə]
Brücke brug [brʌx]
Bruder broer [bru:r]
Brunnen put [pʌt], bron [brɔn]; *(Spring ~)* fontein [fɔn'tɛin]
Buch boek [buk] *n*
Buche beuk [bø:k]
buchen *(Platz)* boeken ['bukən], reserveren [re:zɛr've:rən]

Büchse bus [bʌs]; *(Konserve)* blikje ['blɪkjə] *n*
Büchsenöffner blikopener ['blɪkoːpənər]
buchstabieren spellen ['spɛlən]
Bucht bocht [bɔxt], baai [baːi]
Bügeleisen strijkijzer ['strɛikɛizər] *n*
bügeln strijken ['strɛikən] ⟨streek, gestreken⟩

bunt bont [bɔnt]
Burg burcht [bʌrxt]
Büro bureau [byˈroː] *n*, kantoor [kanˈtoːr] *n*
Bürste borstel ['bɔrstəl]
bürsten borstelen ['bɔrstələn]
Bus bus ['bʌs]
Bushaltestelle bushalte ['bʌshaltə]
Bußgeld boete ['butə]
Butter boter ['boːtər]

C

Café tearoom ['tiːruːm]
Camping camping ['kɛmpɪŋ]
Campingplatz kampeerterrein [kamˈpeːrtɛrɛin] *n*

Chauffeur chauffeur [ʃoːˈføːr]
Chef chef [ʃɛf]
Cousin neef [neːf]
Cousine nicht [nɪxt]

D

da *(Ort)* daar [daːr]; *(Grund)* omdat [ɔmˈdɑt]; *(Zeit)* toen [tun], dan [dɑn]
Dach dak [dɑk] *n*
dafür sein ervoor zijn [ɛrˈvoːr zɛin]
dagegen sein ertegen zijn [ɛrˈteːxən zɛin]
daheim thuis [tœis]
daher *(Grund)* daarom ['daːrɔm]
damals toen [tun], destijds [dɛsˈtɛits]
Dame dame ['daːmə]
Dämmerung schemering ['sxeːmərɪŋ]
Dampfer stoomboot ['stoːmboːt]
danach daarna [daːrˈnaː]
dankbar dankbaar ['dɑŋkbaːr]
danken danken ['dɑŋkən], bedanken [bəˈdɑŋkən]
dann dan [dɑn], toen [tun]
dasein aanwezig zijn [aːnˈweːzəx sɛin]
daß dat [dɑt]
dasselbe hetzelfde [hətˈsɛlfdə]
Datum datum ['daːtəm]
Dauer duur [dyːr]
dauern duren ['dyrən]
Deck dek [dɛk] *n*

Decke *(Bett~)* deken ['deːkən]; *(Zimmer~)* plafond [plaˈfɔn] *n*
Defekt defect [dəˈfɛkt] *n*
Deich dijk [dɛik]
dein *(betont)* jouw [jɔu]; *(unbetont)* je [jə]
demnächst binnenkort [bɪnəˈkɔrt]
denken an denken aan ['dɛŋkən aːn] ⟨dacht, gedacht⟩
Denkmal monument [moːnyˈmɛnt] *n*, gedenkteken [gəˈdɛŋkteːkən] *n*
denn want [wɑnt]
derselbe dezelfde [dəˈsɛlfdə]
deshalb daarom ['daːrɔm], dus [dʌs]
deutlich duidelijk ['dœidələk]
deutsch Duits ['dœits]
Deutsche, der ~ Duitser ['dœitsər]; **die** ~ Duitse ['dœitsə]
Deutschland Duitsland ['dœitslant]
Devisen deviezen [dəˈvizən]
dich *(betont)* jou [jɔu]; *(unbetont)* je [jə]
dicht *(Nebel)* dicht [dɪxt]; ~ **dabei** dichtbij [dɪxtˈbɛi]
dick dik [dɪk]
Dieb dief [dif]
Diebstahl diefstal ['difstal]
dienen dienen ['dinən]

Dienst dienst [dinst]
dieser, diese, dieses deze ['de:zə], *(bei Sache)* dit [dɪt]
Ding ding [dɪŋ] *n*
dir *(betont)* jou [jɔu]; *(unbetont)* je [jə]
direkt *adj* rechtstreeks [rɛxt'stre:ks]; *(sofort)* direkt [di'rɛkt], meteen [mə'te:n]
Direktion directie [di'rɛksi]
Direktor directeur [dirɛk'tø:r]; *(Gymnasium)* rector ['rɛktɔr]
doch toch [tɔx]
Doktor dokter ['dɔktər]
Dokument dokument [do:ky'mɛnt] *n*
Dolmetscher tolk [tɔlk]
Dom dom [dɔm]
doppelt dubbel ['dʌbəl]
Dorf dorp [dɔrp] *n*
dort daar [da:r]; ~ **oben** daarboven [da:r'bo:vən]; ~ **unten** daar beneden [da:r bə'ne:dən]
dorthin daarheen ['da:r'he:n]
Dose doos [do:s], bus [bʌs]
Dosenöffner blikopener ['blɪko:pənər]
Draht draad [dra:t]
draußen buiten ['bœitən]
drehen draaien ['dra:jən]
drin(nen) binnen ['bɪnən]
dringend dringend ['drɪŋənt]
dritte derde ['dɛrdə]

Drittel, ein ~ één derde ['e:n 'dɛrdə] *n*
drittens ten derde [tən 'dɛrdə]
drüben aan de overkant [a:n də 'o:vərkant], ginds [xɪnts]
drücken *(stoßen)* drukken ['drʌkən]
Druckerei drukkerij [drʌkə'rɛi]
du *(betont)* jij [jɛi]; *(unbetont)* je [jə]
dumm dom [dɔm]
Düne duin [dœin]
dunkel donker ['dɔŋkər]
dünn dun [dʌn]
durch door [do:r]
durchaus nicht helemaal niet [he:lə'ma:l nit]
Durchfahrt doorvaart ['do:rva:rt], doortocht ['do:rtɔxt]
Durchgang doorgang ['do:rxaŋ], passage [pa'sa:ʒə]
Durchreise doorreis ['do:rɛis]; **auf der** ~ op doorreis [ɔp 'do:rɛis]
Durchreisevisum doorreisvisum ['do:rɛisvizəm] *n*
durchschnittlich gemiddeld [xə'mɪdəlt]
dürfen mogen ['mo:xən] ⟨mocht, gemogen⟩
Durst dorst [dɔrst]; ~ **haben** dorst hebben ['dɔrst hɛbən]
durstig dorstig ['dɔrstəx]
Dusche douche [duʃ]
Dutzend dozijn [do:'zɛin] *n*

E

Ebbe eb [ɛp]
eben (1) *(flach)* vlak [vlak], plat [plat]
eben (2) *(zeitlich)* zoëven [zo:'e:vən]
Ebene vlakte ['vlaktə]
echt echt [ɛxt]
Ecke hoek [huk]
Ehe huwelijk ['hywələk] *n*
Ehefrau echtgenote ['extxəno:tə]
Ehemann echtgenoot ['extxəno:t]
Ehepaar echtpaar ['extpa:r] *n*
eher *(lieber)* liever ['livər]; *(früher)* eerder ['e:rdər]
Ehering trouwring ['trɔurɪŋ]
Ehre eer [e:r]

Ei ei [ɛi] ⟨eieren⟩ *n*
eigen eigen ['ɛixən]; *(eigenartig)* vreemd [vre:mt]
Eigenschaft eigenschap ['ɛixənsxap]
Eigentümer eigenaar ['ɛixəna:r]
eilig haastig ['ha:stəx]; **es** ~ **haben** haast hebben ['ha:st hɛbən]
ein *art* een [ən]
einander elkaar [əl'ka:r]
einbehalten inhouden ['ɪnhoudən] ⟨hield in, ingehouden⟩
einbiegen, nach rechts/links ~ rechts/links afslaan [rɛxts/lɪŋks 'afsla:n] ⟨sloeg af, afgeslagen⟩

eindeichen inpolderen ['ɪmpɔldərən]

Eindruck indruk ['ɪndrək]

einfach eenvoudig [e:n'vɔudəx], makkelijk ['mɑkələk]

Einfahrt inrit ['ɪnrɪt]; *(Zug, Schiff)* aankomst ['aːŋkɔmst]

Einfuhr invoer ['ɪnvuːr]

Eingang ingang ['ɪŋxɑŋ]

einig sein het eens zijn [ət 'e:ns sɛin]

einige enkele ['ɛŋkələ], enige ['e:nəxə]

einkaufen inkopen ['ɪŋko:pən] ⟨kocht in, ingekocht⟩

einladen uitnodigen ['œitno:dəxən]

Einladung uitnodiging ['œitno:dəxɪŋ]

einmal eenmaal ['e:ma:l], één keer [ən 'ke:r]

einmünden *(Straße)* (uit)monden ['mɔndən/'œitmɔndən], uitlopen ['œitlo:pən] ⟨liep uit, uitgelopen⟩

Einreise inreizen ['ɪnrɛizən] *n*

eins één [e:n]

einschiffen, sich ~ zich inschepen [zix 'ɪnsxe:pən]

einschlafen inslapen ['ɪnslaːpən] ⟨sliep in, ingeslapen⟩

einschließen insluiten ['ɪnslœitən] ⟨sloot in, ingesloten⟩

einsteigen instappen ['ɪnstɑpən]

eintreffen aankomen ['a:ŋko:mən] ⟨kwam aan, aangekomen⟩

eintreten binnenkomen ['bɪnəko:mən] ⟨kwam binnen, binnengekomen⟩

Eintritt binnenkomen ['bɪnəko:mən] *n;* ~ **verboten!** verboden toegang! [vər'bo:də 'tu:xɑŋ]

Eintrittskarte entreekaartje [ɑ̃'tre:ka:rcə] *n*

einverstanden! in orde! [ɪn 'ɔrdə], accoord! [ɑ'ko:rt]

Einverständnis instemming ['ɪnstɛmɪŋ]

einwerfen *(Briefe)* posten ['pɔstən], op de post doen [ɔp də 'pɔs dun] ⟨deed, gedaan⟩

einwickeln inwikkelen ['ɪnwɪkələn]

einwilligen inwilligen ['ɪnwɪləxən]

Einwohner inwoner ['ɪnwo:nər]

Einzelheit bijzonderheid [bi'zɔndərhɛit], detail [de:'tɑi] *n*

einzig enkel ['ɛŋkəl], enig ['e:nəx]

einzigartig uniek [y'nik]

Eis ijs [ɛis] *n; (Glatt~)* ijzel ['ɛizəl]; *(Speise~)* ijs [ɛis] *n*

Eisen ijzer ['ɛizər] *n*

Eltern ouders ['ɔudərs]

Empfang *(Erhalt)* ontvangst [ɔnt'fɑŋst]; *(Hotel)* receptie [rə'sɛpsi]

Empfangsbestätigung ontvangstbevestiging [ɔnt'fɑŋstbəvɛstəxɪŋ]

empfangen ontvangen [ɔŋt'fɑŋən] ⟨ontving, ontvangen⟩

Empfänger *(Post)* ontvanger [ɔnt'fɑŋər]

empfehlen aanbevelen ['a:mbəve:lən] ⟨beval aan, aanbevolen⟩

Empfehlung aanbeveling ['a:mbəve:lɪŋ]

Ende einde ['ɛində] *n;* **am** ~ uiteindelijk [œi'tɛindələk]

enden eindigen ['ɛindəxən] ⟨eindigte, geëindigd⟩

endgültig definitief [de:fini'tif]

endlich eindelijk ['ɛindələk]

Endstation eindstation ['ɛintsta'ʃɔn] *n*

eng nauw [nɔu]

England Engeland ['ɛŋəlɑnt]

Engländer Engelsman ['ɛŋəlsmɑn]

Engländerin Engelse ['ɛŋəlsə]

englisch Engels ['ɛŋəls]

Enkel kleinkind ['klɛinkɪnt] *n*, kleinzoon ['klɛinzo:n]

Enkelin kleindochter ['klɛindɔxtər]

entdecken ontdekken [ɔn'dɛkən]

Ente eend [e:nt]

entfernt veraf ['vɛrɑf]

Entfernung afstand ['ɑfstɑnt]

entgegengesetzt tegenovergesteld [te:xən'o:vərxəstɛlt]

enthalten bevatten [bə'vɑtən], inhouden ['ɪnhɔudən] ⟨hield in, ingehouden⟩

entscheiden beslissen [bə'slɪsən]

entschließen, s. ~ besluiten [bə'slœitən] ⟨besloot, besloten⟩

entschlossen sein vastbesloten zijn [vɑstbə'slo:tə zɛin]

Entschluß besluit [bə'slœit] *n*

entschuldigen verontschuldigen [vərɔnt'sxʌldəxən]; ~ **Sie bitte!** excuseert u mij [ɛksky'ze:rt y mɛi], neemt u me niet kwalijk! [ne:mt y mə nit 'kwa:lək]; **s.** ~ zich verontschuldigen [zix vərɔnt'sxʌldəxən]

Entschuldigung verontschuldiging [vərɔnt'sxʌldəxiŋ]; **ich bitte um**
~ neemt u me niet kwalijk
[ne:mt y mə nit 'kwa:lək]
enttäuscht teleurgesteld
[tə'lø:rxəstɛlt]
entweder . . . oder of . . . of
[ɔf . . . ɔf]
entwickeln ontwikkelen
[ɔnt'wɪkələn]
Entwicklung ontwikkeling
[ɔnt'wɪkəlɪŋ]
Entwurf ontwerp [ɔnt'wɛrp] *n*
entzückend schattig ['sxɑtəx],
bekoorlijk [bə'ko:rlək]
entzückt verrukt [və'rʌkt]
er *(betont)* hij [hɛi]; *(unbetont)* ie [i]
Erde aarde ['a:rdə]
Erdgas aardgas ['a:rtxɑs] *n*
Erdgeschoß benedenverdieping
[bə'ne:dənvər'dipɪŋ]
ereignen, s. ~ gebeuren [xə'bø:rən]
Ereignis gebeurtenis [xə'bø:rtənɪs]
erfahren (1) *verb* vernemen
[vər'ne:mən] ⟨vernam, vernomen⟩,
te weten komen [tə 'we:tə ko:mən]
erfahren (2) *adj* ervaren [ɛr'va:rən]
Erfahrung ervaring [ɛr'va:rɪŋ],
ondervinding [ɔndər'vɪndɪŋ]
erfinden uitvinden ['œitfɪndən]
⟨vond uit, uitgevonden⟩
Erfolg succes [syk'sɛs] *n*
erfreut (über) verheugd (over)
[vər'hø:xt (o:vər)]
Erfrischung verfrissing [vər'frɪsɪŋ]
Ergebnis uitslag ['œitslɑx], resultaat [re:zəl'ta:t] *n*
ergreifen (aan)grijpen
['xrɛipən/'a:nxrɛipən]
⟨greep, gegrepen⟩
erhalten *(bekommen)* krijgen
['krɛixən] ⟨kreeg, gekregen⟩; *(bewahren)* behouden [bə'houdən]
⟨behield, behouden⟩, bewaren
[bə'wa:rən]
erhältlich verkrijgbaar
[vər'krɛixba:r]
erhöhen *(Preise)* verhogen
[vər'ho:xən]
erholen, s. ~ bijkomen
['bɛiko:mən] ⟨kwam bij, bijgekomen⟩,
ontspannen [ɔnt'spɑnən]
erinnern, jdn an etw ~
iemand aan iets herinneren
[imɑnt a:n its hɛr'ɪnərən]; **s.** ~ zich
herinneren [zɪx hɛr'ɪnərən]

Erkältung verkoudheid
[vər'kɔuthɛit], kou [kɔu]
erkennen herkennen [hɛr'kɛnən];
(einsehen) erkennen [ɛr'kɛnən]
erklären *(angeben)* verklaren
[vər'kla:rən]; *(deutlich machen)*
uitleggen ['œitlɛxən]
erkundigen, s. ~ informeren naar
[ɪnfɔr'me:rə na:r]
⟨informeerde, geïnformeerd⟩
Erkundigung inlichting ['ɪnlɪxtɪŋ]
erlangen verkrijgen [vər'krɛixən]
⟨verkreeg, verkregen⟩, verwerven
[vər'wɛrvən] ⟨verwierf, verworven⟩
erlauben toestaan ['tusta:n]
⟨stond toe, toegestaan⟩, veroorloven
[vəro:rlo:vən]
Erlaubnis verlof [vər'lɔf] *n*, vergunning [vər'xʌnɪŋ]
erledigen afhandelen ['afhɑndələn],
uitvoeren ['œitfurən]
Ermäßigung reductie [rə'dʌksi]
ermöglichen mogelijk maken
['mo:xələk ma:kən]
erneuern vernieuwen [vər'niwən]
ernst ernstig ['ɛrnstəx]
erreichen bereiken [bə'rɛikən]
Ersatz *(Schaden ~)* vergoeding
[vər'xudɪŋ]
erscheinen verschijnen
[vər'sxɛinən] ⟨verscheen, verschenen⟩
erschöpft uitgeput ['œitxepət]
erschrecken laten schrikken
[la:tə 'sxrɪkən]; *(erschrocken sein)*
schrikken ['sxrɪkən]
⟨schrok, geschrokken⟩
ersetzen vervangen [vər'vɑŋən]
⟨verving, vervangen⟩; *(Schaden)*
vergoeden [vər'xudən]
erst *adv* pas [pɑs]
erste eerste ['e:rstə]
erstens ten eerste [tən 'e:rstə]
erstklassig eerste klas [e:rstə 'klɑs],
prima ['prima:]
ertragen verdragen [vər'dra:xən]
⟨verdroeg, verdragen⟩
erwarten verwachten [vər'wɑxtən]
erzählen vertellen [vər'tɛlən]
erzeugen voortbrengen
['vo:rtbrɛŋən]
⟨bracht voort, voortgebracht⟩, produceren [pro:dy'se:rən]
Erzeugnis produkt [pro:'dʌkt] *n*
Erziehung opvoeding ['ɔpfudɪŋ]
es het [hɛt/ət]; ~ **gibt** er is/er zijn
[ɛr 'ɪs/ɛr 'zɛin]

eßbar eetbaar ['eːtbaːr]
Essen eten ['eːtən] *n;* **beim** ~ bij
het eten [bɛi ət 'eːtən]
essen eten ['eːtən] ⟨at, gegeten⟩
etwa ongeveer [ɔŋɣə'veːr]
etwas iets [its]
euch jullie ['jʌli]
euer jullie ['jʌli]

Europa Europa [øʼroːpa]
Europäer Europeaan [øːroːpeːˈjaːn]
Europäerin Europese [øːroːˈpeːsə]
europäisch Europees [øːroːˈpeːs]
eventuell eventueel [eːˈvɛntyˈeːl]
Export export [ɛksˈpɔrt]
extra extra ['ɛkstraː]; *(absichtlich)*
expres [ɛksˈprɛs]

F

Fabrik fabriek [faˈbrik]
Faden draad [draːt]
fähig *(tüchtig)* bekwaam
[bəˈkwaːm]; *(imstande)* in staat
[ɪn ˈstaːt]
Fähre pont [pɔnt], veer [veːr] *n*
fahren rijden ['rɛidən]
⟨reed, gereden⟩; *(Schiff)* varen
['vaːrən] ⟨voer, gevaren⟩
Fahrer chauffeur [ʃoːˈføːr], bestuurder [bəˈstyːrdər]
Fahrgast passagier [pasaˈʒiːr]
Fahrkarte kaartje ['kaːrcə] *n,*
plaatsbewijs ['plaːtsbəwɛis] *n*
Fahrrad fiets [fits]
Fahrstuhl lift [lɪft]
Fahrt rit [rɪt]; *(Schiff)* vaart [vaːrt];
(Tour) tochtje ['tɔxcə] *n*
Fall *(Vorfall)* voorval ['voːrval] *n,*
geval [xə'val] *n;* **auf alle Fälle**
in ieder geval [in idər xə'val]
fallen vallen ['valən]
falls als [als], indien [ɪn'din]
falsch fout [fout]; *(betrügerisch)*
vals [vals]
Familie *(Verwandtschaft)* familie
[faːˈmili]; *(Eltern u. Kinder)* gezin
[xəˈzɪn] *n*
Familienname achternaam
['axtərnaːm]
fangen vangen ['vaŋən]
⟨ving, gevangen⟩
Farbe kleur [kløːr]; *(zum Anstrei-
chen)* verf [vɛrf]
farbig gekleurd [xəˈkløːrt]
fast bijna ['bɛinaː]
faul lui [lœi]; *(Obst)* rot [rɔt]
Feder *(auch elastisch)* veer [veːr] *n*
fehlen ontbreken [ɔntˈbreːkən]
⟨ontbrak, ontbroken⟩

Fehler fout [fout]; *(Mangel)* gebrek
[xəˈbrɛk] *n*
feierlich plechtig ['plɛxtəx]
Feiertag feestdag ['feːsdax]
feilschen afdingen ['avdɪŋən]
⟨dong af, afgedongen⟩, marchanderen [marʃandˈeːrən]
fein fijn [fɛin]
Feld veld [vɛlt] *n*
Fenster raam [raːm] *n,* venster
['vɛnstər] *n*
Ferien vakantie [vaːˈkantsi]; **in den**
~ in de vakantie [ɪn də vaːˈkantsi];
in ~ **fahren** op/met vakantie
gaan [ɔp/mɛt vaːˈkantsi xaːn]
Fernsehen televisie [teːləˈvizi]
fertig *(bereit)* gereed [xəˈreːt]; ~ !
af [af]
fest *(hart)* stevig ['steːvəx]; *(dauernd)* vast [vast]
festsetzen vastzetten ['vastsɛtən]
fett vet [vɛt]
feucht vochtig ['vɔxtəx]
Feuer vuur [vyːr] *n*
feuergefährlich brandbaar
['brandbaːr]
Feuerlöscher brandblusser
['brandbləsər]
Feuermelder brandmelder
['brandmɛldər]
Feuerzeug aansteker ['aːnsteːkər]
Fieber koorts [koːrts]
Filiale filiaal [filiˈaːl] *n*
Film film ['fɪlm]
finden vinden ['vɪndən]
⟨vond, gevonden⟩
Finger vinger ['vɪŋər]
Fingernagel vingernagel
['vɪŋərnaːxəl]
Fingerspitze vingertop ['vɪŋərtɔp]

finster duister ['dœistər], somber ['sɔmbər]
Firma firma ['fɪrmaː]
Fisch vis [vɪs]
fischen vissen ['vɪsən]
Fischer visser ['vɪsər]
Fischfang visvangst ['vɪsfɑŋst]
Fischhändler vishandelaar ['vɪshɑndəlaːr]
flach vlak [vlɑk], plat [plɑt]
Flame Vlaming ['vlaːmɪŋ]
flämisch Vlaams [vlaːms]
Flamme vlam [vlɑm]
Flasche fles [flɛs]
Fleck(en) vlek [vlɛk]
Fleckenmittel vlekkenmiddel ['vlɛkəmɪdəl] n
Fleisch vlees ['vleːs] n
fleißig ijverig ['ɛivərəx], vlijtig [vlɛitəx]
flicken verstellen [vər'stɛlən], lappen ['lɑpən]
Fliege vlieg [vlix]
fliegen vliegen ['vlixən] ⟨vloog, gevlogen⟩
fließen stromen ['stroːmən]
Flugzeug vliegtuig ['vlixtœix] n
Fluß rivier [ri'viːr]
flußabwärts stroomafwaarts [stroːm'ɑfwaːrts]
flüssig vloeibaar ['vluibaːr]
Flut vloed [vlut]
folgen volgen ['vɔlxən]
fordern eisen ['ɛisən] ⟨eiste, geëist⟩
Forderung eis [ɛis]; *(finanzielle)* vordering ['vɔrdərɪŋ]
Form vorm [vɔrm]
Formular formulier [fɔrmy'liːr] n; **ein ~ ausfüllen** een formulier invullen [ən fɔrmy'liːr 'ɪnvələn]
fort weg [wɛx]
Fortschritt vooruitgang [voː'rœitxɑŋ]
fortsetzen voortzetten ['voːrtsɛtən], vervolgen [vər'vɔlxən]
forttragen wegdragen ['wɛxdraːxən] ⟨droeg weg, weggedragen⟩
Fotoapparat fototoestel ['foːtoːtustɛl] n
fotografieren fotograferen [foːtoːxraː'feːrən]
Fracht vracht [vrɑxt]
Frage vraag [vraːx]
fragen vragen ['vraːxən] ⟨vroeg, gevraagd⟩

frankieren frankeren [frɑŋ'keːrən]
Frankreich Frankrijk ['frɑŋkrɛik]
Franzose Fransman ['frɑnsman]
Französin Française [frɑ̃'sɛːzə]
französisch Frans [frɑns]
Frau vrouw [vrɔu]; *(Anrede; vor Namen)* mevrouw [mə'vrɔu]
Fräulein juffrouw ['jʌfrɔu]
frei vrij [vrɛi]; *(gratis)* gratis ['xraːtɪs]; **im Freien** in de openlucht [ɪn də oːpə'lʌxt]
fremd vreemd [vreːmt]
Fremde, der ~ vreemdeling ['vreːmdəlɪŋ]; **die ~** vreemdelinge ['vreːmdəlɪŋə]
Fremdenführer gids [xɪts]
Freude vreugde ['vrøːxdə]
freuen, s. ~ auf/über zich verheugen op/over [zɪx vər'høːxən ɔp/o:vər]
Freund vriend [vrint]; *(fester ~)* vriendje ['vrincə] n
Freundin vriendin [vrin'dɪn]; *(feste ~)* vriendinnetje [vrin'dɪnəcə] n
freundlich vriendelijk ['vrindələk]
Freundlichkeit vriendelijkheid ['vrindələkhɛit]
Freundschaft vriendschap ['vrintsxɑp]
Friede vrede ['vreːdə]
Friedhof kerkhof ['kɛrkhɔf] n
frieren het koud hebben [ət 'kɔut hɛbən]; **es friert** het vriest [ət 'vrist] ⟨vroor, gevroren⟩
frisch *(kühl)* fris [frɪs]; *(Lebensmittel)* vers [vɛrs]; *(Wäsche)* schoon [sxoːn]
froh blij [blɛi]
früh vroeg [vrux]
früher *(eher)* eerder ['eːrdər]; *(damals)* vroeger ['vruxər]
Frühling lente ['lɛntə], voorjaar ['voːrjaːr] n
Frühstück ontbijt [ɔnt'bɛit] n
fühlen voelen ['vulən]
führen leiden ['lɛidən]
Führer *(für Fremde)* gids [xɪts]
füllen vullen ['vələn]
Fundbüro bureau voor gevonden voorwerpen [by'roː voːr xə'vɔndə 'voːrwɛrpən]
Funke vonk [vɔŋk]
funktionieren functioneren [fʌŋkʃo:'neːrən]
für voor [voːr]
Furcht vrees [vreːs], angst [ɑŋst]

fürchten vrezen ['vre:zən]; **s. ~ vor**
bang zijn voor ['baŋ zɛin vo:r]
fürchterlich verschrikkelijk
[vər'sxrıkələk], vreselijk ['vre:sələk]
Fuß voet [vut]; **zu ~** te voet [tə 'vut]

Fußball voetbal ['vudbal]
Fußballmannschaft voetbalelftal
['vudbal'ɛlftal] *n*
Fußboden vloer [vlu:r]
Fußgänger voetganger ['vutxaŋər]

G

Gabel vork [vɔrk]
Galerie galerij [xa:lə'rɛi]; *(Kunst)*
galerie [xa:lə'ri]
Gang *(Auto)* versnelling [vər'snɛlıŋ];
(Durchgang; Essen; Flur) gang
[xaŋ]
ganz *(gesamt) adj* geheel [xə'he:l];
(vollständig) heel [he:l]; *adv* hele-
maal [he:lə'ma:l]
Ganze, das ~ het geheel
[ət xə'he:l], alles ['aləs]
gar *(gekocht)* gaar ['xa:r]
gar nicht helemaal niet
[he:lə'ma:l nit]
Garage garage [xa:'ra:ʒə]
Garantie garantie [xa:'rantsi]
Garten tuin [tœin]
Gasse steeg [ste:x]
Gast gast [xast]
Gastfreundschaft gastvrijheid
[xast'frɛihɛit]
Gastgeber gastheer ['xasthe:r]
Gastgeberin gastvrouw ['xastfrou]
Gasthaus, Gasthof hotel [ho:'tɛl]
n, restaurant [rɛsto:'rant] *n*
Gastwirt waard [wa:rt]
Gebäude gebouw [xə'bouw] *n*
geben geven ['xɛ̣vən] ⟨gaf, gegeven⟩
Gebet gebed [xə'bɛt] *n*
Gebirge gebergte [xə'bɛrxtə] *n*
geboren geboren [xə'bo:rən]
Gebrauch gebruik [xə'brœik] *n*
gebrauchen gebruiken
[xə'brœikən]
gebräuchlich gebruikelijk
[xə'brœikələk]
Gebühren kosten ['kɔstən], rechten
['rɛxtən]
Geburt geboorte [xə'bo:rtə]
gebürtig van geboorte
[van xə'bo:rtə]; **~ aus** geboren in
[xə'bo:rən ın]
Geburtsdatum geboortedatum
[xə'bo:rtədatəm]

Geburtsort geboorteplaats
[xə'bo:rtəpla:ts]
Geburtstag verjaardag
[vər'ja:rdax]; *(amtlich)* geboortedatum [xə'bo:rtədatəm]
Gedanke gedachte [xə'daxtə]
Geduld geduld [xə'dʌlt] *n*
geduldig geduldig [xə'dʌldəx]
Gefahr gevaar [xə'va:r]
gefährlich gevaarlijk [xə'va:rlək]
gefallen bevallen [bə'valən]
⟨beviel, bevallen⟩
Gefallen, jdm einen ~ tun
iemand een plezier doen
[imant ən plə'zi:r dun]
Gefälligkeit gunst [xʌnst], dienst
[dinst]
Gefäß vat [vat] *n*, bak [bak]
Gefühl gevoel [xə'vul] *n*
gegen *(wider)* tegen ['te:xən];
(zeitlich) tegen ['te:xən], om [ɔm]
Gegend streek [stre:k]
Gegenstand *(Gesprächs~)* onderwerp ['ɔndərwerp] *n*, thema
['te:ma] *n; (Ding)* voorwerp
['vo:rwerp] *n*, ding [dıŋ] *n*
Gegenteil tegendeel ['te:xənde:l] *n*;
im ~ integendeel [ın'te:xənde:l]
gegenüber *adv/prp* tegenover
[te:xən'o:vər]
Gegenwert tegenwaarde
['te:xənwa:rdə]
geheim geheim [xə'hɛim]
gehen gaan [xa:n] ⟨ging, gegaan⟩; *(zu
Fuß)* lopen ['lo:pən] ⟨liep, gelopen⟩;
geradeaus ~ rechtuit gaan
[rɛxt'œit xa:n]; **vorwärts ~** voorwaarts gaan ['vo:rwa:rts xa:n]; **zurück ~** terug gaan [tə'rʌx xa:n]
gehören (be)horen [(bə)'ho:rən]
Geistlicher geestelijke ['xe:stələkə]
geistreich geestig ['xe:stəx]
Gelände terrein [tɛ'rɛin] *n*
gelb geel [xe:l]

Geld geld [xɛlt] n
Geldbeutel portemonnee [pɔrtəmɔˈne:], geldbeurs [ˈxɛltbøːrs]
Geldstrafe geldboete [ˈxɛltbutə]
Geldstück geldstuk [ˈxɛltstøk] n
Geldwechsel geldwissel [ˈxɛltwɪsəl]
Gelegenheit gelegenheid [xəˈle:xənhɛit]
gelegentlich adv bij gelegenheid [bɛi xəˈle:xənhɛit]
gelten gelden [ˈxɛldən] ⟨gold, gegolden⟩
gemein gemeen [xəˈme:n]; (ordinär) ordinair [ɔrdiˈnɛːr]
gemeinsam gemeenschappelijk [xəˈme:nˈsxɑpələk]
Gemüse groente [ˈxruntə]
genau precies [prəˈsis], nauwkeurig [nɔuˈkø:rəx]
Genauigkeit nauwkeurigheid [nɔuˈkø:rəxhɛit]
genehmigen inwilligen [ˈɪnwɪləxən], toestaan [ˈtustaːn] ⟨stond toe, toegestaan⟩
genießen genieten [xəˈnitən] ⟨genoot, genoten⟩
Genuß genot [xəˈnɔt] n
geöffnet geopend [xəˈo:pənt]
Gepäck bagage [bɑˈxaːʒə]
Gepäckaufbewahrung bagagedepot [baːˈxaːʒəde:po:] n
Gepäckschein bagagebiljet [baːˈxaːʒeˈbɪljɛt] n, reçu [rəˈsy] n
Gepäckträger kruier [ˈkrœiər]; (am Fahrrad) bagagedrager [baːˈxaːʒədraːxər]
gerade (1) adj recht [ˈrɛxt]
gerade (2) (zeitlich) zoëven [zoːˈe:vən], juist [jœist], net [nɛt]
Geräusch geluid [xəˈlœit] n
gerecht rechtvaardig [rɛxtˈvaːrdəx]; (richtig) billijk [ˈbɪlək]
Gericht (1) (Essen) gerecht [xəˈrɛxt] n, schotel [ˈsxoːtəl]
Gericht (2) (Justiz) rechtbank [ˈrɛxtbɑŋk], gerecht(shof) [xəˈrɛxt(shɔf)] n
gering gering [xəˈrɪŋ]; ~ er minder [ˈmɪndər]
gern graag [xraːx]; **nicht** ~ niet graag [nit ˈxraːx], ongaarne [ˈɔŋxaːrnə]
Geruch reuk [røːk], geur [xøːr]
Gesang gezang [xəˈzɑŋ] n
Geschäft (Laden) winkel [ˈwɪŋkəl]; (Handel) zaak [zaːk]

Geschäftsführer bedrijfsleider [bəˈdrɛifslɛidər]
geschehen gebeuren [xəˈbøːrən]; **was ist** ~ ? wat is er gebeurd? [wɑt ɪz ɛr xəˈbøːrt]
Geschenk geschenk [xəˈsxɛŋk] n, cadeau [kaːˈdo:] n
Geschichte geschiedenis [xəˈsxidənɪs]
geschickt handig [ˈhɑndəx]
geschlossen gesloten [xəˈslo:tən]
Geschmack smaak [smaːk]
Geschwindigkeit snelheid [ˈsnɛlhɛit]
Gesicht gezicht [xəˈzɪxt] n
Gespräch gesprek [xəˈsprɛk] n
gestern gisteren [ˈxɪstərən]
gesund gezond [xəˈzɔnt]
Gesundheit gezondheid [xəˈzɔnthɛit]
Getränk drank [drɑŋk]
gewähren toestaan [ˈtustaːn] ⟨stond toe, toegestaan⟩, inwilligen [ˈɪnwɪləxən]
gewaltig geweldig [xəˈwɛldəx]
Gewebe weefsel [ˈwe:fsəl] n
Gewicht gewicht [xəˈwɪxt] n
Gewinn winst [wɪnst]
gewinnen winnen [ˈwɪnən] ⟨won, gewonnen⟩
gewiß zeker [ˈze:kər]
gewissenhaft nauwgezet [nɔuxəˈzɛt], precies [prəˈsis]
Gewitter onweer [ˈɔnwe:r] n
gewöhnen, s. ~ **an** wennen aan [ˈwɛnən aːn]
Gewohnheit gewoonte [xəˈwo:ntə]
gewöhnlich (üblich) gewoonlijk [xəˈwo:nlək]; (ordinär) gewoontjes [xəˈwo:nces]
gewohnt sein gewend zijn [xəˈwɛnt sɛin]
Gezeiten getijden [xəˈtɛidən]
gibt, es ~ er is [ɛr ˈɪs], er zijn [ɛr ˈzɛin]
Gift gif(t) [xɪf(t)] n
giftig giftig [ˈxɪftəx]
Gipfel top [tɔp], kruin [krœin]
Gitter hek [hɛk] n
glänzen glanzen [ˈxlɑnzən], schitteren [ˈsxɪtərən]
glänzend schitterend [ˈsxɪtərənt]
Glas (Material; Trink ~) glas [xlɑs] n
Glaube geloof [xəˈlo:f] n
glauben geloven [xəˈlo:vən]

gleich (1) *adj* gelijk [xə'lɛik]
gleich (2) *(sofort)* meteen [mə'te:n]
gleichen lijken op ['lɛikən op]
⟨leek, geleken⟩, gelijken [xə'lɛikən]
⟨geleek, geleken⟩
gleichwertig gelijkwaardig
[xəlɛik'wa:rdəx]
gleichzeitig gelijktijdig
[xəlɛik'tɛidəx]
Gleis spoor [spo:r] *n; pl* rails [re:ls]
Glocke klok [klɔk], bel [bɛl]
Glück geluk [xə'lʌk] *n;* **viel ~ !**
veel geluk [ve:l xə'lʌk]
glücklich gelukkig [xə'lʌkəx]
Glückwunsch gelukwens
[xə'lʌkwɛns]
Glühbirne gloeilamp ['xluilamp]
Gold goud [xɔut] *n*
Golfplatz golfbaan ['xɔlfba:n]
Gott God [xɔt]; **~ sei Dank!**
God zij dank! ['xɔt sɛi 'daŋk]
Gras gras [xras] *n*
gratis gratis ['xra:tis]
gratulieren feliciteren [fe:lisi'te:rən],
gelukwensen [xə'lʌkwɛnsən]
⟨wenste geluk, gelukgewenst⟩

grau grijs [xrɛis], grauw [xrɔu]
Grenze grens [xrɛns]
Griff *(Hand~)* greep [xre:p], handvat ['hantfat] *n*
groß groot [xro:t]
großartig groots [xro:ts]
Größe *(Ausdehnung)* grootte
['xro:tə]; *(geistige)* grootheid
['xro:thɛit]; *(Kleidung, Schuhe)*
maat [ma:t]
Großmutter grootmoeder
['xro:tmudər]
Großvater grootvader ['xro:tfadər]
grün groen ['xrun]
Grund grond ['xrɔnt]; *(Beweg~)*
reden ['re:dən]
Gruppe groep [xrup]
grüßen groeten ['xrutən]

Gulden gulden ['xʌldən], florijn
[flo:'rɛin]
gültig geldig ['xɛldəx]
Gültigkeit geldigheid ['xɛldəxhɛit]
günstig gunstig ['xʌnstəx]
gut goed [xut]
Gutschein waardebon ['wa:rdəbɔn]

H

Haar(e) haar [ha:r] *n*
haben hebben ['hɛbən] ⟨had, gehad⟩
Hafen haven ['ha:vən]
Hahn (1) *(Tier)* haan [ha:n]
Hahn (2) *(Wasser~)* kraan [kra:n]
Haken haak [ha:k]
halb half [half]
Hälfte helft [hɛlft]
Hals hals [hals]; *(Kehle)* keel [ke:l]
halt! stop! [stɔp]
haltbar houdbaar ['houdba:r]
halten *(fest~)* (vast)houden
['houdən/'vasthoudən]
⟨hield (vast), (vast)gehouden⟩; *(dauern)* houden ['houdən]; *(stehenbleiben)* stoppen ['stɔpən], stilstaan
['stilsta:n] ⟨stond stil, stilgestaan⟩
Haltestelle halte ['haltə]
Hammer hamer ['ha:mər]
Hand hand [hant]
handeln handelen ['handələn]
handgemacht met de hand
gemaakt [mɛt də 'hant xə'ma:kt]

Handgepäck handbagage
['handbaxa:ʒə]
Handschuh handschoen
['hantsxun]; **ein Paar ~ e** een paar
handschoenen [ən pa:r 'hantsxunən]
Handtasche handtas ['hantas]
Handtuch handdoek ['handuk]
Hang *(Ab~)* helling ['hɛliŋ]
hängen *(auf~)* (op)hangen
['haŋən/'ɔphaŋən]
⟨hing op, opgehangen⟩
hart hard [hart]
Härte hardheid ['harthɛit]
häßlich lelijk ['le:lək]
häufig *adv* vaak [va:k], dikwijls
['dɪkwəls]
Hauptbahnhof centraalstation
[sɛn'tra:lsta'ʃɔn] *n*
hauptsächlich hoofdzakelijk
['ho:ftsa:kələk]
Hauptstadt hoofdstad ['ho:ftstat]
Hauptstraße hoofdstraat
['ho:ftstra:t]

Haus huis [hœis] *n* ⟨huizen⟩
Haustür huisdeur ['hœizdø:r]
Haut huid [hœit]
heben (op)tillen ['tɪlən/'ɔptɪlən]
Heft schrift [sxrɪft] *n*
heilig heilig ['hɛiləx]
Heilmittel geneesmiddel
  [xə'ne:smɪdəl] *n*
Heimat vaderland ['va:dərlɑnt] *n*
Heimreise thuisreis ['tœisrɛis]
Heirat huwelijk ['hywələk] *n*
heiraten trouwen ['trouwən]
heiß heet [he:t]
heizen stoken ['sto:kən]
Heizöl stookolie ['sto:ko:li]
Heizung verwarming [vər'wɑrmɪŋ]
helfen helpen ['hɛlpən]
  ⟨hielp, geholpen⟩
hell licht [lɪxt]
hellblau lichtblauw ['lɪxt'blou]
Hemd overhemd ['o:vərhɛmt] *n*
herabsetzen *(Preise)* verlagen
  [vər'la:xən]
heraufsetzen *(Preise)* verhogen
  [vər'ho:xən]
herausgeben *(Geld)* overhandigen [o:vər'hɑndəxən]
herb *(Wein, positiv)* droog [dro:x];
  (negativ) wrang [wrɑŋ]
Herbst herfst [hɛrfst], najaar
  ['na:ja:r] *n*
herein! binnen! ['bɪnən]
Herr heer [he:r]; *(Anrede)* mijn-
  heer/meneer [mə'ne:r]
herrlich heerlijk ['he:rlək]
Herz hart [hɑrt] *n*
herzlich hartelijk ['hɑrtələk]
Herzlichkeit hartelijkheid
  ['hɑrtələkhɛit]
heute vandaag [vɑn'da:x]; ~ **abend**
  vanavond [vɑn'a:vɔnt]; ~ **nacht**
  vannacht [vɑ'nɑxt]; *(heutzutage)*
  tegenwoordig [te:xən'wo:rdəx],
  heden ['he:dən]
hier hier [hi:r]
hierher hierheen ['hi:rhe:n]
Hilfe hulp [hʌlp]; **Erste** ~ eerste
  hulp [e:rstə 'hʌlp]
Himmel hemel ['he:məl]
hinaufgehen opstijgen ['ɔpstɛixən]
  ⟨steeg op, opgestegen⟩
hinausgehen naar buiten gaan
  [na:r 'bœitə xa:n]
hindern hinderen ['hɪndərən]
hineingehen naar binnen gaan
  [na:r 'bɪnə xa:n]

hinlegen neerleggen ['ne:rlɛxən];
  s. ~ gaan liggen [xa:n 'lɪxən]
hinsetzen, s. ~ gaan zitten
  [xa:n 'zɪtən]
hinten aan de achterkant
  [a:n də 'ɑxtərkɑnt]
hinter achter ['ɑxtər]
hinterlegen deponeren
  [de:po:'ne:rən]
hinuntergehen naar beneden
  gaan [na:r bə'ne:də xa:n]
hinzufügen er aan toe voegen
  [ɛr a:n 'tu vuxən]
Hitze warmte ['wɑrmtə], hitte ['hɪtə]
hoch hoog [ho:x]; **auf hoher See**
  in volle zee [ɪn 'volə 'ze:]
Hochsaison hoogseizoen
  ['ho:xsɛizun] *n*
höchstens hoogstens ['ho:xstəns]
Hochzeit *(Feier)* bruiloft ['brœilɔft]
Hof *(Platz)* binnenplaats
  ['bɪnəpla:ts]; *(Bauern~)* boerderij
  [bu:rdə'rɛi]; *(königl. ~)* hof [hɔf] *n*
hoffen hopen ['ho:pən]
höflich beleefd [bə'le:ft], hoffelijk
  ['hɔfələk]
Höflichkeit beleefdheid
  [bə'le:fthɛit], attentie [ɑ'tɛntsi]
Höhe hoogte ['ho:xtə]
Höhepunkt hoogtepunt
  ['ho:xtəpənt] *n*
Holland Holland ['hɔlɑnt]
Holländer Hollander ['hɔlɑndər];
  ugs Nederlander ['ne:dərlɑndər]
Holländerin Hollandse ['hɔlɑntsə];
  ugs Nederlandse ['ne:dərlɑntsə]
holländisch Hollands ['hɔlɑnts];
  ugs Nederlands ['ne:dərlɑnts]
Holz hout [hout] *n*
Honorar honorarium
  [ho:no:'ra:riəm] *n*, salaris [sa:'la:rɪs] *n*
hören horen ['ho:rən]; *(zu~)* luiste-
  ren ['lœistərən]
Hörer *(tele)* hoorn [ho:rn]
Hose broek [bruk]
Hotel hotel [ho:'tɛl] *n*
hübsch mooi [mo:i]
Hügel heuvel ['hø:vəl]
Hund hond [hɔnt]
hundert honderd ['hɔndərt]; ~ **mal**
  honderd keer ['hɔndərt 'ke:r]
Hunger honger ['hɔŋər]; ~ **haben**
  honger hebben ['hɔŋər hɛbən]
hungrig hongerig ['hɔŋərəx]
Hut *(Kopfbedeckung)* hoed [hut]
Hütte hut [hʌt], keet [ke:t]

I

ich ik [ɪk]
Idee idee [i'de:] *n*
ihm hem [hɛm/əm]
ihn hem [hɛm/əm]
ihnen *(betont)* hun [hʌn]; *(unbetont)* ze [zə]
ihr (1) *pers prn nom pl* jullie ['jʌli]; *dat sing (betont)* haar [ha:r]; *(unbetont)* ze [zə]
ihr (2) *poss prn sing* haar ['ha:r]; *pl* hun [hʌn]
Illustrierte geïllustreerd blad [xəilys'tre:rd 'blɑt] *n*
Imbiß lichte maaltijd [lɪxtə 'ma:ltɛit], hapje (eten) ['hɑpjə (e:tən)]
immer altijd ['ɑltɛit]
imstande sein in staat zijn [ɪn 'sta:t sɛin]
in *dat* in [ɪn]; ~ **den Niederlanden** in Nederland [ɪn 'ne:dərlɑnt]; *acc* naar [na:r]; **ins Haus** naar binnen [na:r 'bɪnən]
inbegriffen inbegrepen ['ɪmbəxre:pən]
informieren informeren [ɪnfor'me:rən]
Inhalt inhoud ['ɪnhɔut]
innen binnen ['bɪnən]

Innere, das ~ binnenste ['bɪnənstə] *n*, inwendige [ɪn'wɛndəxə] *n*
innerhalb binnen ['bɪnən]
Insekt insekt [ɪn'sɛkt] *n*
Insel eiland ['ɛilɑnt] *n*
Inserat advertentie [ɑtər'tɛntsi]
Institut instituut [ɪnsti'tyt] *n*
interessant interessant [ɪntərɛ'sɑnt]
Interesse interesse [ɪntə'rɛsə] *n*, belangstelling [bə'lɑŋstɛlɪŋ]
interessieren, s. ~ **(für)** zich interesseren (voor) [zɪx ɪntərɛ'se:rən (vo:r)]
inzwischen intussen [ɪn'tʌsən]
irgend etwas zo maar iets ['zo: ma:r its]
irgendwie op één of andere manier [ɔp 'e:n ɔf ɑndərə ma'ni:r]
irgendwo ergens ['ɛrxəns]
irgendwohin ergensheen [ɛrxəns'he:n]
irren, s. ~ zich vergissen [zɪx fər'xisən]
Irrtum vergissing [vər'xisɪŋ]
Italien Italië [i'ta:liə]
Italiener Italiaan [itɑl'ja:n]
Italienerin Italiaanse [itɑl'ja:nsə]
italienisch Italiaans [itɑl'ja:ns]

J

ja ja [ja]
Jahr jaar [ja:r] *n*
Jahreszeit jaargetijde ['ja:rxətɛidə] *n*
Jahrhundert eeuw [e:w]
jährlich jaarlijks ['ja:rləks]
jeder *adj* ieder(e) ['idər(ə)], elk(e) [ɛlk/'ɛlkə]; *prn* iedereen ['idəre:n]
jedesmal elke keer [ɛlkə 'ke:r]
jedoch echter ['ɛxtər]
jemals ooit [o:it]
jemand iemand ['imɑnt]

jener, jene, jenes die [di] *m/f*, dat [dɑt] *n*
jenseits aan de andere kant [a:n də ɑndərə 'kɑnt]
jetzt nu [ny]
Journalist journalist [ʒu:rnɑ'lɪst]
jucken jeuken ['jø:kən]
Jugend jeugd ['jø:xt]
jung jong [jɔŋ]
Junge jongen ['jɔŋən]
Junggeselle vrijgezel [vrɛixə'zɛl]
Juwelier juwelier [jywə'li:r]

K

Kabine *(Schiff)* hut [hʌt], cabine [ka'binə]; *(zum Baden)* badhokje ['bathokjə] *n*
Kachel tegel ['te:xəl]
Kaffee koffie ['kofi]
Kahn schuit [sxœit], boot [bo:t]
Kajüte kajuit [ka:'jœit]
kalt koud [kout]
Kanal kanaal [ka:'na:l] *n*
Kapelle *(Gebäude)* kapel [ka:'pɛl]; *(Musik ~)* kapel [ka:'pɛl], orkest [or'kɛst] *n*
Kapitän kapitein [ka:pi'tɛin]
kaputt kapot [ka:'pot], stuk [stʌk]
Karte *(Eintritts ~ , Fahr ~)* kaartje ['ka:rcə] *n*; *(Land ~ , Post ~ , Speise ~)* kaart [ka:rt]
Käse kaas [ka:s]
Kasse kas [kas], kassa ['kasa:]; *(Schalter)* loket [lo:'kɛt] *n*
Kauf koop [ko:p]
kaufen kopen ['ko:pən] ⟨kocht, gekocht⟩
Käufer koper ['ko:pər]
Kaufhaus warenhuis ['wa:rənhœis] *n*
kaum nauwelijks ['nouwələks]
Kaution onderpand ['ondərpant] *n*, garantie [xa:'rantsi]
kein geen [xe:n]
keiner niemand ['nimant]
keinesfalls in geen geval [iŋ 'xe:n xə'val]
Kellner kelner ['kɛlnər]
Kellnerin serveerster [sɛr've:rstər]
kennen kennen ['kɛnən]
kennenlernen leren kennen [le:rən 'kɛnən]
Kenntnis kennis ['kɛnis]
Keramik keramiek [ke:ra:'mik]
Kerze kaars [ka:rs]
Kette ketting ['kɛtiŋ]
Kilo(gramm) kilo(gram) ['kilo:(xram)]
Kilometer kilometer ['kilo:me:tər]
Kind kind ['kint] *n* ⟨kinderen⟩
Kino bioscoop [biɔs'ko:p]
Kirche kerk [kɛrk]
Kirchturm kerktoren ['kɛrkto:rən]
Kissen kussen ['kʌsən] *n*
Kiste kist [kist], koffer ['kofər]
Klage klacht [klaxt], aanklacht ['a:ŋklaxt]

Klang klank ['klaŋk]
klar helder ['hɛldər], klaar [kla:r]
Klasse klas [klas]
Kleid jurk [jʌrk]
Kleiderbügel kleerhanger ['kle:rhaŋər]
Kleiderbürste kleerborstel ['kle:rborstəl]
Kleidung kleding ['kle:diŋ]
klein klein [klɛin]
Kleingeld kleingeld ['klɛiŋxɛlt] *n*
Klingel bel [bɛl]
klingeln bellen ['bɛlən]
klopfen kloppen ['klopən]
Kloster *(Mönchs ~)* klooster ['klo:stər] *n*; *(Nonnen ~)* nonnenklooster ['nonəklo:stər] *n*
klug verstandig [vər'standəx], knap [knap]
Kneipe kroeg [krux]
Knopf knop [knop]; **(auf) einen ~ drücken** op een knop drukken [op ən 'knop drʌkən]
Knoten knoop [kno:p]
Koch kok [kok]
kochen *(Wasser; Essen)* koken ['ko:kən]; *(Kaffee, Tee)* zetten ['zɛtən]
Kocher kook(toe)stel ['ko:k(tu)stɛl] *n*
Koffer koffer ['kofər]
Kohle kool [ko:l]
Koje kooi [ko:i]
kommen komen ['ko:mən] ⟨kwam, gekomen⟩
Kompaß kompas [kom'pas] *n*
König koning ['ko:niŋ]
Königin koningin [ko:ni'ŋin]
können kunnen ['kʌnən] ⟨kon, gekund⟩; *(gelernt haben)* kennen ['kɛnən]
Konsulat consulaat [konsy'la:t] *n*
konsultieren consulteren [konsəl'te:rən]
Kontakt contact [kon'takt] *n*
Kontrolleur controleur [kontro:'lø:r]
kontrollieren controleren [kontro:'le:rən]
Konzert concert [kon'sɛrt] *n*
Kopf *(Mensch)* hoofd [ho:ft] *n*; *(Tier)* kop [kop]
Kopfkissen hoofdkussen ['ho:ftkəsən] *n*

Kopfschmerzen hoofdpijn ['ho:ftpɛin]
Kopftuch hoofddoek ['ho:vduk]
Korb mand [mɑnt], korf [kɔrf]
Korkenzieher kurketrekker ['kʌrkətrɛkər]
Körper lichaam ['lıxa:m] n
korrekt correct [kɔ'rɛkt]
kosten kosten ['kɔstən]
Kosten kosten ['kɔstən]
kostenlos kosteloos ['kɔstəlo:s]
kostspielig kostbaar ['kɔstba:r]
Kraft kracht [krɑxt]
kräftig krachtig ['krɑxtəx]
krank ziek [zik]
Krankenhaus ziekenhuis ['zikəhœis] n
Krankenkasse ziekenfonds ['zikəfɔnts] n
Krankenschwester (zieken)verpleegster [('zikə)vər'ple:xstər]
Krankheit ziekte ['ziktə]
Kredit krediet [krə'dit] n

Kreuzung *(Straße)* kruispunt ['krœispənt] n
Krieg oorlog ['o:rlɔx]
Krug kruik [krœik]
Küche keuken ['kø:kən]
Kuh koe [ku] ⟨koeien⟩
kühl koel [kul], kil [kıl]
Kunde klant [klɑnt]
Kunst kunst [kʌnst]
Künstler kunstenaar ['kʌnstəna:r]
Künstlerin kunstenares [kənstəna:'rɛs]
Kurort badplaats ['bɑtpla:ts]
Kurs *(Richtung; Wechsel~)* koers [ku:rs]; *(Unterricht)* cursus ['kʌrsəs]
Kurve bocht [bɔxt]
kurz kort [kɔrt]
kurzfristig op korte termijn [ɔp kɔrtə tɛr'mɛin]
kürzlich onlangs ['ɔnlɑŋs]
Kuß kus [kʌs]
küssen kussen ['kʌsən]
Küste kust [kʌst]

L

lachen lachen ['lɑxən]
Laden winkel ['wıŋkəl]
Lage *(Situation)* toestand ['tustɑnt]; *(eines Ortes)* ligging ['lıxıŋ]
Lampe lamp [lɑmp]
Land land [lɑnt] n; *(Bundesland)* deelstaat ['de:lsta:t]; *(Gegensatz zur Stadt)* platteland [plɑtə'lɑnt] n
landen landen ['lɑndən]
Landgewinnung landwinning ['lɑntwınıŋ]
Landgut landgoed ['lɑntxut] n
Landhaus landhuis ['lɑnthœis] n
Landschaft landschap ['lɑntsxɑp] n
Landsmann landgenoot ['lɑntxəno:t]
Landstraße straatweg ['stra:twɛx] ⟨-en⟩
Landung landing ['lɑndıŋ]
lang lang [lɑŋ]
Länge lengte ['lɛŋtə]
langsam langzaam ['lɑŋza:m]
langweilig vervelend [vər've:lənt], saai [sa:i]
Lärm lawaai [la:'wa:i] n
lassen laten ['la:tən] ⟨liet, gelaten⟩

lästig lastig ['lɑstəx], hinderlijk ['hındərlək]
Lastwagen vrachtauto ['vrɑxto:to:]
Laub loof [lo:f] n
laufen lopen ['lo:pən] ⟨liep, gelopen⟩
Laune humeur [hy'mø:r] n
laut luid [lœit]; ~ **sprechen** luid/hard spreken [lœit/hɑrt 'spre:kən]
läuten luiden ['lœidən]
Lautsprecher luidspreker ['lœitspre:kər]
Leben leven ['le:vən] n
leben leven ['le:vən]
lebend levend ['le:vənt]
Lebensmittel *pl* levensmiddelen ['le:vənsmıdələn] n
lebhaft levendig ['le:vəndəx], druk [drʌk]
Leder leer [le:r] n
ledig ongetrouwd [ɔŋxə'trɑut], ongehuwd [ɔŋxə'hy:wt]
leer leeg [le:x]
legen leggen ['lɛxən]
lehren leren ['le:rən], onderwijzen [ɔndər'wɛizən] ⟨onderwees, onderwezen⟩

Lehrer leraar ['le:ra:r]; *(Grundschule)* onderwijzer [ɔndər'wɛizər]
Lehrerin lerares [le:ra:'rɛs]; *(Grundschule)* onderwijzeres ['ɔndərwɛizə'rɛs]
leicht *(einfach)* gemakkelijk [xə'makələk]; *(Gewicht)* licht [lɪxt]
leider helaas [he:'la:s]
leihen lenen ['le:nən]
leise zacht [zɑxt]; ~ **sprechen** zachtjes spreken [zɑxjəs spre:kən]
Leiter (1) *m* leider ['lɛidər]
Leiter (2) *f* ladder ['lɑdər]
Leiterin leidster ['lɛitstər]
Leitung *(el, tele, Gas, Wasser)* leiding ['lɛidɪŋ]
lernen leren ['le:rən]
lesen lezen ['le:zən] ⟨las, gelezen⟩
letzte laatste ['la:tstə]; ~ **Woche** verleden/vorige week [vər'le:dən/'vo:rəxə we:k]
leuchtend schitterend ['sxɪtərənt]
Leuchtturm vuurtoren ['vy:rto:rən]
leugnen ontkennen [ɔnt'kɛnən], loochenen ['lo:xənən]
Leute mensen ['mɛnsən]
Licht licht [lɪxt] *n;* ~ **anmachen/ ausmachen** het licht aansteken/ uitdoen [ət lɪxt 'a:nste:kən/'œidun]
lieb lief [lif]
Liebe liefde ['livdə]
lieben houden van ['houdən vɑn] ⟨hield, gehouden⟩
liebenswürdig vriendelijk ['vrindələk]
Liebenswürdigkeit vriendelijkheid ['vrindələkhɛit]

lieber liever ['livər]; ~ **haben** liever hebben ['livər hɛbən]
liebhaben liefhebben ['lifhɛbən] ⟨had lief, liefgehad⟩
Liebling lieveling ['livəlɪŋ]
Lied lied [lit] *n*
liefern leveren ['le:vərən]
liegen liggen ['lɪxən] ⟨lag, gelegen⟩
liegenlassen *(vergessen)* laten liggen [la:tə 'lɪxən]
Liegestuhl ligstoel ['lɪxstul]
Lift lift [lɪft]
Linie lijn [lɛin]
linke linker ['lɪŋkər]
links links ['lɪŋks]
Lippe lip [lɪp]
Liste lijst [lɛist]
Liter liter ['litər]
loben loven ['lo:vən]
Loch gat [xɑt] *n* ⟨gaten⟩
Löffel lepel ['le:pəl]
Loge *(Theater)* loge ['lo:ʒə]
Lokal *(Gaststätte)* café [ka:'fe:] *n,* restaurant [rɛsto:'rã:] *n*
löschen blussen ['blʌsən]
lösen losmaken ['lɔsma:kən], bevrijden [bə'vrɛidən]
Luft lucht [lʌxt]
lüften luchten ['lʌxtən], ventileren [vɛnti'le:rən]
Luftzug tocht [tɔxt]
Lüge leugen ['lø:xən]
lustig vrolijk ['vro:lək]; *(erheiternd)* grappig ['xrapəx]
luxuriös luxueus [lʏksy'ø:s], weelderig ['we:ldərəx]
Luxus luxe ['lʏksə], weelde ['we:ldə]

M

machen doen [dun] ⟨deed, gedaan⟩; *(herstellen)* maken ['ma:kən]; ~ **lassen** laten maken [la:tə 'ma:kən]
Mädchen meisje ['mɛiʃə] *n*
mager mager ['ma:xər]
Mahlzeit maaltijd ['ma:ltɛit]
Mal maal [ma:l], keer [ke:r]; **einmal** één keer [ən 'ke:r]; **jedesmal** elke keer ['ɛlkə ke:r]; **zweimal** twee keer ['twe: ke:r]
malen schilderen ['sxɪldərən]
Maler schilder ['sxɪldər]

Malerei schilderkunst ['sxɪldərkənst]
malerisch schilderachtig ['sxɪldərɑxtəx]
man men [mɛn]
manchmal soms [sɔms]
Mangel gebrek [xə'brɛk] *n*
Mann man [mɑn]
männlich mannelijk ['manələk]
Mannschaft *(Sport)* team [ti:m] *n;* *(Fußball)* elftal ['ɛlftɑl] *n; (Schiff)* bemanning [bə'manɪŋ]
Mantel mantel ['mɑntəl], jas [jɑs]

Mappe *(Akten~)* tas [tɑs], map [mɑp]

Mark *f* mark [mɑrk]

Marke *(Brief~)* zegel ['ze:xəl]; *(Handels~)* merk [mɛrk] *n*

Markt markt [mɑrkt]

Marmelade marmelade [mɑrmə'lɑ:də], jam [ʒɛm]

Maß maat [mɑ:t]

mäßig matig ['mɑ:təx]

Mauer muur [my:r]

Meer zee [ze:]

Meeresspiegel, unter/über dem ~ onder/boven de zeespiegel ['ɔndər/'bo:vən də 'ze:spixəl]

mehr meer [me:r]; **~ als** meer dan ['me:r dɑn]; **~ oder weniger** min of meer ['mɪn ɔf me:r]

mein *(betont)* mijn [mɛin]; *(unbetont)* m'n [mən]

meinen *verb* menen ['me:nən]; *(jdn/etw)* bedoelen [bə'dulən]

meinerseits mijnerzijds ['mɛinərzɛits], van mijn kant [vɑn 'mɛin kɑnt]

meinetwegen wat mij betreft [wɑt 'mɛi bətrɛft]

Meinung mening ['me:nɪŋ]; **der ~ sein** van mening zijn [vɑn 'me:nɪŋ zɛin]; **meiner ~ nach** naar mijn mening [nɑ:r 'mɛin me:nɪŋ]

melden melden ['mɛldən]

Menge menigte ['me:nəxtə]; **eine ~** een hoop [ən 'ho:p]

Mensch mens [mɛns]

menschlich menselijk ['mɛnsələk]

Menü menu [mə'ny] *n*

merken merken ['mɛrkən], gewaarworden [xə'wɑ:rwɔrdən] ⟨werd gewaar, gewaargeworden⟩; **s. etw ~** onthouden [ɔnt'hɔudən] ⟨onthield, onthouden⟩

Messe *(rel)* mis [mɪs]; *(Ausstellung)* jaarbeurs ['jɑ:rbø:rs]

messen meten ['me:tən] ⟨mat, gemeten⟩

Messer mes [mɛs] *n*

Meter meter ['me:tər]

mich *(betont)* mij [mɛi]; *(unbetont)* me [mə]

Miete huur [hy:r]

mieten huren ['hy:rən]

Milch melk [mɛlk]

mild mild [mɪlt], zacht [zɑxt]

mindestens minstens ['mɪnstəns]

Minute minuut [mi'nyt]

mir *(betont)* mij [mɛi]; *(unbetont)* me [mə]

Mißbrauch misbruik ['mɪsbrœik] *n*

mißbrauchen misbruiken [mɪs'brœikən]

mißtrauen wantrouwen ['wɑntrouwən]

Mißverständnis misverstand ['mɪsvərstɑnt] *n*

mißverstehen misverstaan ['mɪsvərstɑ:n] ⟨verstond mis, misverstaan⟩

mit met [mɛt]

mitbringen meebrengen ['me:brɛŋən] ⟨bracht mee, meegebracht⟩

Mitleid medelijden ['me:dəlɛidən] *n*

mitnehmen meenemen ['me:ne:mən] ⟨nam mee, meegenomen⟩

Mittag middag ['mɪdɑx]

Mittagessen middageten ['mɪdɑxe:tən] *n*, lunch [lʌnʃ]

mittags tussen de middag [tʌsə də 'mɪdɑx]

Mitte midden ['mɪdən] *n*

mitteilen mededelen ['me:dəde:lən]

Mitteilung mededeling ['me:dəde:lɪŋ]

Mittel middel ['mɪdəl] *n*

Mitternacht middernacht [mɪdər'nɑxt]; **um ~** om middernacht [ɔm mɪdər'nɑxt]

Möbel meubel [mø:bəl] *n*

möblieren meubileren [mø:bi'le:rən]

Mode mode ['mo:də]

modern modern [mo:'dɛrn]

Mofa bromfiets ['brɔmfits], brommer ['brɔmər]

mögen *(gern haben)* houden van ['hɔudə vɑn] ⟨hield, gehouden⟩; *(wünschen)* graag willen [xrɑ:x 'wɪlən]

möglich mogelijk ['mo:xələk]; **so bald wie ~** zo gauw mogelijk [zo 'gou 'mo:xələk]

Möglichkeit mogelijkheid ['mo:xələkhɛit]

Mole havenhoofd ['hɑ:vənho:ft] *n*, pier [pi:r]

Moment moment [momɛnt] *n*

Monat maand [mɑ:nt]

monatlich *adj* maandelijks ['mɑ:ndələks]; *adv* maandelijks ['mɑ:ndələks], per maand [pər 'mɑ:nt]

Mond maan [mɑ:n]

Moped bromfiets ['brɔmfits]
Mord moord [mo:rt]
Morgen morgen ['mɔrxən], ochtend ['ɔxtənt]; **am ~ 's** ochtends ['sɔxtənts]
morgen morgen ['mɔrxən]; **~ früh** morgenochtend [mɔrxə'nɔxtənt]; **~ abend** morgenavond [mɔrxə'na:vɔnt]
morgens 's morgens ['smɔrxəns]
Motor motor ['mo:tɔr]
Motorboot motorboot ['mo:tɔrbo:t]
Motorrad motor(fiets) ['mo:tɔr(fits)]
Motorroller scooter ['sku:tər]
Möwe meeuw ['me:w]
Mücke mug [mʌx]
müde moe [mu], vermoeid [vər'muit]; **~ werden** moe worden ['mu wɔrdən]

Mühe moeite ['muitə]; **s. ~ geben** zich inspannen [zɪx 'ɪnspanən], moeite doen ['muitə dun]
Mühle molen ['mo:lən]
Mund mond [mɔnt]
münden *(Fluß)* uitmonden ['œitmɔndən]; *(Straße)* uitlopen ['œitlo:pən] ⟨liep uit, uitgelopen⟩, uitkomen ['œitko:mən] ⟨kwam uit, uitgekomen⟩
Münze munt ['mʌnt]
Museum museum [my'se:jʌm] *n*
Musik muziek [my'zik]
müssen moeten ['mutən] ⟨moest, gemoeten⟩
Muster patroon [pa:'tro:n] *n;* *(Probe)* staal [sta:l] *n*
Mutter moeder ['mudər]
Mütze muts [mʌts]

N

nach *(zeitlich)* na [na:]; *(räumlich)* naar [na:r]; **~ Holland** naar Holland [na:r 'hɔlant]; **~ Utrecht** naar Utrecht [na:r 'ytrɛxt]
Nachbar buur [by:r], buurman ['by:rman]
Nachbarin buurvrouw ['by:rvrouw]
nachgehen *(Uhr)* achterlopen ['axtərlo:pən] ⟨liep achter, achtergelopen⟩
nachher later ['la:tər], naderhand [na:dər'hant]
nachlässig nalatig [na:'la:təx], slordig ['slɔrdəx]
Nachmittag middag ['mɪdax], namiddag [na:'mɪdax]
nachmittags 's middags ['smɪdaxs], in de namiddag [ɪn də na:'mɪdax]
nachprüfen narekenen ['na:re:kənən]
Nachricht bericht [bə'rɪxt]; *pl* nieuws [ni:ws] *n sing*
nachsenden nazenden ['na:zɛndən] ⟨zond na, nagezonden⟩, nasturen ['na:styrən]
nächste (eerst)volgende ['vɔlxəndə/e:rst'fɔlxəndə]
Nacht nacht [naxt]; **bei ~ 's** nachts ['snaxts]; **heute nacht** vannacht [va'naxt]

Nachteil nadeel ['na:de:l] *n*
Nachtessen avondeten ['a:vɔnte:tən] *n*
Nachtlokal nachtclub ['naxtkləp]
nachts 's nachts ['snaxts]
Nadel naald ['na:lt]
Nagel (1) *(Stift)* spijker ['spɛikər]
Nagel (2) *(Finger~)* nagel ['na:xəl]
nahe dichtbij [dɪx'bɛi], nabij [na:'bɛi]; **~ bei** nabij [na:'bɛi]
Nähe nabijheid [na:'bɛiheit], buurt ['by:rt]; **in der ~ von** in de buurt van [ɪn də 'by:rt van]
nähern, s. ~ naderen ['na:dərən], dichterbij komen [dɪxtər'bɛi ko:mən] ⟨kwam, gekomen⟩
nahrhaft voedzaam ['vutsa:m]
Nahrung voeding ['vudɪŋ]
Nahrungsmittel *pl* voedingsmiddelen ['vudɪŋsmɪdələn] *n*
Name naam [na:m]
naß nat [nat]
Nation natie ['na:tsi]
Natur natuur [na:'ty:r]
Naturpark natuurpark [na:'ty:rpark] *n*
natürlich natuurlijk [na:'ty:rlək]
Naturschutzgebiet natuurreservaat [na:'ty:reserva:t] *n*
Nebel mist [mɪst]

neben naast [na:st]
Neffe neef [ne:f]; *(eines Mannes)* oomzegger ['o:mzɛxər]; *(einer Frau)* tantezegger ['tantəzɛxər]
nehmen nemen ['ne:mən] ⟨nam, genomen⟩
nein nee [ne:]
Nelke *(Blume)* anjer ['anjər]; *(Gewürz)* kruidnagel ['krœitna:xəl]
nennen noemen ['numən]
nett aardig ['a:rdəx]
Netz net [nɛt] *n*
neu nieuw [ni:w]
neugierig nieuwsgierig [ni:ws'xi:rəx]
Neuheit nieuwigheid ['ni:wəxhɛit], noviteit [novi'tɛit]
Neuigkeit nieuwtje ['ni:wcə] *n*, nieuws [ni:ws] *n*
Neujahr nieuwjaarsdag [ni:w'ja:rz'dax]
neulich onlangs [ɔn'laŋs]
nicht niet [nit]; ~ **einmal** niet één keer [nit 'e:n ke:r]; ~ **wahr?** nietwaar? [nit'wa:r]; **gar** ~ helemaal niet [he:lə'ma:l nit]; **noch** ~ nog niet [nɔx nit]
Nichte nicht [nɪxt]; *(eines Mannes)* oomzegster ['o:mzɛxstər]; *(einer Frau)* tantezegster ['tantəzɛxstər]
nichts niets [nits]; **sonst** ~ verder niets [vɛrdər 'nits]
nie nooit [no:it]
nieder, niedrig laag [la:x]
Niederlande Nederland ['ne:dərlant]
Niederländer Nederlander ['ne:dərlandər]

Niederländerin Nederlandse ['ne:dərlantsə]
niederländisch Nederlands ['ne:dərlants]
niedrig laag [la:x]
niemand niemand ['nimant]
nirgends nergens ['nɛrxəns]
noch nog [nɔx]; ~ **immer** nog steeds [nɔx 'ste:ts]; ~ **nicht** nog niet ['nɔx nit]
Nonne non [nɔn]
Norden noorden ['no:rdən] *n*
nördlich noordelijk ['no:rdələk]; ~ **von** ten noorden van [tɛn 'no:rdən van]
Nordosten noordoosten [no:rt'o:stən] *n*
Nordsee Noordzee [no:rt'se:]
Nordwesten noordwesten [no:rt'wɛstən] *n*
Notfall, im ~ in geval van nood [ɪŋ xə'val van no:t]
notieren noteren [no:'te:rən]
nötig nodig ['no:dəx]
Notizblock notitieblok [no:'titiblɔk] *n*
notwendig noodzakelijk [no:t'sa:kələk]
Notwendigkeit noodzakelijkheid [no:t'sa:kələkhɛit]
Null nul [nʌl]
numerieren nummeren ['nʌmərən]
Nummer nummer ['nʌmər] *n*
nun nu [ny]
nur slechts [slɛxts]
nützlich nuttig ['nʌtəx]
nutzlos nutteloos ['nʌtəlo:s]

O

ob of [ɔf]
oben boven ['bo:vən]; **dort** ~ daarboven [da:r'bo:vən]; **nach** ~ naar boven [na:r 'bo:vən]
obgleich ofschoon [ɔf'sxo:n], hoewel [hu'wɛl]
Obst fruit [frœit] *n*
obwohl hoewel [hu'wɛl]
oder of [ɔf]
Ofen kachel ['kaxəl]; *(Backofen)* oven ['o:vən]
offen open ['o:pən]

offenbar *adv* klaarblijkelijk [kla:r'blɛikələk]
öffentlich publiek [py'blik]; *adv* in het openbaar [ɪn ət o:pən'ba:r]
offiziell officieel [ɔfi'sje:l]
öffnen openen ['o:pənən]
oft vaak [va:k], dikwijls ['dɪkwɛils]
ohne zonder ['zɔndər]
Ohr oor [o:r] *n*
Ohrring oorring ['o:rɪŋ]
Öl olie ['o:li]
Omnibus bus [bʌs]

Onkel oom [oːm]
Oper opera ['oːpəra]
Orden *(rel)* orde ['ɔrdə]; *(Auszeichnung)* onderscheiding
[ɔndər'sxɛidiŋ]
ordentlich *(geordnet)* ordelijk
['ɔrdələk], net ['nɛt]; *(Mensch)*
fatsoenlijk [fat'sunlək]
Ordnung orde ['ɔrdə], regeling
['reːxəliŋ]

Ort plaats [plaːts]
Ortschaft plaatsje ['plaːcə] *n*
Osten oosten ['oːstən] *n*
Ostern Pasen ['paːsən]
Österreich Oostenrijk ['oːstərɛik]
Österreicher Oostenrijker
['oːstərɛikər]
Österreicherin Oostenrijkse
['oːstərɛiksə]
Ozean oceaan [oːse'aːn]

P

Paar paar [paːr] *n*
paar, ein ~ een paar [ən 'paːr]
Päckchen pakje ['pakjə] *n*
packen pakken ['pakən]
Paket pakket [pa'kɛt] *n*
Papier papier [pa:'piːr] *n*
Pärchen paartje ['paːrcə] *n*
Parfüm parfum [par'fʏ̃] *n*
Park park [park] *n*
parken parkeren [par'keːrən]
Parkplatz parkeerplaats
[par'keːrplaːts]
Paß *(Ausweis)* paspoort ['paspoːrt]
n
Passagier passagier [pasa:'ʒiːr]
passen passen ['pasən]
passieren *(vorbeigehen)* passeren
[pa'seːrən]; *(geschehen)* gebeuren
[xə'bøːrən]
Pelz bont [bɔnt] *n*
Peripherie periferie [pe:rifə'riː]
Person persoon [pɛr'soːn]
Personal personeel [pɛrso'neːl] *n*
Personalien *pl* personalia
[pɛrso:'naːliaː] *n*
persönlich persoonlijk [pɛr'soːnlək]
Pfad pad [pat] *n*
Pfand (onder)pand
[pant/'ɔndərpant] *n*; *(Flaschen* ~ *)*
statiegeld ['staːtsixɛlt] *n*
Pfarrer *(katholisch)* pastoor
[pas'toːr]; *(protestantisch)* predikant [pre:di'kant], dominee
['doːmine:]
Pfeife fluitje ['flœicə] *n;
(Tabaks* ~ *)* pijp [pɛip]
Pferd paard [paːrt] *n*
Pfingsten Pinksteren ['piŋkstərən]
Pflanze plant [plant]

Pflicht plicht [plixt]
pflücken plukken ['plʌkən]
Pförtner portier [pɔr'tiːr]
Pfund *(Gewicht)* pond [pɔnt] *n*
Plan plan [plan] *n; (Stadt* ~ *)* plattegrond [platə'xrɔnt]
Platte *(zum Anrichten)* schotel
['sxoːtəl]; *(Schall* ~ *)* plaat [plaːt]
Plattenspieler platenspeler
['plaːtənspeːlər], pick-up [pɪk'ʌp]
Platz *(in der Stadt)* plein [plɛin] *n;
(Raum; Sitz)* plaats [plaːts]
plötzlich *adv* plotseling ['plɔtsəliŋ]
Polder polder ['pɔldər]
Polizei politie [po:'litsi]
Polizeiwache politiepost
[po:'litsipɔst]
Polizist politieagent [po:'litsia:xɛnt]
Polizistin politieagente
[po:'litsia:xɛntə]
Portal portaal [pɔr'taːl] *n*
Portier portier [pɔr'tiːr]
Porto porto ['pɔrto:] *n*
Porzellan porselein [pɔrsə'lɛin] *n*
Post post [pɔst]; *(Postamt)* postkantoor ['pɔstkanto:r] *n; auf die/
der* ~ naar/op het postkantoor
[naː/ɔp ət 'pɔstkanto:r]
Postamt postkantoor ['pɔstkanto:r]
n
Postkarte briefkaart ['briːfkaːrt]
prächtig prachtig ['praxtəx]
praktisch praktisch ['praktis]
Predigt preek [pre:k]
Preis prijs [prɛis]
Priester priester ['pristər]
privat privé [pri've:], particulier
[partiky'liːr]
Probe proef [pruf]

probieren proberen [proː'beːrən];
(Speisen) proeven ['pruvən]
Produkt produkt [proː'dʌkt] *n*
Programm programma
[proː'xramaː] *n*
Prospekt prospektus [prɔs'pɛktəs]
protestieren protesteren
[proːtɛs'teːrən]
Prozent procent [proː'sɛnt] *n*
Prozentsatz percentage
[pɛrsɛn'taːʒə] *n*
prüfen *(Examen)* examineren
[ɛksaː'miʔneːrən]; *(Qualität)* toetsen
['tutsən]

Prüfung *(Examen)* examen
[ɛk'saːmən] *n*; *(Qualität)* onderzoek ['ɔndərzuk] *n*
Puder poeder ['pudər] *n*
Pullover trui [trœi], pullover
[pu'loːvər]
Pulver poeder ['pudər]; *(mil)* kruit
[krœit] *n*
Punkt punt [pʌnt] *n*
pünktlich stipt [stɪpt], nauwkeurig
[nɔuw'køːrəx]
Puppe pop [pɔp]
putzen poetsen ['putsən], schoonmaken ['sxoːmaːkən]

Q

Qualität kwaliteit [kwaːliˈtɛit]
quer durch dwars door
[dwars 'doːr]

quittieren kwiteren [kwiˈteːrən]
Quittung kwitantie [kwiˈtantsi]
Quiz quiz [kwiz]

R

Rabatt korting ['kɔrtɪŋ]
Rad wiel [wil] *n*, rad [rat] *n;*
(Fahr~) fiets [fits]
Radio radio ['raːdioː]
Radioapparat radiotoestel
['raːdioːtustɛl] *n*
Rand rand [rant]
rasch snel [snɛl], vlug [vlʌx]
Rasierapparat scheerapparaat
['sxeːrapaːraːt] *n*
Rasen grasveld [xrasfɛlt] *n*
Rat raad [raːt]; **jdn um ~ fragen**
iemand om raad vragen
[imant ɔm 'raːt fraːxən]
raten *(Rat erteilen)* raad geven
['raːt xeːvən] ⟨gaf, gegeven⟩; *(er~)*
raden ['raːdən]
⟨raadde/ried, geraden⟩
Rauch rook [roːk]
rauchen roken ['roːkən]
Raum *(Platz)* ruimte ['rœimtə];
(Zimmer) kamer ['kaːmər], vertrek
[vər'trɛk] *n*
rechnen rekenen ['reːkənən]
Rechnung rekening ['reːkənɪŋ]

Rechnungsbetrag bedrag
[bə'drax] *n*
Recht recht [rɛxt] *n*
recht haben gelijk hebben
[xə'lɛik hɛbən]
rechte rechter ['rɛxtər]
rechts rechts [rɛxts]
rechtzeitig *adv* tijdig ['tɛidəx],
bijtijds [bɛi'tɛits]
reden praten [praːtən], spreken
[spreːkən] ⟨sprak, gesproken⟩
regelmäßig regelmatig
[reːxəl'maːtəx], geregeld [xə're:xəlt]
regeln regelen ['reːxələn]
Regen regen ['reːxən]
Regenmantel regenjas ['reːxənjas]
Regenschirm paraplu [paːraː'ply]
regnen regenen ['reːxənən]
reich rijk [rɛik]
reichen *(aus~)* genoeg zijn
[xə'nux sɛin]; *(geben)* (aan)reiken
['rɛikən/'aːnrɛikən], aangeven
['aːŋxeːvən] ⟨gaf aan, aangegeven⟩;
(s. erstrecken) zich uitstrekken
[zɪx 'œitstrɛkən]

Reichtum rijkdom ['rɛikdɔm]
reif rijp [rɛip]
Reihe rij [rɛi]; **an der ~ sein** aan de beurt zijn [aːn də 'bøːrt sɛin]
reinigen schoonmaken ['sxoːmaːkən]; *(chemisch)* stomen ['stoːmən]
Reinigung *(Geschäft)* stomerij [stoːmə'rɛi]
Reise reis [rɛis]; **auf ~n** op reis [ɔp 'rɛis]
Reisebüro reisbureau ['rɛisbyroː] *n*
reisen reizen ['rɛizən]
Reisende, der ~ reiziger ['rɛizəxər]; **die ~** reizigster ['rɛizəxstər]
Reiseroute reisroute ['rɛisrutə]
Reiseziel reisdoel ['rɛizdul] *n*
reißen *(ziehen)* trekken ['trɛkən] ⟨trok, getrokken⟩; *(kaputtgehen)* scheuren ['sxøːrən]
Reißnagel punaise [py'nɛːzə]
Reißverschluß ritssluiting ['rɪtslœitɪŋ]
Reklame reclame [rə'klaːmə]
reklamieren reclameren [reːklaː'meːrən]
rennen rennen ['rɛnən]
Reparatur reparatie [reːpaː'raːtsi]
Reparaturwerkstatt reparatie-inrichting [reːpaː'raːtsiinrɪxtɪŋ], (herstel)werkplaats ['wɛrkplaːts/hɛr'stɛlwɛrkplaːts]; *(Auto)* garage [xaː'raːʒə]
reservieren reserveren [reːzɛr've:rən]
Rest rest [rɛst], restant [rɛs'tɑnt] *n*, overschot ['oːvərsxɔt] *n*

Restaurant restaurant [rɛstoː'rãː] *n*
retten redden ['rɛdən]
Revue *(Vorstellung)* revue [rə'vy]
Richter rechter ['rɛxtər]
richtig *(Gegensatz zu falsch)* juist [jœist], waar ['waːr]; *(geeignet)* geschikt [xə'sxɪkt]
richtigstellen rechtzetten ['rɛxtsɛtən]
Richtung richting ['rɪxtɪŋ]
riechen ruiken ['rœikən] ⟨rook, geroken⟩
Riegel grendel ['xrɛndəl], richel ['rɪxəl]
Riemen riem [rim]
Ring ring [rɪŋ]
Risiko risico ['risikoː] *n*
Rohr buis [bœis], pijp [pɛip]
rot rood [roːt]
Route route ['rutə]
Rückfahrt terugreis [tə'rʌxrɛis]
Rückkehr terugkeer [tə'rʌxkeːr]
Rücksicht consideratie [kɔnsidə'raːtsi]
rücksichtslos nietsontziend ['niːtsɔntsint], meedogenloos [meː'doːxənloːs]
rückwärts achteruit [ɑxtər'œit]
rudern roeien ['rujən]
rufen roepen ['rupən] ⟨riep, geroepen⟩
Ruhe rust ['rʌst]; *(seelisch)* kalmte ['kalmtə]; *(Stille)* stilte ['stɪltə]
ruhen *(aus ~)* rusten ['rʌstən]
ruhig rustig ['rʌstəx], stil [stɪl]
rund rond [rɔnt]
Rundfahrt *(Boot)* rondvaart ['rɔntvaːrt]; *(Bus)* rondrit ['rɔntrɪt]

S

Saal zaal [zaːl]
Sache *(Ding; Angelegenheit)* zaak [zaːk]
Sack zak [zɑk]
sagen zeggen ['zɛxən] ⟨zei, gezegd⟩
Saison seizoen [sɛi'zun] *n;* **außerhalb der ~** buiten het seizoen [bœitən ət sɛi'zun]
sammeln *(Briefmarken etc.)* verzamelen [vər'zaːmələn]; *(auf ~)* oprapen ['ɔpraːpən]

Sammlung verzameling [vər'zaːməlɪŋ]
Samt fluweel [fly'weːl] *n*
Sand zand [zɑnt] *n*
Sandale sandaal [sɑn'daːl]
Satz zin [zɪn]; *(Sprung)* sprong [sprɔŋ]
sauber schoon [sxoːn], helder ['hɛldər]
sauer zuur [zyːr]
Säule zuil [zœil]

Schachtel doos [do:s]; *(Zigaretten)* pakje ['pakjə] n

schade, es ist ~ het is jammer [ət ɪs 'jamər]; **wie ~!** wat jammer! [wat 'jamər]

schaden schaden ['sxa:dən], kwaad doen [kwa: dun]

Schaden schade ['sxa:də]; *(Nachteil)* nadeel ['na:de:l] n

Schadenersatz schadevergoeding ['sxa:dəvərˈxudɪŋ]

schädlich schadelijk ['sxa:dələk]

Schaf schaap [sxa:p] n

Schaffner conducteur [kɔndəkˈtø:r]

Schallplatte grammofoonplaat [xramoˈfo:npla:t]

Schalter *(Bahnhof, Bank)* loket [loˈkɛt] n; *(el)* schakelaar [sxa:kəˈla:r]

scharf *(Messer; Essen)* scherp [sxɛrp]

Schatten schaduw ['sxa:dyw]

schätzen *(gut finden)* waarderen [wa:rˈde:rən]; *(taxieren)* schatten ['sxatən]

schauen kijken ['kɛikən] ⟨keek, gekeken⟩

Schaufenster etalage [e:ta:ˈla:ʒə]

Schauspiel *(Theater)* toneelstuk [to:ˈne:lstʌk] n

Scheck cheque [ʃɛk]

Scheibe (1) *(Fenster)* ruit [rœit]

Scheibe (2) *(Brot)* snee [sne:]; *(Wurst, Käse)* schijfje ['sxɛifjə] n, plakje ['plakjə] n

Schein (1) *(Geld)* biljet [bɪlˈjɛt] n

Schein (2) *(Anschein)* schijn [sxɛin]

scheinen schijnen ['sxɛinən] ⟨scheen, geschenen⟩

schenken schenken ['sxɛŋkən] ⟨schonk, geschonken⟩

Schere schaar [sxa:r]

Scherz grapje ['xrapjə] n

schicken sturen [styrən]

schießen schieten ['sxitən] ⟨schoot, geschoten⟩

Schiff *(auch Kirchen ~)* schip [sxɪp] n

Schilf riet [rit] n

Schirm paraplu [pa:ra:ˈply]

Schlaf slaap [sla:p]

schlafen slapen ['sla:pən] ⟨sliep, geslapen⟩

Schlafmittel slaapmiddel ['sla:pmɪdəl] n

Schlafwagen slaapwagen ['sla:pwa:xən]

Schlafzimmer slaapkamer ['sla:pka:mər]

Schlag slag [slɑx], klap [klap]

schlagen *(auch Uhr)* slaan [sla:n] ⟨sloeg, geslagen⟩

Schlamm slik [slɪk] n, modder ['mɔdər]

Schlange *(Tier)* slang [slɑŋ]; *(Menschen ~)* rij [rɛi]; *(Auto ~)* file ['filə]; **~ stehen** in de rij staan [ɪn də 'rɛi sta:n]

schlank slank [slaŋk]

schlau slim [slɪm], sluw [slyw]

Schlauch binnenband ['bɪnəbant]; *(Wasser ~)* slang [slaŋ]

schlecht slecht [slɛxt]

Schleuse sluis [slœis] ⟨sluizen⟩

schließen sluiten ['slœitən] ⟨sloot, gesloten⟩

schlimm erg [ɛrx], slecht [slɛxt]

Schloß (1) *(Gebäude)* slot [slɔt] n, kasteel [kasˈte:l] n

Schloß (2) *(Tür)* slot [slɔt] n

Schluck slok [slɔk]

Schluß *(Ende)* slot [slɔt] n

Schlüssel sleutel ['slø:təl]

schmackhaft smakelijk ['sma:kələk]

schmal smal [smal]

schmecken smaken ['sma:kən]

Schmerz pijn [pɛin]

schmerzen pijn doen ['pɛin dun]

schmerzhaft pijnlijk ['pɛinlək]

Schmied smid [smɪt]

Schmuck sieraad ['si:ra:t] n

Schmutz vuil [vœil]

schmutzig vuil [vœil], smerig ['sme:rəx]

Schnee sneeuw [sne:w]

schneiden snijden ['snɛidən] ⟨sneed, gesneden⟩

Schneider kleermaker ['kle:rma:ker]

Schneiderin naaister ['na:istər]

schneien sneeuwen ['sne:wən]

schnell snel [snɛl], vlug [vlʌx]

Schnelligkeit snelheid ['snɛlhɛit]

Schnur snoer [snu:r] n

schon al [al]

schön mooi ['mo:i]

Schönheit schoonheid ['sxo:nhɛit]

Schraube schroef [sxruf]

schrecklich verschrikkelijk [vərˈsxrɪkələk]

schreiben schrijven ['sxrɛivən]
⟨schreef, geschreven⟩
schreien schreeuwen ['sxre:wən]
Schrift *(Hand~)* schrift [sxrɪft] *n*
schriftlich schriftelijk ['sxrɪftələk]
Schritt pas [pɑs], stap [stɑp]
Schuh schoen [sxun]
Schuhband schoenveter
['sxunve:tər]
Schuhbürste schoenborstel
['sxunbɔrstəl]
Schuhcreme schoensmeer
['sxunsme:r]
Schuhgeschäft schoen(en)winkel
['sxun(ə)wɪŋkəl]
Schuhmacher schoenmaker
['sxuma:kər]
Schuld schuld [sxʌlt]
schulden schuldig zijn
['sxʌldəx sɛin]
Schule school [sxo:l]
Schulter schouder ['sxɔudər]
Schuß schot [sxɔt] *n*
Schüssel schotel ['sxo:təl], schaal
[sxa:l]
Schuster schoenmaker
['sxuma:kər]
Schutz bescherming [bə'sxɛrmɪŋ]
Schutzhelm valhelm ['vɑlhɛlm]
schwach zwak [zwɑk]
Schwäche zwakte ['zwɑktə]
Schwager zwager ['zwa:xər]
Schwägerin schoonzus(ter)
['sxo:nzəs(tər)]
schwarz zwart [zwɑrt]
Schweigen zwijgen ['zwɛixən] *n*
schweigen zwijgen ['zwɛixən]
⟨zweeg, gezwegen⟩
schweigend zwijgend ['zwɛixənt]
Schweiz Zwitserland ['zwɪtsərlɑnt]
Schweizer Zwitser ['zwɪtsər]
Schweizerin Zwitserse ['zwɪtsərsə]
schwer *(Gewicht)* zwaar [zwa:r];
(Krankheit) ernstig ['ɛrnstəx];
(schwierig) moeilijk ['muilək]
Schwester zus(ter) [zʌs/'zʌstər];
(Kranken~) verpleegster
[vər'ple:xstər], zuster ['zʌstər];
(Ordens~) (klooster)zuster
['zʌstər/'klo:stərzəstər]
schwierig moeilijk ['muilək], lastig
['lastəx]
Schwierigkeit moeilijkheid
['muiləkhɛit]
Schwimmbad zwembad
['zwɛmbɑt] *n*

schwimmen zwemmen ['zwɛmən]
⟨zwom, gezwommen⟩
Schwindler bedrieger [bə'drixər]
schwitzen zweten ['zwe:tən], transpireren [trɑnspi're:rən]
See (1) *(Meer)* f zee [ze:]; **auf hoher** ~ in volle zee [ɪn 'vɔlə 'ze:],
buitengaats [bœitə'xa:ts]
See (2) *(Binnengewässer)* m meer
[me:r] *n*
sehen zien [zin] ⟨zag, gezien⟩
Sehenswürdigkeiten bezienswaardigheden
[bəzins'wa:rdəxhe:dən]
sehr zeer [ze:r], erg [ɛrx]
Seide zijde ['zɛidə]
Seife zeep [ze:p]
Seil touw [tɔuw] *n*, kabel ['ka:bəl]
sein (1) *verb* zijn [zɛin]
⟨was, geweest⟩
sein (2) *(betont) poss prn* zijn
[zɛin]; *(unbetont)* z'n [zən]
seit *prp/conj* sinds [sɪnts], sedert
['se:dərt]; ~ **wann?** sinds wanneer? [sɪnts wɑ'ne:r]
seitdem sindsdien [sɪnts'din]
Seite zij(de) [zɛi/'zɛidə], kant [kɑnt];
(Buch~) bladzij(de) ['blɑtsɛi(də)]
Sekunde seconde [sə'kɔndə]
selbst, von ~ vanzelf [vɑn'zɛlf]
selbstverständlich vanzelfsprekend [vɑn'zɛlfspre:kənt]
selten *adj* zeldzaam ['zɛltsa:m]; *adv*
zelden ['zɛldən]
senden *(schicken)* zenden
['zɛndən] ⟨zond, gezonden⟩
Sendung *(Radio, Fernsehen)* uitzending ['œitsɛndɪŋ]
setzen zetten ['zɛtən], plaatsen
['pla:tsən]; **s.** ~ gaan zitten
[xa:n 'zɪtən]
sicher *(gewiß) adv* zeker ['ze:kər];
(geschützt) veilig ['vɛiləx]
Sicherheit *(Gewißheit)* zekerheid
['ze:kərhɛit]; *(Schutz)* veiligheid
['vɛiləxhɛit]; *(Garantie)* garantie
[xa:'rɑntsi]
Sicherheitsnadel veiligheidsspeld
['vɛiləxhɛitspɛlt]
Sicherung *(el)* zekering ['ze:kərɪŋ]
Sicht zicht [zɪxt] *n*, visie ['vizi]
sichtbar zichtbaar ['zɪxtba:r]
Sichtvermerk visum ['vizəm] *n*
⟨visa⟩
sie *nom sg* zij [zɛi]; *acc sing* haar
[ha:r]; *nom pl* zij [zɛi]; *acc pl*

(Person) hen [hɛn]; *(unbetont überall)* ze [zə]
Sie u [y]
Signal signaal [si'njɑːl] *n*
Silber zilver ['zɪlvər] *n*
singen zingen ['zɪŋən] ⟨zong, gezongen⟩
Sinn *(Bedeutung)* zin [zɪn]
Sitz zitplaats ['zɪtplɑːts]; *(einer Firma)* adres [ɑː'drɛs] *n*, standplaats ['stɑntplɑːts]
sitzen zitten ['zɪtən] ⟨zat, gezeten⟩
so zo [zoː]
sofort direct [diˈrɛkt], meteen [mətˈeːn]
sogar zelfs [zɛlfs]
Sohn zoon [zoːn]
solange als zolang als [zoˈlɑŋ ɑls]
solch zo'n [zoːn], zulk [zʌlk]
sollen moeten ['mutən], zullen ['zʌlən] ⟨zou, -⟩
Sommer zomer ['zoːmər]
Sonder . . . extra . . . ['ɛkstra], speciale [speːˈʃɑːlə]
sondern maar [mɑːr]; **nicht nur . . . ~ auch** niet alleen . . . maar ook [nit ɑˈleːn . . . mɑːr 'oːk]
Sonne zon [zɔn]
Sonnenaufgang, bei ~ bij zonsopgang [bɛi zɔnzˈɔpxɑŋ]
Sonnenbrille zonnebril ['zɔnəbrɪl]
Sonnenschirm parasol [pɑːrɑˈsɔl]
Sonnenuntergang, bei ~ bij zonsondergang [bɛi zɔnzˈɔndərxɑŋ]
sonst anders ['ɑndərs]; *(außerdem)* verder ['vɛrdər]
Sorge zorg [zɔrx]
sorgen, ~ für zorgen voor [zɔrxən 'voːr]; **s. ~ um** zich zorgen maken over [zɪx 'sɔrxən mɑːkən 'oːvər]
Sorgfalt zorg [zɔrx], zorgvuldigheid [zɔrxˈfʌldəxhɛit]
sorgfältig zorgvuldig [zɔrxˈfʌldəx]
Sorte soort [soːrt]
Spanien Spanje ['spɑnjə]
Spanier Spanjaard ['spɑnjɑːrt]
Spanierin Spaanse ['spɑːnsə]
spanisch Spaans [spɑːns]
sparen sparen ['spɑːrən]
Spaß *(Scherz)* grap [xrɑp], scherts [sxɛrts]; *(Vergnügen)* plezier [pləˈziːr] *n*
spät laat [lɑːt]
spazierengehen gaan wandelen [xɑːn 'wɑndələn] ⟨ging, gegaan⟩

Spaziergang wandeling ['wɑndəlɪŋ]; **einen ~ machen** een wandeling maken [ən 'wɑndəlɪŋ mɑːkən]
Speiche spaak [spɑːk]
Speisekarte spijskaart ['spɛiskɑːrt]
Speisesaal eetzaal ['eːtsɑːl]
Speisewagen restauratiewagen [rɛstoːˈrɑːtsiwɑːxən]
Sperre *(Bahnhof)* controle [kɔnˈtroːlə]
Spesen kosten ['kɔstən], onkosten ['ɔnkɔstən]
speziell speciaal [speːˈʃɑːl]
Spiegel spiegel ['spixəl]
Spiel spel [spɛl] *n*
spielen spelen ['speːlən]
Spielplatz speelplein ['speːlplɛin] *n*
Spielzeug speelgoed ['speːlxut] *n*
Spiritus *(Brenn~)* spiritus ['spiritəs]
Spirituskocher spiritusstel(letje) ['spiritəˈstɛl(əcə)] *n*
Spitze spits ['spɪts], punt ['pʌnt]; *(Gebirge)* top [tɔp]; *(Gewebe)* kant [kɑnt]
Sport sport [spɔrt]
Sportplatz sportveld ['spɔrtfɛlt] *n*
Sprache taal [tɑːl]
sprechen spreken ['spreːkən] ⟨sprak, gesproken⟩
Springbrunnen fontein [fɔnˈtɛin]
springen springen ['sprɪŋən] ⟨sprong, gesprongen⟩
Spur spoor [spoːr] *n*; *(Verkehr)* rijstrook ['rɛistroːk]
Staat staat [stɑːt]
Staatsangehörigkeit nationaliteit [nɑːcoːnɑːliˈtɛit]
Stadt stad [stɑt] ⟨steden⟩
Stadtplan (stads)plattegrond [plɑtəˈxrɔnt/statsplɑtəxrɔnt]
Stadtteil wijk [wɛik], buurt [byːrt]
stark *(kräftig)* sterk [stɛrk]; *(beliebt)* corpulent [kɔrpyˈlɛnt]; *(dick)* dik [dɪk]
Stärke sterkte ['stɛrktə]; *(Dicke)* dikte ['dɪktə]
Start start [stɑrt]
statt in plaats van [ɪm plɑːts 'fɑn]
stattfinden plaatsvinden ['plɑːtsfɪndən] ⟨vond plaats, plaatsgevonden⟩
Staub stof [stɔf] *n*
stechen steken ['steːkən] ⟨stak, gestoken⟩

Steckdose stopcontact
['stɔpkɔntakt] *n*
Stecker stekker ['stɛkər]
Stecknadel speld [spɛlt]
stehen staan [staːn] ⟨stond, gestaan⟩
stehenbleiben *(anhalten)* blijven
staan [blɛivən 'staːn]
⟨bleef staan, is blijven staan⟩
stehlen stelen ['steːlən]
⟨stal, gestolen⟩
steigen stijgen ['stɛixən]
⟨steeg, gestegen⟩
steil steil [stɛil]
Stein steen [steːn]
Stelle *(Ort)* plaats [plaːts]; *(Arbeit)*
betrekking [bə'trɛkiŋ]; *ugs* baan
[baːn]
stellen neerzetten ['neːrzɛtən]
Stellung positie [poː'zitsi];
(An~) betrekking [bə'trɛkiŋ]
Stempel stempel ['stɛmpəl] *n*
sterben sterven ['stɛrvən]
⟨stierf, gestorven⟩
Stern ster [stɛr]
still stil [stɪl]
Stimme stem [stɛm]
stinken stinken [stɪŋkən]
⟨stonk, gestonken⟩
Stock stok [stɔk]
Stock(werk) verdieping
[vər'dipiŋ], etage [eː'taːʒə]
Stoff stof [stɔf]
Stoffrest stofrest ['stɔfrɛst]
stören storen ['stoːrən]
Störung storing ['stoːriŋ]
Stoß (1) *(Schubs)* schok [sxɔk],
stoot [stoːt]
Stoß (2) *(Stapel)* stapel ['staːpəl]
stoßen stoten ['stoːtən]
⟨stootte, gestoten⟩
Strafe straf [straf]; *(Geld~)* boete
['butə]
Strand strand [strant] *n*

Straße *(innerorts)* straat [straːt],
weg [wɛx]; **auf der ~** op straat
[ɔp 'straːt]; *(Land~)* straatweg
['straːtwɛx]
Straßenbahn tram [trɛm]
Straßenbahnschaffner tram-
conducteur ['trɛmkɔndøktøːr]
Strauß *(Blumen)* boeket [bu'kɛt] *n*
Strecke afstand ['afstant], traject
[traˈjɛkt] *n; (Bahn~)* baanvak
['baːnvak] *n*
Streichholz lucifer ['lysifɛr]
Streichholzschachtel lucifers-
doosje ['lysifɛrsdoːʃə] *n*
Streit ruzie ['ryzi]
streng streng [strɛŋ]
Strom *(auch el)* stroom [stroːm]
Stück stuk [stʌk] *n;* **ein ~ Brot**
een stuk brood [ən stʌk 'broːt]
Student student [sty'dɛnt]
Studentin studente [sty'dɛntə]
studieren studeren [sty'deːrən]
Studium studie ['stydi]
Stuhl stoel [stul]
Stunde uur [yːr] *n;* **eine halbe ~**
een half uur [ən halv 'yːr]; **eine
Viertel ~** een kwartier
[əŋ kwar'tiːr]; **alle zwei ~n** om het
uur ['ɔm ət 'yːr]; *(Unterrichts~)*
les(uur) [lɛs/'lɛsyːr]
stündlich *adv* per uur [pɛr 'yːr],
elk uur [ɛlk 'yːr]
Sturm storm [stɔrm]
Sturz val [val]
stürzen *(fallen)* vallen ['valən]
⟨viel, gevallen⟩
suchen zoeken ['zukən]
⟨zocht, gezocht⟩
Süden zuiden ['zœidən] *n*
südlich zuidelijk ['zœidələk]; **~ von**
ten zuiden van [tɛn 'zœidən van]
Summe som [sɔm]
süß zoet [zut]

T

Tabak tabak [taː'bak]; *(zum Zigarettendrehen)* shag [ʃɛk]
Tafel *(Schokolade)* plak [plak]
Tag dag [dax]; **bei ~** overdag
[oːvər'dax]

täglich *adj* dagelijks ['daːxələks];
adv dagelijks ['daːxələks], per dag
[pɛr 'dax]
Tal dal [dal] *n*
tanken tanken ['tɛŋkən]

Tankstelle pompstation
['pɔmpstɑːʃɔn]
Tante tante ['tɑntə]
Tanz dans [dɑns]
tanzen dansen ['dɑnsən]
Tanzlokal dancing ['dɛnsɪŋ]
Tasche *(Hosen~)* zak [zɑk];
(Hand~) tas [tɑs]
Taschenlampe zaklantaarn
['zɑklɑntɑːrn]
Taschentuch zakdoek ['zɑgduk]
Tasse kopje ['kɔpjə] *n*
Tat daad [dɑːt]; **in der ~** inderdaad
[ɪndər'dɑːt]
Tatbestand feiten ['fɛitən] *pl*
Tätigkeit bezigheid ['beːzəxhɛit]
Tatsache feit ['fɛit] *n*
tauchen duiken ['dœikən]
⟨dook, gedoken⟩
tauschen ruilen ['rœilən]
täuschen, s. ~ zich vergissen
[zɪx fər'xɪsən]
tausend duizend ['dœizənt]
Taxi taxi ['tɑksi]
Tee thee [teː]
Teil deel [deːl] *n*
teilen delen ['deːlən]
teilnehmen (an) deelnemen (aan)
['deːlneːmən (ɑːn)]
⟨nam deel, deelgenomen⟩
Telefon telefoon [teːlə'foːn]
Telefonbuch telefoonboek
[teːlə'foːnbuk] *n*, telefoongids
[teːlə'foːŋxits]
Telefongespräch telefoongesprek [teːlə'foːŋxəsprɛk] *n*
telefonieren telefoneren
[teːləfoː'neːrən]
Telefonverzeichnis telefoonlijst
[teːlə'foːnlɛist]
Telefonzelle telefooncel
[teːlə'foːnsɛl]
telegrafieren telegraferen
[teːlexrɑː'feːrən]
Telegramm telegram [teːlə'xrɑm] *n*
Teller bord [bɔrt] *n*
Tennisplatz tennisbaan ['tɛnəsbɑːn]
Termin termijn [tɛr'mɛin]; *(Verabredung)* afspraak ['ɑfsprɑːk]
teuer duur [dyːr]
tief diep [diːp]; *(niedrig)* laag [lɑːx]
Tier dier [diːr] *n*
Tisch tafel ['tɑːfəl]; **bei ~** aan tafel
[ɑːn 'tɑːfəl]
Tochter dochter ['dɔxtər]
Tod dood [doːt]

Toilette toilet [twɑː'lɛt] *n*, W. C.
[weː'seː]
Toilettenpapier toiletpapier
[twɑː'lɛtpɑːpiːr] *n*
Ton (1) *(Klang)* toon [toːn];
(Betonung) klemtoon ['klɛmtoːn];
(Farbe) schakering [sxɑː'keːrɪŋ],
tint [tɪnt]
Ton (2) *(Bodenart)* klei [klɛi], leem
[leːm] *n*
Tonwaren aardewerk ['ɑːrdəwɛrk] *n*
Topf *(Koch~)* pot [pɔt], pan [pɑn]
Tor *(Einfahrt)* poort [poːrt]; *(auf
dem Spielfeld)* doel [dul] *n; (Gewinnpunkt)* doelpunt ['dulpənt] *n*,
goal [goːl]
tot dood [doːt]
Tour uitstapje ['œitstɑpjə] *n*, toertje
['tuːrcə]
Tourist toerist [tuˈrɪst]
Touristin toeriste [tuˈrɪstə]
tragen dragen ['drɑːxən]
⟨droeg, gedragen⟩
Träger *(Gepäck~)* kruier [krœiər]
transportieren transporteren
[trɑnspɔr'teːrən]
Trauben druiven ['drœivən]
Traum droom [droːm]
träumen dromen ['droːmən]
traurig verdrietig [vər'driːtəx]
treffen treffen ['trɛfən]
⟨trof, getroffen⟩
trennen scheiden ['sxɛidən]
⟨scheidde, gescheiden⟩
Treppe trap [trɑp]
trinkbar drinkbaar ['drɪŋkbɑːr]
trinken drinken ['drɪŋkən]
⟨dronk, gedronken⟩
Trinkgeld fooi [foːi]
trocken droog [droːx]
trocknen drogen ['droːxən]
Tropfen druppel ['drʌpəl]
trotz ondanks ['ɔndɑŋks]
trotzdem desondanks
['dɛsɔn'dɑŋks]
Tuch *(Gegenstand)* doek [duk];
(Material) doek [duk] *n*
tüchtig flink [flɪŋk]
Tulpe tulp [tʌlp]
tun doen [dun] ⟨deed, gedaan⟩
Tunnel tunnel ['tʌnəl]
Tür deur [døːr]; *(Auto)* portier
[pɔr'tiːr] *n*
Turm toren ['toːrən]
Tüte *(kleine)* zakje ['zɑkjə] *n;
(größere)* zak [zɑk]

U

übel slecht [slɛxt]; **mir ist** ~ ik ben misselijk [ɪg bɛn 'mɪsələk]
Übelkeit misselijkheid ['mɪsələkhɛit]
üben oefenen ['ufənən]
über *dat* boven ['bo:vən]; *acc* over ['o:vər]
überall overal [o:vər'al]
überbringen overbrengen ['o:vərbrɛŋən] ⟨bracht over, overgebracht⟩
Überfahrt overtocht ['o:vərtɔxt]
Überfall overval ['o:vərval]
überflüssig overbodig ['o:vər'bo:dəx]
überfüllt overvol ['o:vərvɔl]
Übergang overgang ['o:vərxaŋ]
übergeben overhandigen ['o:vər'handəxən]
überholen *(schneller gehen, fahren)* inhalen ['ɪnha:lən]; *(mit dem Auto)* passeren [pa'se:rən]; *(neu machen)* reviseren [re:vi'ze:rən]
übermorgen overmorgen ['o:vər'mɔrxən]
übernachten overnachten ['o:vər'naxtən]
überrascht verrast [və'rast]
überreden overreden [o:və're:dən], overhalen [o:vər'ha:lən] ⟨haalde over, overgehaald⟩
überschreiten overschrijden [o:vər'sxrɛidən] ⟨overschreed, overschreden⟩
Übersee overzee [o:vər'ze:]
übersenden toezenden ['tuzɛndən] ⟨zond toe, toegezonden⟩
übersetzen (1) vertalen [vər'ta:lən]
übersetzen (2) *(Schiff)* overzetten ['o:vərzɛtən]
übertragbar overdraagbaar [o:vər'dra:xba:r]; *(Krankheit)* besmettelijk [bə'smɛtələk]
übertrieben overdreven [o:vər'dre:vən]
überweisen overboeken ['o:vərbukən], overmaken ['o:vərma:kən]
Überweisung overboeking ['o:vərbukɪŋ]
überzeugen overtuigen [o:vər'tœixən]
üblich gebruikelijk [xə'brœikələk]
übrig over(ig) ['o:vər(əx)]

übrigbleiben overblijven ['o:vərblɛivən] ⟨bleef over, overgebleven⟩
übrigens overigens ['o:vərəxəns]
Übung oefening ['ufənɪŋ]
Ufer *(Fluß)* oever ['uvər]; *(Meer)* kust [kʌst]
Uhr *(Armband~)* horloge [hɔr'lo:ʒə] *n; (Wand~)* klok [klɔk]
um *prp (räumlich; zeitlich)* om [ɔm]; *(räumlich)* om ... heen [ɔm ... 'he:n]; *(zeitlich)* ongeveer om [ɔŋxə've:r ɔm]; *(gegen)* omstreeks [ɔm'stre:ks]
umarmen omarmen [ɔm'armən]
Umgebung omgeving [ɔm'xe:vɪŋ]
umgekehrt *adj* omgekeerd ['ɔmxəke:rt]; **in** ~ **er Richtung** de andere kant op [də andərə 'kant ɔp]; *adv* andersom [andər'zɔm]
umkehren omkeren ['ɔmke:rən]
Umleitung wegomlegging ['wɛxɔmlɛxɪŋ], omleiding ['ɔmlɛidɪŋ]
Umrechnung omrekening ['ɔmre:kənɪŋ]
umsonst *(gratis)* gratis [xra:tɪs], voor niets [vo:r 'nits]; *(vergebens)* tevergeefs [təvər'xe:fs]
Umstände omstandigheden [ɔm'standəxhe:dən]
umsteigen overstappen ['o:vərstapən]
umtauschen omruilen ['ɔmrœilən], omwisselen ['ɔmwɪsələn]
Umweg omweg ['ɔmwɛx]
Umwelt milieu [mil'jø:] *n*
umziehen *(Wohnung wechseln)* verhuizen [vər'hœizən]; **s.** ~ zich verkleden [zɪx vər'kle:dən]
unangenehm onaangenaam [ɔn'a:ŋxəna:m]
unanständig onbehoorlijk [ɔmbə'ho:rlək], onfatsoenlijk [ɔnfat'sunlək]
unbedingt *adv* beslist [bə'slɪst], absoluut [apso:'lyt]
unbekannt onbekend [ɔmbə'kɛnt]
unbequem ongemakkelijk [ɔŋxə'makələk]
unbestimmt onbestemd [ɔmbəs'tɛmt], onbepaald [ɔmbə'pa:lt]
und en [ɛn]; ~ **so weiter** en zo voort(s) [ɛn zo: 'vo:rt(s)]

undankbar ondankbaar
[ɔn'daŋkbɑːr]
unecht onecht [ɔ'nɛxt]
unentbehrlich onontbeerlijk
[ɔnɔnd'beːrlək]
unentschlossen besluiteloos
[bə'slœitəloːs]
unerfahren onervaren [ɔnɛr'vɑːrən]
unerfreulich onaangenaam
[ɔn'ɑːŋxɑnɑːm]
unerträglich onverdragelijk
[ɔnvər'drɑːxələk]
unerwartet onverwacht
[ɔnvər'wɑxt]
unerwünscht ongewenst
[ɔŋxə'wɛnst]
unfähig onbekwaam [ɔmbə'kwɑːm];
(außerstande) niet in staat
[nit ɪn 'stɑːt]
Unfall ongeluk ['ɔŋxələk] *n*
unfreundlich onvriendelijk
[ɔn'vrindələk]
ungeeignet ongeschikt [ɔŋxə'sxɪkt]
ungefähr ongeveer [ɔŋxə'veːr]
ungemütlich ongezellig
[ɔŋxə'zɛləx], onbehagelijk
[ɔmbə'hɑːxələk]
ungenau onnauwkeurig
[ɔnɑuw'køːrəx]
ungenügend onvoldoende
[ɔnvɔl'dundə]
ungerecht onrechtvaardig
[ɔnrɛxt'vɑːrdəx]
Ungerechtigkeit onrechtvaardigheid [ɔnrɛxt'vɑːrdəxhɛit]
ungern niet graag ['nit xrɑːx]
ungesund ongezond [ɔŋxə'zɔnt]
ungewiß onzeker [ɔn'zeːkər]
ungewöhnlich ongewoon
[ɔŋxə'woːn]
unglaublich ongelooflijk
[ɔŋ'xloːflək]
Unglück ongeluk ['ɔŋxələk] *n*
unglücklich ongelukkig
[ɔŋxə'lʌkəx]
unglücklicherweise jammer
genoeg ['jɑmər xənux], ongelukkig
[ɔŋxə'lʌkəx]
ungültig ongeldig [ɔŋ'xɛldəx]
ungünstig ongunstig [ɔŋ'xʌnstəx]
unhöflich onbeleefd [ɔmbə'leːft]
Unkosten onkosten ['ɔŋkɔstən]
unmittelbar direct [di'rɛkt]
unmodern ouderwets [ɔudər'wɛts],
uit de tijd [œid də 'tɛit]
unmöglich onmogelijk [ɔ'moːxələk]

unnötig onnodig [ɔn'oːdəx]
unnütz nutteloos ['nʌtəloːs]
Unordnung wanorde ['wanɔrdə],
rommel ['rɔməl]
unpraktisch onpraktisch
[ɔm'prɑktis]
Unrecht onrecht ['ɔnrɛxt] *n*
unrecht haben ongelijk hebben
[ɔŋxə'lɛik hɛbən]
unregelmäßig onregelmatig
[ɔnre:xəl'mɑːtəx]
unrichtig onjuist [ɔn'jœist]
unruhig onrustig [ɔn'rʌstəx]
uns ons [ɔns]
unschädlich onschadelijk
[ɔn'sxɑːdələk]
unschuldig onschuldig [ɔn'sxʌldəx]
unser onze ['ɔnzə]; *n* ons [ɔns]
unsicher onzeker [ɔn'zeːkər]
unten beneden [bə'neːdən]; **dort ~**
daar beneden [dɑːr bə'neːdən], daarginds [dɑːr'xins]
unter onder ['ɔndər]; *(zwischen)*
tussen ['tʌsən]; **~ anderem** onder
andere [ɔndər 'ɑndərə]
unterbrechen onderbreken
[ɔndər'breːkən]
⟨onderbrak, onderbroken⟩
Unterführung viadukt [viɑ'dʌkt] *n*
unterhalb beneden [bə'neːdən],
onder ['ɔndər]
unterhalten, s. ~ zich onderhouden [zɪx ɔndər'houdən]
⟨onderhield, onderhouden⟩
unterhaltend onderhoudend
[ɔndər'houdənt], amusant [ɑ:my'sant]
Unterhaltung *(Gespräch)* conversatie [kɔnvər'sɑːtsi]; *(Vergnügen)*
amusement [ɑ:mysə'mɛnt] *n*
Unternehmen onderneming
[ɔndər'ne:mɪŋ]
unterrichten *(informieren)* inlichten ['ɪnlɪxtən], op de hoogte brengen [ɔb də 'ho:xtə brɛŋən]; *(Schule)*
onderwijzen [ɔndər'wɛizən]
⟨onderwees, onderwezen⟩
unterscheiden onderscheiden
[ɔndər'sxɛidən]
⟨onderscheed, onderscheden⟩;
s. ~ von zich onderscheiden van
[zɪx ɔndər'sxɛidən van]
Unterschied verschil [vər'sxɪl] *n*
unterschreiben ondertekenen
[ɔndər'te:kənən]
Unterschrift handtekening
['hante:kənɪŋ]

Unterstützung ondersteuning [ɔndər'stø:nɪŋ]
Unterwäsche ondergoed ['ɔndərxut] *n*
unterwegs onderweg [ɔndər'wɛx]
unverbindlich vrijblijvend [vrɛi'blɛivənt]
unvermeidlich onvermijdelijk [ɔnvər'mɛidələk]
unverschämt brutaal [bry'ta:l]
unvollständig onvolledig [ɔnvɔ'le:dəx]
unvorsichtig onvoorzichtig [ɔnvo:r'zɪxtəx]

unwahrscheinlich onwaarschijnlijk [ɔnwa:r'sxɛinlək]
Unwetter noodweer ['no:twe:r] *n*
unwichtig onbelangrijk [ɔmbə'laŋrɛik]
unwohl niet wel [nit 'wɛl], onwel [ɔn'wɛl]
unzufrieden ontevreden [ɔntə'vre:dən]
Urlaub vakantie [va:'kantsi]
Ursache oorzaak ['o:rza:k]
Ursprung oorsprong ['o:rsprɔŋ]
Urteil oordeel ['o:rde:l] *n*
urteilen oordelen ['o:rde:lən]

V

Vater vader ['va:dər]
Vaterland vaderland ['va:dərlant] *n*
verabreden, s. ~ afspreken ['afspre:kən] ⟨sprak af, afgesproken⟩
Verabredung afspraak ['afspra:k]
verabschieden, s. ~ afscheid nemen ['afsxɛit ne:mən]
verändern veranderen [vər'andərən]
Veränderung verandering [vər'andərɪŋ]
Veranstaltung manifestatie [ma:nifɛs'ta:tsi]
verantwortlich verantwoordelijk [vərant'wo:rdələk]
verbessern verbeteren [vər'be:tərən]
verbieten verbieden [vər'bidən] ⟨verbood, verboden⟩
verbinden *(auch tele, med)* verbinden [vər'bɪndən] ⟨verbond, verbonden⟩
Verbindung *(Zug, tele)* verbinding [vər'bɪndɪŋ]
Verbot verbod [vər'bɔt] *n*
verboten! verboden! [vər'bo:dən]
Verbrauch verbruik [vər'brœik] *n*
verbrauchen verbruiken [vər'brœikən]
Verbrechen misdaad ['mɪzda:t]
verbrennen verbranden [vər'brandən]
verbringen *(Zeit)* doorbrengen ['do:rbrɛŋən] ⟨bracht door, doorgebracht⟩

Verdacht verdenking [vər'dɛŋkɪŋ], argwaan ['arxwa:n]
Verdeck dek [dɛk] *n*
verderben bederven [bə'dɛrvən] ⟨bedierf, bedorven⟩
verdienen verdienen [vər'dinən]
Verdienst (1) *m (Geld)* verdienste [vər'dinstə], loon [lo:n] *n*
Verdienst (2) *n* verdienste(lijkheid) [vər'dinstə(ləkhɛit)]
verdorben bedorven [bə'dɔrvən]; *(faul)* rot [rɔt]
Verein vereniging [vər'e:nəxɪŋ]
vereinbaren overeenkomen [o:vər'e:nko:mən] ⟨kwam overeen, overeengekomen⟩
Verfassung *(pol)* grondwet ['xrɔntwɛt]; *(Zustand)* toestand ['tustant]
Vergangenheit verleden [vər'le:dən] *n*, verleden tijd [vər'le:dən tɛit]
vergehen *(Zeit)* voorbijgaan [vo:r'bɛixa:n] ⟨ging voorbij, voorbijgegaan⟩
vergessen vergeten [vər'xe:tən] ⟨vergat, vergeten⟩
Vergleich vergelijking [vɛrxə'lɛikɪŋ]; *(jur)* vergelijk [vɛrxə'lɛik] *n*
vergleichen vergelijken [vɛrxə'lɛikən] ⟨vergeleek, vergeleken⟩
Vergnügen genoegen [xə'nuxən] *n*
vergoldet verguld [vər'xʌlt]
verheimlichen verheimelijken [vər'hɛimələkən]

verheiratet (mit) getrouwd (met) [xə'trɔuwt (mɛt)], gehuwd (met) [xə'hy:wt (mɛt)]
verhindern verhinderen [vər'hɪndərən]
verirren, s. ~ verdwalen [vər'dwa:lən]
Verkauf verkoop ['vɛrko:p/vər'ko:p]
verkaufen verkopen [vər'ko:pən] ⟨verkocht, verkocht⟩
Verkäufer verkoper [vər'ko:pər]
Verkäuferin verkoopster [vər'ko:pstər]
Verkehr verkeer [vər'ke:r] *n*
verkehren *(Verkehrsmittel)* verkeren [vərke:rən]; *(Personen)* omgaan ['ɔmxa:n] ⟨ging om, omgegaan⟩
Verlag uitgeverij [œitxe:və'rɛi]
verlangen verlangen [vər'laŋən]; *(fordern)* eisen ['ɛisən] ⟨eiste, geëist⟩
verlängern verlengen [vər'lɛŋən]
verlassen verlaten [vər'la:tən] ⟨verliet, verlaten⟩
Verletzung verwonding [vər'wɔndɪŋ]
verlieren verliezen [vər'lizən] ⟨verloor, verloren⟩
verloben, s. ~ mit zich verloven met [zɪx vər'lo:vən mɛt]
Verlobte, der/die ~ verloofde [vər'lo:vdə]
Verlust verlies [vər'lis] *n*
vermeiden vermijden [vər'mɛidən] ⟨vermeed, vermeden⟩
vermieten verhuren [vər'hy:r]
Vermittler bemiddelaar [bə'mɪdəla:r]
vermuten vermoeden [vər'mudən]
Vermutung vermoeden [vər'mudən] *n*
vernachlässigen verwaarlozen [vər'wa:rlo:zən]
vernünftig verstandig [vər'standəx]
verpacken verpakken [vər'pakən]
Verpackung verpakking [vər'pakɪŋ]
Verpflegung kost [kɔst]
verpflichtet sein verplicht zijn [vər'plɪxt sɛin]
Verpflichtung verplichting [vər'plɪxtɪŋ]
verrechnen, s. ~ zich verrekenen [zɪx fə're:kənən]
verreisen wegreizen ['wɛxrɛizən]
verrückt gek [xɛk]

versäumen *(verpassen)* verzuimen [vər'zœimən]
verschaffen verschaffen [vər'sxafən], bezorgen [bə'zɔrxən]
verschieben *(zeitlich)* verschuiven [vər'sxœivən] ⟨verschoof, verschoven⟩
verschieden verschillend [vər'sxɪlənt]
verschließen (af)sluiten ['slœitən/'afslœitən] ⟨sloot (af), (af)gesloten⟩
Verschluß sluiting ['slœitɪŋ]
verschreiben *(verordnen)* voorschrijven ['vo:rsxrɛivən] ⟨schreef voor, voorgeschreven⟩
verschwinden verdwijnen [vər'dwɛinən] ⟨verdween, verdwenen⟩
Versehen, aus ~ per vergissing [pɛr vər'xɪsɪŋ]
versenden verzenden [vər'zɛndən] ⟨verzond, verzonden⟩
versichern verzekeren [vər'ze:kərən]
Versicherung verzekering [vər'ze:kərɪŋ]
versorgen mit voorzien van [vo:r'zin van] ⟨voorzag, voorzien⟩
verspäten, s. ~ te laat komen [tə 'la:t ko:mən] ⟨kwam, gekomen⟩
Verspätung vertraging [vər'tra:xɪŋ]
Versprechen belofte [bə'lɔftə]
versprechen beloven [bə'lo:vən]
Verstand verstand [vər'stant] *n*
verständigen, jdn ~ op de hoogte brengen [ɔp də 'ho:xtə brɛŋən], inlichten ['ɪnlɪxtən]; **s. ~** het eens worden [ət 'e:ns wɔrdən]; *(sprachlich)* zich verstaanbaar maken [zɪx vər'sta:nba:r ma:kən]
verstecken verstoppen [vər'stɔpən]
verstehen begrijpen [bə'xrɛipən] ⟨begreep, begrepen⟩; *(akustisch)* verstaan [vər'sta:n] ⟨verstond, verstaan⟩
Versuch poging ['po:xɪŋ]
versuchen proberen [pro:'be:rən]; *(Speisen)* proeven ['pruvən]
vertauschen verruilen [vər'rœilən], verwisselen [vər'wɪsələn]
verteidigen verdedigen [vər'de:dəxən]
verteilen verdelen [vər'de:lən]
Verteilung verdeling [vər'de:lɪŋ]
Vertrag verdrag [vər'drax] *n*

Vertrauen vertrouwen
[vər'trouwən] *n*
vertrauen auf vertrouwen op
[vər'trouwən ɔp]
vertrauensvoll vol vertrouwen
[vɔl vər'trouwən]
Vertreter vertegenwoordiger
[vɑrte:xə'wo:rdəxər]
verunglücken verongelukken
[vər'ɔŋxələkən]
verursachen veroorzaken
[vər'o:rzɑːkən]
Verwaltung administratie
[atmini'strɑːtsi], bestuur [bə'sty:r] *n*
verwandt verwant [vər'wɑnt];
~ **mit** familie van [fɑː'mili vɑn]
verwechseln verwisselen
[vər'wɪsələn]
verwenden gebruiken [xə'brœikən]
Verwendung gebruik [xə'brœik] *n*
verwirklichen verwezenlijken
[vər'we:zələkən]
verzehren verteren [vər'te:rən]
Verzeichnis lijst [lɛist], catalogus
[kɑː'tɑːlo:xəs]
verzeihen vergeven [vər'xe:vən]
⟨vergaf, vergeven⟩
Verzeihung vergeving [vər'xe:vɪŋ];
~ **!** pardon! [pɑr'dɔ̃ː]
verzögern vertragen [vər'trɑːxən]
verzollen declareren [de:klɑː're:rən]
verzweifelt vertwijfeld
[vər'twɛifəlt]
viel veel [ve:l]
vielleicht misschien [mɪ'sxin]
vielmehr eerder ['e:rdər], liever
['livər]
viereckig vierkant ['vi:rkɑnt]
Viertel, ein ~ één kwart
['e:n 'kwɑrt], één vierde ['e:n 'vi:rdə]
vierzehn Tage veertien dagen
[ve:rtin dɑːxən]
Villa villa ['vilɑː]
Visum visum ['visʌm] *n*
Vogel vogel ['vo:xəl]
Volk volk [vɔlk] *n*
voll vol [vɔl]
vollenden voltooien [vɔl'to:jən]
vollkommen volkomen
[vɔl'ko:mən], volmaakt [vɔl'mɑːkt]
Vollmacht volmacht ['vɔlmɑxt]
vollständig helemaal [he:lə'mɑːl],
volledig [vɔ'le:dəx]
von (*Herkunft*) van [vɑn]; (*Passiv*)
door [do:r]
vor (*räumlich; zeitlich*) voor [vo:r];

(*in der Vergangenheit*) geleden
[xə'le:dən]; ~ **5 Jahren** 5 jaar geleden [vɛif jɑːr xə'le:dən]; ~ **allem**
vooral [vo:'rɑl]
voraus, im ~ bij voorbaat
[bɛi 'vo:rbɑːt]
Vorbehalt, mit ~ onder voorbehoud [ɔndər 'vo:rbəhout]
vorbeigehen voorbij gaan
[vo:r'bɛi xɑːn] ⟨ging, gegaan⟩, langs
gaan ['lɑŋs xɑːn]
vorbereiten voorbereiden
['vo:rbərɛidən]
vorbestellen bespreken
[bə'spre:kən] ⟨besprak, besproken⟩,
reserveren [re:sɛr've:rən]
Vorfall voorval ['vo:rvɑl] *n*, gebeurtenis [xə'bø:rtənis]
vorgehen (*Uhr*) voorlopen
['vo:rlo:pən] ⟨liep voor, voorgelopen⟩
vorgestern eergisteren
[e:r'xɪstərən]
Vorhang gordijn [xɔr'dɛin] *n*
vorher van tevoren [vɑn tə'vo:rən],
eerst [e:rst]
vorläufig voorlopig [vo:r'lo:pəx]
vorletzte voorlaatste [vo:r'lɑːtstə]
Vormittag ochtend ['ɔxtənt],
morgen ['mɔrxən]
vormittags 's ochtends ['sɔxtənts],
's morgens ['smɔrxəns]
vorn vooraan ['vo:rɑːn]; **nach** ~
naar voren [nɑːr 'vo:rən]
Vorname voornaam ['vo:rnɑːm] *n*
vornehm voornaam [vo:r'nɑːm],
deftig ['dɛftəx]
Vorort buitenwijk ['bœitəwɛik],
voorstad ['vo:rstɑt] ⟨voorsteden⟩
Vorrat voorraad ['vo:rɑːt]
Vorsatz voornemen ['vo:rne:mən] *n*,
plan [plɑn] *n*
Vorschlag voorstel ['vo:rstɛl] *n*
vorschlagen voorstellen
['vo:rstɛlən]
Vorschrift voorschrift ['vo:rsxrɪft] *n*
Vorsicht voorzichtigheid
[vo:r'zɪxtəxhɛit]; ~ **!** voorzichtig!
[vo:r'zɪxtəx]
vorsichtig voorzichtig [vo:r'zɪxtəx]
Vorspeise voorgerecht ['vo:rxərɛxt]
n
Vorstadt voorstad ['vo:rstɑt]
⟨voorsteden⟩, buitenwijk ['bœitəwɛik]
vorstellen voorstellen ['vo:rstɛlən]
Vorstellung (*Begriff; Theater*)
voorstelling ['vo:rstɛlɪŋ]

Vorteil voordeel ['vo:rde:l] *n*
vorteilhaft voordelig [vo:r'de:ləx]
vorüber voorbij [vo:r'bɛi]
vorübergehen voorbijgaan
[vo:r'bɛixa:n]
⟨ging voorbij, voorbijgegaan⟩
vorübergehend tijdelijk ['tɛidələk]
Vorverkauf voorverkoop
['vo:rvɛrko:p]

Vorwand voorwendsel
['vo:rwɛntsəl] *n*
vorwärts vooruit [vo:'rœit], voorwaarts ['vo:rwa:rts]
vorzeigen tonen ['to:nən]
vorziehen *(lieber haben)* verkiezen [vər'kizən] ⟨verkoos, verkozen⟩
Vorzug voorkeur ['vo:rkø:r]; *(Vorteil)* voordeel ['vo:rde:l] *n*

W

Waage weegschaal ['we:xsxa:l]
wach wakker ['wakər]; ~ **werden**
wakker worden ['wakər wɔrdən]
wachsen groeien ['xrujən]
wagen durven ['dʌrvən]
Wagen wagen ['wa:xən]
Wahlen verkiezingen [vər'kizɪŋən]
wählen *(auch pol, tele)* kiezen
['kizən] ⟨koos, gekozen⟩
wahr waar [wa:r]
während *prp* tijdens ['tɛidəns],
gedurende [xə'dyrəndə];
conj terwijl [tər'wɛil]
Wahrheit waarheid ['wa:rhɛit]
wahrscheinlich waarschijnlijk
[wa:r'sxɛinlək]
Wahrscheinlichkeit waarschijnlijkheid [wa:r'sxɛinləkhɛit]
Währung valuta [va:'lyta:] *pl*
Wald bos [bɔs] *n*; *(großer* ~ *)* woud
[wɔut] *n*
Wand wand [want], muur [my:r]
wandern trekken ['trɛkən]
⟨trok, getrokken⟩
Wanduhr hangklok ['haŋklɔk],
wandklok ['wantklɔk]
wann wanneer [wa'ne:r]
Wappen wapen ['wa:pən] *n*
Ware waar [wa:r]
Warenhaus warenhuis
['wa:rənhœis] *n* ⟨-huizen⟩
warm warm [warm]
Wärme warmte ['warmtə]
wärmen verwarmen [vər'warmən]
warnen (vor) waarschuwen
(voor) ['wa:rsxywən (vo:r)]
warten wachten ['waxtən]
Wartesaal wachtkamer
['waxtka:mər]
warum waarom [wa:'rɔm]

was wat [wat]; ~ **für ein/eine**
...? wat voor (een)...?
['wat vo:r (ən)]
Wäsche *(Bett~)* beddegoed
['bɛdəxut] *n*; *(Unter~)* ondergoed
['ɔndərxut] *n*; *(zum Waschen)*
wasgoed ['wasxut] *n*
waschecht wasecht [was'ɛxt]
waschen wassen ['wasən]
⟨waste, gewassen⟩
Wäscherei wasserij [wasə'rɛi]
Wasser water ['wa:tər] *n*
Watt wad [wat] *n*
Watte watten ['watən] *pl*
Wechsel *(Veränderung)* verandering [vər'andərɪŋ]; *(Austausch)*
uitwisseling ['œitwɪsəlɪŋ]
Wechselkurs wisselkoers
['wɪsəlku:rs]
wechseln *(Geld)* wisselen
['wɪsələn]
wecken wekken ['wɛkən]
Wecker wekker ['wɛkər]
weder ... noch noch ... noch
[nɔx ... nɔx]
Weg weg [wɛx]
weg weg [wɛx]
wegen wegens ['we:xəns]
weggehen weggaan ['wɛxa:n]
⟨ging weg, weggegaan⟩
wegnehmen wegnemen
['wɛxne:mən]
⟨nam weg, weggenomen⟩
wegschicken wegsturen
['wɛxstyrən]
weh tun pijn doen ['pɛin dun]
weich week [we:k], zacht [zaxt];
(Ton, Farbe) zacht [zaxt]
weigern, s. ~ weigeren ['wɛixərən]
Weihnachten Kerstmis ['kɛrstmɪs]

Weihnachtsabend Kerstavond
['kɛrstɑːvɔnt]
weil omdat [ɔm'dɑt]
weinen huilen ['hœilən]
Weise *(Art)* manier [maːˈniːr]
weiß wit [wɪt]
weit *(Gegenteil von eng)* breed
[breːt]; *(entfernt)* verweg [vɛrˈwɛx]
weiter, und so ~ en zo voort(s)
[ɛn zoː ˈvoːrt(s)]
Welt wereld ['weːrəlt]
wenden keren ['keːren], draaien
['draːjən]; **s. an jdn ~** zich tot
iemand richten [zɪx tɔt imɑnt
ˈrɪxtən]
wenig weinig ['wɛinəx]; **ein ~**
(von) een beetje (van)
[ən ˈbeːtʃə (vɑn)]; **~er** minder
['mɪndər]; **das ~ste** het minst
[ət ˈmɪnst]
wenigstens minstens ['mɪnstəns]
wenn *(Bedingung)* als [ɑls], indien
[ɪnˈdin]; *(zeitlich)* wanneer [wɑˈneːr],
als [ɑls]
wer wie [wi]
werden worden ['wɔrdən] ‹werd, ge-
worden›; *(Futur)* zullen ['zʌlən]
‹zou, -›
werfen gooien ['xoːjən], werpen
['wɛrpən] ‹wierp, geworpen›
Werk werk [wɛrk] *n;* *(Fabrik)*
fabriek [faːˈbrik]
Werkstatt werkplaats ['wɛrkplaːts];
(Auto) garage [xaːˈraːʒə]
werktags op werkdagen
[ɔp ˈwɛrgdaːxən]
Werkzeug gereedschap
[xəˈreːtsxɑp] *n*
Wert waarde ['waːrdə]
wert, viel ~ sein veel waard zijn
[veːl ˈwaːrt sɛin]
wertlos waardeloos ['waːrdəloːs]
weshalb waarom [waːˈrɔm]
Westen westen ['wɛstən] *n*
westlich westelijk ['wɛstələk]; **~**
von ten westen van [tɛn ˈwɛstə vɑn]
Wettbewerb wedstrijd ['wɛtstrɛit];
(Handel) concurrentie
[kɔŋkyˈrɛntsi]
Wette weddenschap ['wɛdənsxɑp]
wetten wedden ['wɛdən]
Wetter weer [weːr] *n;* **bei diesem**
~ bij dit weer [bɛi ˈdɪt weːr]
Wetterbericht weerbericht
['weːrbərɪxt] *n*
wichtig belangrijk [bəˈlɑŋrɛik]

wie *(Frage)* hoe [hu]; *(Vergleich)*
als [ɑls]
wieder weer [weːr]
wiederbekommen terugkrijgen
['trʌxkrɛixən]
‹kreeg terug, teruggekregen›
wiedergeben teruggeven
['trʌxeːvən] ‹gaf terug, teruggegeven›
wiederholen herhalen [hɛrˈhaːlən]
wiederkommen terugkomen
['trʌxkoːmən]
‹kwam terug, teruggekomen›
wiedersehen terugzien ['trʌxsin]
‹zag terug, teruggezien›; **auf W~!**
tot ziens! [tɔt ˈsins]
wiegen wegen ['weːxən]
‹woog, gewogen›
Wiese wei(de) [wɛi/'wɛidə]
wieso hoezo [huˈzoː]
wieviel hoeveel [huˈveːl]
Wild wild [wɪlt] *n*
wild wild [wɪlt]
willkommen welkom ['wɛlkɔm]
Wind wind [wɪnt]
Windmühle windmolen
['wɪntmoːlən]
Winkel *(Ecke)* hoek [huk]
winken wenken ['wɛŋkən], wuiven
['wœivən]
Winter winter ['wɪntər]
wir *(betont)* wij [wɛi]; *(unbetont)*
we [wə]
wirklich werkelijk ['wɛrkələk]
Wirklichkeit werkelijkheid
['wɛrkələkhɛit]
wirksam werkzaam ['wɛrksaːm],
effectief [ɛfɛkˈtif]
Wirkung werking ['wɛrkɪŋ], effect
[ɛˈfɛkt] *n*
Wirt waard [waːrt]
Wirtshaus café [kaˈfeː]
Wissen kennis ['kɛnəs]
wissen weten ['weːtən]
‹wist, geweten›
Witz mop [mɔp], grap [xrɑp]
wo waar [waːr]
Woche week [weːk]; **in einer ~**
over een week [oːvər ən ˈweːk]
wochentags op werkdagen
[ɔp ˈwɛrgdaːxən], door de week
[doːr də ˈweːk]
wöchentlich wekelijks ['weːkələks]
wofür waarvoor [waːrˈvoːr]
woher waarvandaan [waːrvanˈdaːn]
wohin waarheen [waːrˈheːn]
wohl *(vermutlich)* wel [wɛl]

Wohlbefinden welzijn ['wɛlzɛin] *n*
wohlhabend welgesteld
['wɛlxə'stɛlt]
wohlwollend welwillend
['wɛl'wɪlənt]
wohnen wonen ['wo:nən]
Wohnort, ~ sitz woonplaats
['wo:mpla:ts]
Wohnung woning ['wo:nɪŋ], flat
[flɛt]; **möblierte ~** gemeubileerde
woning [xəmə:bi'le:rdə 'wo:nɪŋ]
Wohnzimmer woonkamer
['wo:nka:mər]
Wolke wolk [wɔlk]
Wolkenkratzer wolkenkrabber
['wɔlkəkrabər]

Wolldecke wollen deken
[wɔlə 'de:kən]
Wolle wol [wɔl]
wollen willen ['wɪlən]
Wort woord [wo:rt] *n*
wozu waarom [wa:'rɔm]
wunderbar fantastisch [fan'tastis],
wonderbaarlijk [wɔndər'ba:rlək]
wundern, s. ~ (über) zich verbazen (over) [zɪx fər'ba:zən (o:vər)]
Wunsch wens [wɛns]
wünschen wensen ['wɛnsən]
Wut woede ['wudə]
wütend woedend ['wudənt];
~ werden woedend worden
['wudənt wɔrdən]

Z

Zahl getal [xə'tɑl] *n*, aantal ['a:ntɑl] *n*
zahlbar betaalbaar [bə'ta:lba:r]
zahlen betalen [bə'ta:lən]
zählen tellen ['tɛlən]
zahlreich talrijk ['tɑlrɛik]
Zahlung betaling [bə'ta:lɪŋ]
Zahn tand [tɑnt]
Zahnbürste tandenborstel
['tandəborstəl]
Zahnpaste tandpasta ['tɑntpasta:]
Zahnstocher tandenstoker
['tandəsto:kər]
Zange tang [tɑŋ]
zanken, s. ~ ruzie maken
['ryzi ma:kən]
zart *(weich)* teer [te:r], week [we:k];
(~ fühlend) zacht [zaxt]
Zeichen teken ['te:kən] *n*
zeichnen tekenen ['te:kənən]
zeigen tonen ['to:nən]; *(hinweisen)*
wijzen ['wɛizən] ⟨wees, gewezen⟩
Zeit tijd [tɛit]; **zur ~** momenteel
[mo:mɛn'te:l]; **von ~ zu ~** van tijd
tot tijd [van 'tɛit tɔt 'tɛit]
Zeitlang, eine ~ een tijdlang
[ən 'tɛitlaŋ]
Zeitschrift tijdschrift ['tɛitsxrɪft] *n*
Zeitung krant [krant]
Zeitungskiosk krantenkiosk
[krantəki'ɔsk]
Zeitungsverkäufer krantenverkoper ['krantəvər'ko:pər]
Zelt tent [tɛnt]

zelten kamperen [kam'pe:rən]
Zeltplatz camping ['kɛmpɪŋ],
kampeerterrein [kam'pe:rtɛrɛin] *n*
zentral centraal [sɛn'tra:l]
Zentrum centrum ['sɛntrəm] *n*
zerbrechen (stuk)breken
['bre:kən/'stʌɡbre:kən]
⟨brak (stuk), (stuk)gebroken⟩
zerbrechlich breekbaar ['bre:gba:r]
zerreißen kapotscheuren
[ka:'pɔtsxø:rən]
zerstören verwoesten [vər'wustən]
Zeuge getuige [xə'tœixə]
Zeugnis getuigenis [xə'tœixənɪs];
(Bescheinigung) rapport [ra'pɔrt] *n*
ziehen trekken ['trɛkən]
⟨trok, getrokken⟩
Ziel doel [dul] *n*
ziemlich tamelijk ['ta:mələk]
Zigarette sigaret [sixa:'rɛt]
Zigarre sigaar [si'xa:r]
Zimmer kamer ['ka:mər]
zögern aarzelen ['a:rzələn]
Zoll douane [du'a:nə]
Zollamt douanekantoor
[du'a:nəkanto:r] *n*
Zollbeamter douanier [dua:'nje:]
Zollgebühren invoerrechten
['ɪnvu:rɛxtən]
zornig boos [bo:s]
zu (1) *(Richtung)* naar [na:r], bij
[bɛi]; *(mit adj)* te [tə]; **~ sehr** te
erg [tə 'ɛrx]

zu (2) *(geschlossen)* dicht [dɪxt]
zubereiten (toe)bereiden
[bə'rɛidən/'tubərɛidən]
Zucker suiker ['sœikər]
zudecken toedekken ['tudɛkən]
zuerst eerst [e:rst]
Zufall toeval ['tuval] *n*
zufällig toevallig [tu'valəx]
zufrieden tevreden [tə'vre:dən]
Zug trein [trɛin]; *(Luftzug)* tocht
[tɔxt]
Zugang toegang ['tuxɑŋ]
zugunsten ten gunste (van)
[tɛn 'xʌnstə (van)]
zuhören, jdm ~ naar iemand
luisteren [na:r imant 'lœistərən]
Zukunft toekomst ['tukɔmst]
zukünftig toekomstig [tu'kɔmstəx]
zulassen *(erlauben)* toestaan
['tusta:n] ⟨stond toe, toegestaan⟩
zulässig toegestaan ['tuxəsta:n]
zuletzt tenslotte [tɛn'slɔtə]
zumachen dichtdoen ['dɪxtdun]
⟨deed dicht, dichtgedaan⟩
zunächst allereerst [alər'e:rst]
zunehmen toenemen ['tune:mən]
⟨nam toe, toegenomen⟩
Zunge tong [tɔŋ]
zurück terug [tə'rʌx]
zurückbringen terugbrengen
['trʌxbrɛŋən]
⟨bracht terug, teruggebracht⟩
zurückgeben teruggeven
['trʌxe:vən] ⟨gaf terug, teruggegeven⟩
zurückkehren terugkeren
['trʌxke:rən]
zurückklassen achterlaten
['ɑxtərla:tən]
⟨liet achter, achtergelaten⟩
zurückweisen afwijzen ['ɑfwɛizən]
⟨wees af, afgewezen⟩
zurückzahlen terugbetalen
['trʌxbəta:lən]
zurückziehen, s. ~ zich terugtrekken [zɪx 'trʌxtrɛkən]
⟨trok terug, teruggetrokken⟩

zusagen *(Einladung)* aannemen
['a:ne:mən] ⟨nam aan, aangenomen⟩;
(versprechen) toezeggen ['tuzɛxən]
⟨zei toe, toegezegd⟩
zusammen samen ['sa:mən]
zusammenrechnen optellen
['ɔptɛlən]
Zusammenstoß botsing ['bɔtsɪŋ]
zuschauen kijken (naar)
['kɛikən (na:r)] ⟨keek, gekeken⟩
Zuschauer toeschouwer
['tusxɔuwər]
Zuschlag *(zum Fahrpreis)* toeslag
['tuslɑx]
zuschließen sluiten ['slœitən]
⟨sloot, gesloten⟩
Zustand toestand ['tustɑnt]
zustimmen toestemmen
['tustɛmən]
zuverlässig betrouwbaar
[bə'trɔuba:r]
zuviel teveel [tə've:l]
Zwang dwang [dwɑŋ]
Zweck doel [dul] *n*
zwecklos doelloos ['dulo:s], zinloos
['zɪnlo:s]
zweckmäßig doelmatig
[dul'ma:təx]
Zweifel twijfel ['twɛifəl]; **ohne** ~
zonder twijfel [zɔndər 'twɛifəl]
zweifelhaft twijfelachtig
[twɛifə'lɑxtəx]
zweifellos ongetwijfeld
[ɔŋxə'twɛifəlt]
zweifeln, an etw ~ twijfelen aan
iets ['twɛifələn a:n its]
zweite tweede ['twe:də]
zweitens ten tweede [tɛn 'twe:də]
Zwiebel ui [œi]; *(Blumen* ~ *)* bol
[bɔl]
zwingen dwingen ['dwɪŋən]
⟨dwong, gedwongen⟩
zwischen tussen ['tʌsən]
Zwischenfall incident [ɪnsi'dɛnt] *n*
Zwischenlandung tussenlanding
['tʌsəlɑndɪŋ]

Redewendungen

1 Allgemeine Wendungen
Algemene uitdrukkingen

Begrüßung, Vorstellung, Bekanntschaft	**Begroeting, voorstellen, kennismaking**
Guten Morgen!	Goedenmorgen! [xuiə'mɔrxən]
Guten Tag!	Dag!/Goedendag! ['dɑx/xuiə'dɑx]
Guten Tag! (nachmittags)	Goedenmiddag! [xuiə'mɪdɑx]
Guten Abend!	Goeden avond! [xuiə(n) 'ɑvənt]
Hallo!/Grüß dich!	Hallo!/Dag! ['hɑlo/dɑx]
Wie ist Ihr Name, bitte?	Hoe heet U? [hu 'heːt y]
Mein Name ist ...	Mijn naam is ... [mɛin 'naːm is]
Sehr angenehm.	Aangenaam. ['aːŋxənaːm]
Es freut mich, Sie kennenzulernen.	Aangenaam kennis met U te maken. ['aːŋxənaːm 'kɛnis mɛt y tə 'maːkən]

Darf ich bekannt machen? Das ist	Mag ik voorstellen? Dat is ['max ɪk 'foːrstɛlən? 'dat ɪs]
Frau X.	mevrouw X. [mə'vrou]
Fräulein X.	juffrouw /mevrouw X. ['jʌfrou/mə'vrou]
Herr X.	meneer/mijnheer X. [mə'neːr]
mein Mann.	mijn man. [mən 'man]
meine Frau.	mijn vrouw. [mən 'vrou]
mein Sohn.	mijn zoon. [mən 'zoːn]
meine Tochter.	mijn dochter. [mən 'doxtər]
meine Freundin.	mijn vriendin. [mən vrin'dɪn]
mein Verlobter.	mijn verloofde. [mən vər'loːvdə]
Wie geht es Ihnen/dir?	Hoe gaat het met U/jou? [hu 'xaːt ət mɛt 'y/'jou]
Danke. Und Ihnen/dir?	Dank U wel. En met U/jou? [daŋk y 'wɛl. ɛn mɛt 'y/'jou]
Hatten Sie eine angenehme Reise?	Heeft U een prettige reis gehad? [heːft y ən 'prɛtəxə 'rɛis xəhat]
Woher kommen Sie?	Waar komt U vandaan? ['waːr kɔmt y van'daːn]
Sind Sie schon lange hier?	Bent U hier allang? ['bɛnt y 'hiːr a'laŋ]
Sind Sie allein?	Bent U alleen? [bɛnt y a'leːn]
Sind Sie mit Ihrer Familie hier?	Bent U hier met Uw gezin? ['bɛnt y 'hiːr mɛt yw xə'zɪn]
Wohnen Sie auch im Hotel Astoria?	Logeert U ook in Hotel Astoria? [lo'ʒeːrt y 'oːk ɪn ho'təl a'storia]
Haben Sie für morgen schon etwas vor?	Bent U voor morgen al iets van plan? ['bɛnt y voːr 'mɔrxən al 'its van 'plan]
Wollen wir zusammen hingehen?	Zullen we er samen heengaan? ['zʌlən wə ɛr 'saːmən 'heːŋxaːn]
Wann treffen wir uns?	Wanneer treffen we elkaar? [wa'neːr 'trɛfən wə ɛl'kaːr]

AUSSPRACHE SEITE VII

Darf ich Sie abholen?	Mag ik U afhalen? ['mɑx ɪk y 'ɑfhɑːlən]
Ich erwarte Sie um 9 Uhr	Ik verwacht U om 9 uur [ɪk vər'wɑxt y ɔm 'neːxən 'yːr]
vor dem Kino.	voor de bioscoop. ['voːr də bios'koːp]
auf dem . . . Platz.	op het . . . plein. [ɔp ət 'plɛin]
im Café.	in het café. [ɪn ət kɑ'feː]
Lassen Sie mich bitte in Ruhe!	Laat U mij alstublieft met rust. ['laːt y mɛi alsty'bliːft mɛt 'rʌst]

Besuch / Bezoek

Entschuldigen Sie, wohnt hier Herr/Frau/Fräulein X?	Neemt U mij niet kwalijk, woont hier meneer/mevrouw/juffrouw X? ['neːmt y mɛi nit 'kwaːlək, 'woːnt hiːr mə'neːr/mə'frou/'jʌfrou]
Nein, er/sie ist umgezogen.	Nee, hij/zij is verhuisd. ['neː, 'hɛi/'zɛi ɪs vər'hœist]
Wissen Sie, wo er/sie jetzt wohnt?	Weet U waar hij/zij nu woont? ['weːt y 'waːr hɛi/zɛi ny 'woːnt]
Kann ich mit Herrn/Frau/Fräulein X sprechen?	Kan ik meneer/mevrouw/juffrouw X spreken? ['kan ɪk mə'neːr/mə'frou/'jʌfrou . . . spreːkən]
Wann ist er/sie zu Hause?	Wanneer is hij/zij thuis? [wa'neːr ɪs 'hɛi/'zɛi 'tœis]
Kann ich eine Nachricht hinterlassen?	Kan ik een boodschap achterlaten? ['kan ɪk ən 'boːtsxap 'axtərlaːten]
Ich komme später noch einmal vorbei.	Ik kom later nog eens langs. [ɪk kɔm 'laːtər 'nɔx əns 'laŋs]
Kommen Sie herein.	Komt U binnen. ['kɔmt y 'bɪnən]
Nehmen Sie bitte Platz.	Neemt U plaats, alstublieft. ['neːmt y 'plaːts, alsty'bliːft]
Ich soll Sie von Paul grüßen.	Ik moet U de groeten doen van Paul. [ɪk mut y də 'xrutən dun van 'poul]
Was darf ich Ihnen zu trinken anbieten?	Wat kan ik U te drinken aanbieden? ['wat kan ɪk y tə 'drɪŋkən 'aːnbidən]
Möchten Sie etwas trinken?	Wilt U iets drinken? ['wɪlt y its 'drɪŋkən]

Vielen Dank.	Dank U wel. [daŋk y 'wɛl]
Auf Ihr Wohl!	Proost ['pro:st]
● Können Sie nicht zum Mittagessen bleiben?	Kunt U niet blijven lunchen? ['kʌnt y nit 'blɛivən 'lʌnʃən]
● Können Sie nicht zum Abendessen bleiben?	Kunt U niet voor het avondeten blijven? ['kʌnt y nit vo:r ət 'a:vonte:tən 'blɛivən]
Vielen Dank. Ich bleibe gern, wenn ich nicht störe.	Dank U. Ik blijf graag, als ik niet stoor. ['daŋk y. ık blɛif 'xra:x als ık nit 'sto:r]
Es tut mir leid, aber ich muß gehen.	Het spijt me, maar ik moet gaan. [ət 'spɛit mə, ma:r ık mut 'xa:n]
Guten Appetit!	Smakelijk eten. ['smakələk 'e:tən]
Es hat gut geschmeckt.	Het heeft goed gesmaakt. [ət he:ft xut xə'sma:kt]
Vielen Dank für den netten Abend.	Dank U voor de prettige avond. ['daŋk y vo:r də 'prɛtəxə 'a:vont]
Ich hoffe, Sie bald wiederzusehen.	Ik hoop U gauw weer te zien. [ık 'ho:p y xou 'wɛ:r tə 'zin]
Ich lasse von mir hören.	Ik laat nog van me horen. [ık 'la:t nox van mə 'ho:rən]

Abschied

Afscheid

Auf Wiedersehen!	Tot ziens! [tot 'sins]
Bis bald!	Tot gauw! [tot 'xou]
Bis später!	Tot straks! [tot 'straks]
Bis morgen!	Tot morgen! [tot 'morxən]
Gute Nacht!	Welterusten! [wɛltə'rʌstən]
Tschüß!	Dag! ['da:x]
Alles Gute!	Het beste! [ət 'bɛstə]
Danke, gleichfalls!	Dank U wel, hetzelfde! [daŋk y 'wɛl, ət'zɛlfdə]
Gute Reise!	Goede reis! ['xudə 'rɛis]
Grüßen Sie . . . von mir.	Doet U . . . de groeten van mij. ['dut y . . . də 'xrutən van mɛi]

Bitte und Dank	**Verzoek en dankzegging**
Ja, bitte.	Ja, alstublieft. ['ja, alsty'blift]
Nein, danke.	Nee, dank U wel. ['ne:, daŋk y 'wɛl]
Darf ich Sie um einen Gefallen bitten?	Wilt U mij een plezier doen? ['wɪlt y mɛi ən plə'zi:r dun]
Ich möchte ...	Ik zou graag willen (hebben) ... [ɪk zɔu 'xra:x wɪlən (hɛbən)]
Ich brauche ...	Ik heb ... nodig. [ɪk hɛp ... 'no:dəx]
Könnten Sie mir bitte sagen, wo ... ist.	Kunt U me alstublieft zeggen, waar ... is. ['kʌnt y mə alsty'blift 'zɛxən, wa:r ... ɪs]
Bitte geben Sie mir ...	Geeft U mij alstublieft ... ['xe:ft y mɛi alsty'blift ...]
Bitte zeigen Sie mir ...	Laat U mij alstublieft ... zien. ['la:t y mɛi alsty'blift ... zin]
Gestatten Sie?	Staat U mij toe?/Mag ik? ['sta:t y mɛi 'tu/'max ɪk]
Können Sie mir bitte helfen?	Kunt U mij alstublieft helpen? ['kʌnt y mɛi alsty'blift 'hɛlpən]
Danke.	Dank U wel. [daŋk y 'wɛl]
Vielen Dank.	Hartelijk dank. ['hartələk 'daŋk]
Das ist nett, danke.	Dat is aardig, dank U wel. [dat ɪs 'a:rdəx, daŋk y 'wɛl]
Vielen Dank für Ihre Hilfe/Mühe.	Hartelijk dank voor Uw hulp/voor de moeite. [hartələk 'daŋk vo:r yw 'hʌlp/ vo:r də 'mu:itə]
Bitte sehr.	Alstublieft. [alsty'blift]
Keine Ursache.	Geen dank./Graag gedaan. [xe:n 'daŋk/'xra:x xə'da:n]

Entschuldigung, Bedauern	Excuses, spijt
Entschuldigung!	Neemt U mij niet kwalijk. ['ne:mt y mɛi nit 'kwa:lək]
Ich muß mich entschuldigen.	Ik moet me verontschuldigen. [ɪk 'mut mə vərɔnt'sxʌldəxən]
Das tut mir leid.	Dat spijt me. [dat 'spɛit mə]
Es war nicht so gemeint.	Het was niet zo bedoeld. [ət 'was nit zo bə'dult]
Schade!	Jammer! ['jamər]
Es ist leider nicht möglich.	Het is jammergenoeg niet mogelijk. [ət ɪs 'jamərxənux nit mo:xələk]

Glückwunsch — Felicitatie

Glückwunsch	Felicitatie
Herzlichen Glückwunsch!	Hartelijk gefeliciteerd. ['hartələk xəfelisi'te:rt]
Alles Gute!	Het beste! [ət 'bɛstə]
Alles Gute zum Geburtstag/Namenstag!	Veel goeds voor je verjaardag/naamdag! [ve:l 'xuts vo:r jə vər'ja:rdax/'na:mdax]
Viel Erfolg!	Succes! [syk'sɛs]
Viel Glück!	Veel geluk! [ve:l xə'lʌk]
Hals- und Beinbruch!	Heel veel succes!/Het beste. [he:l ve:l syk'sɛs/ət 'bɛstə]

Viel Vergnügen!	Veel plezier! [ve:l plə'zi:r]
Gute Besserung!	Beterschap. ['be:tərsxap]
Schöne Feiertage!	Prettige feestdagen! ['prɛtəxə 'fe:sda:xən]
Frohe Weihnachten und ein glückliches neues Jahr!	Vrolijk Kerstfeest en een gelukkig nieuwjaar! ['vro:lək 'kɛrstfe:st ɛn ən xə'lʌkəx ni:w'ja:r]

Verständigungsschwierigkeiten

Moeilijkheden bij het zich verstaanbaar maken

Wie bitte?	Wat zegt U? ['wat 'zɛxt y']
Ich verstehe Sie nicht. Bitte, wiederholen Sie es.	Ik begrijp U niet. Wilt U het alstublieft herhalen? [ɪk bə'xrɛip y nit. 'wɪlt y ət alsty'blift hɛr'ha:lən]

Sprechen Sie
  Deutsch?
  Englisch?
  Französisch?
	Spreekt U ['spre:kt y]
	  Duits? ['dœits]
	  Engels? ['ɛŋəls]
	  Frans? ['frans]

Bitte sprechen Sie etwas langsamer/lauter.	Wilt U alstublieft iets langzamer/harder spreken. ['wɪlt y alsty'blift its 'laŋsa:mər/'hardər 'spre:kən]
Was heißt ... auf niederländisch?	Wat is ... in het Nederlands? ['wat ɪs ... ɪn ət 'ne:dərlans]
Was bedeutet das?	Wat betekent dat? [wat bə'te:kənt dat]
Wie spricht man dieses Wort aus?	Hoe spreek je dit woord uit? ['hu spre:k jə 'dɪt 'wo:rt œit]
Schreiben Sie es mir bitte auf!	Wilt U het alstublieft voor me opschrijven? ['wɪlt y ət alsty'blift 'vo:r mə 'ɔpsxrɛivən]
Buchstabieren Sie es bitte!	Wilt U het alstublieft spellen? ['wɪlt y ət alsty'blift 'spɛlən]
Könnten Sie mir bitte diesen Satz übersetzen?	Kunt U alstublieft deze zin voor me vertalen? ['kʌnt y alsty'blift 'de:zə 'zɪn vo:r mə vər'ta:lən]

52

Wetter	Het weer

Wie wird das Wetter morgen?

Wat voor weer wordt het morgen?
['wat vo:r 'we:r wɔrt ət 'mɔrxən]

Wir bekommen
  schönes
  schlechtes
  unbeständiges
Wetter.

We krijgen [wə 'krɛixən]
  mooi ['mo:i]
  slecht ['slɛxt]
  onbestendig [ɔnbə'stɛndəx]
weer. [we:r]

Es bleibt schön.

Het blijft mooi weer.
[ət 'blɛift mo:i 'we:r]

Es wird wärmer/kälter.

Het wordt warmer/kouder.
[ət wɔrt 'warmər/'koudər]

Es wird regnen/schneien.

Het gaat regenen/sneeuwen.
[ət xa:t re:xənən/sne:wən]

Es ist kalt/heiß/schwül.

Het is koud/warm/zwoel.
[ət ɪs 'kout/'warm/'zwul]

Wir bekommen ein Gewitter/Sturm.

We krijgen onweer/storm.
[wə 'krɛixən 'ɔnwe:r/stɔrm]

Es ist neblig/windig.

Het is nevelig/winderig.
[ət ɪs 'ne:vələx/'wɪndərəx]

Das Wetter wird wieder schön.

Het wordt weer mooi weer.
[ət 'wɔrt we:r 'mo:i 'we:r]

Die Sonne scheint.

De zon schijnt. [də 'zɔn 'sxɛint]

Der Himmel ist wolkenlos/bedeckt.

De lucht is onbewolkt/bedekt.
[də lʌxt ɪs ɔm'bəwɔlkt/bə'dɛkt]

Wie ist der Straßenzustand in Friesland?

Hoe is de toestand van de wegen in Friesland?
['hu ɪs də 'tustant van də 'we:xən ɪn 'frislant]

Die Sicht beträgt nur 20 m/weniger als 50 m.

Het zicht bedraagt slechts 20 meter/minder dan 50 meter.
[ət 'zɪxt bə'dra:xt slɛxts twɪntəx me:tər/'mɪndər dan 'fɛiftəx me:tər]

- Es wird gewarnt vor Windstößen, Windstärke 8/9.

Er wordt gewaarschuwd voor windstoten, windkracht 8/9.
[ɛr wɔrt xə'wa:rsxy:wt vo:r 'wɪntsto:tən, 'wɪntkraxt 'axt/'ne:xən]

Wortliste Wetter

Barometer	barometer ['ba:ro:me:tər]
bewölkt	bewolkt [bə'wɔlkt]
Blitz	bliksem ['blɪksəm]
Dämmerung	schemering ['sxe:mərɪŋ]
diesig	heiig ['hɛjəx]
Donner	donder ['dɔndər]
Dürre	droogte ['dro:xtə]
Eis	ijs *n* [ɛis]
feucht-kühl	kil [kɪl]
Frost	vorst [vɔrst]
Gewitter	onweer *n* ['ɔnwe:r]
Glatteis	ijzel ['ɛizəl]
Hagel	hagel ['ha:xəl]
Hitze	hitte ['hɪtə]
~welle	hittegolf ['hɪtəxɔlf]
Hoch	hogedrukgebied *n* [ho:xə'drʌkxəbit]
Klima	klimaat *n* [kli'ma:t]
Luft	lucht [lʌxt]
~druck	luchtdruk ['lʌxtdrək]
Nebel	mist [mɪst]
Niederschlag	neerslag ['ne:rslax]
Nieselregen	motregen ['mɔtre:xən]
Regen	regen ['re:xən]
~schauer	regenbui ['re:xənbœi]
Schnee	sneeuw [sne:w]
schwül	zwoel [zwul]
Sonne	zon [zɔn]
Sonnen|aufgang	zonsopgang [zɔnz'ɔpxaŋ]
~untergang	zonsondergang [zɔnz'ɔndərxaŋ]
Straßenzustand	toestand van de wegen [tustant fan də 'we:xən]
Sturm	storm [stɔrm]
Sturmflut	stormvloed ['stɔrmvlut]
Tauwetter	dooi ['do:i]
Temperatur	temperatuur ['tɛmpəra:'ty:r]
Tief	depressie [de:'prɛsi]
Überschwemmung	overstroming [o:vər'stro:mɪŋ]
Wetter|bericht	weerbericht *n* ['we:rbərɪxt]
~vorhersage	weersvoorspelling ['we:rsvo:rspɛlɪŋ]
Wind	wind [wɪnt]
Wolke	wolk [wɔlk]
Wolkenbruch	wolkbreuk ['wɔlkbrø:k]

Zeitangaben	**Tijdaanduidingen**

Wie spät ist es? — Hoe laat is het? [hu 'la:t ɪs ət]

Es ist — Het is [ət 'ɪs]
- 3 Uhr. — drie uur. ['dri 'y:r]
- 3 Uhr 10. — tien over drie. ['tin o:vər 'dri:]
- halb 4. — half vier. [half 'vi:r]
- Viertel vor 4. — kwart voor vier. ['kwart vo:r 'vi:r]
- 5 vor 4. — vijf voor vier. ['vɛif vo:r 'vi:r]
- 1 Uhr. — één uur. ['e:n 'y:r]
- 12 Uhr mittag. — twaalf uur 's middags. ['twa:lf 'y:r 'smɪdaxs]
- Mitternacht. — middernacht. ['mɪdər'naxt]

Geht diese Uhr richtig? — Loopt deze klok gelijk? ['lo:pt 'de:zə 'klɔk xə'lɛik]

Sie geht vor/nach. — Hij loopt voor/achter. [hɛi lo:pt 'vo:r/'axtər]

Es ist spät/zu früh. — Het is laat/te vroeg. [ət ɪs 'la:t/tə 'vrux]

Um wieviel Uhr? — Hoe laat? [hu 'la:t]

Wann? — Wanneer? [wa'ne:r]

Um 2 Uhr. — Om twee uur. [ɔm 'twe: 'y:r]

Um 1 Uhr. — Om één uur. [ɔm 'e:n 'y:r]

In einer Stunde. — Over een uur. ['o:vər ən 'y:r]

In zwei Stunden. — Over twee uur. ['o:vər 'twe: 'y:r]

Nicht vor 9 Uhr morgens. — Niet voor negen uur 's morgens. ['nit 'vo:r ne:xən 'y:r 'smɔrxəns]

Nach 8 Uhr abends. — Na acht uur 's avonds. ['na: 'axt y:r 'sa:vɔnts]

Zwischen 3 und 4. — Tussen drie en vier uur. [tʌsən 'dri ɛn 'vi:r 'y:r]

Gegen 4 Uhr. — Tegen vier uur. [te:xən 'vi:r 'y:r]

In 14 Tagen. — Binnen veertien dagen. [bɪnən 've:rtin 'da:xən]

Vor einer Woche. — Een week geleden [ən 'we:k xə'le:dən]

Wie lange? — Hoe lang? [hu 'laŋ]

Zwei Stunden (lang). — Twee uur (lang). ['twe: 'y:r (laŋ)]

Von 10 bis 11.	Van tien tot elf. [vɑn 'tin tɔt 'ɛlf]
Bis zum Wochenende.	Tot het weekend. [tɔt ət 'wiːkɛnt]
Seit wann?	Sinds wanneer? [sɪns wɑ'neːr]
Seit 8 Uhr morgens.	Sinds acht uur 's morgens. [sɪns 'ɑxt yːr 'smɔrxəns]
Seit einer halben Stunde.	Sinds een half uur. [sɪns ən 'half yːr]
Seit acht Tagen.	Sinds acht dagen. [sɪns 'ɑxt daːxən]

Nützliche Zeitangaben

abends	's avonds ['saːvɔnts]
alle halbe Stunde	om het half uur ['ɔm ət half 'yːr]
alle zwei Tage	om de dag [ɔm də 'dɑx]
am Wochenende	in het weekend [ɪn ət 'wikɛnt]
diese Woche	deze week [deːzə 'weːk]
gegen Mittag	tegen twaalven [teːxən 'twaːlvən]
gestern	gisteren ['xɪstərən]
heute	vandaag [vɑn'daːx]
in einem Monat	over een maand ['oːvər əm 'maːnt]
in einer Stunde	over een uur ['oːvər ən 'yːr]
in 14 Tagen	over veertien dagen ['oːvər 'veːrtin daːxən]
innerhalb einer Woche	binnen een week ['bɪnən ən 'weːk]
letzten Montag	vorige maandag ['voːrəxə 'maːndax]
morgen	morgen ['mɔrxən]
morgens	's morgens ['smɔrxəns]
nächstes Jahr	volgend jaar [vɔlxənt 'jaːr]
nachts	's nachts [snɑxts]
stündlich	elk uur [ɛlk 'yːr]
täglich	dagelijks ['daːxələks]
tagsüber	overdag [oːvər'dax]
übermorgen ·	overmorgen ['oːvər'mɔrxən]
um diese Zeit	om deze tijd [ɔm 'deːzə tɛit]
von Zeit zu Zeit	van tijd tot tijd [vɑn 'tɛit tɔt 'tɛit]
vorgestern	eergisteren [eːr'xɪstərən]
vormittags	's morgens ['smɔrxəns]
vor einer Woche	een week geleden [ən 'weːk xə'leːdən]
vor zehn Minuten	tien minuten geleden ['tin mi'nytə xə'leːdən]

Wochentage

Montag	maandag ['ma:ndɑx]
Dienstag	dinsdag ['dɪnzdɑx]
Mittwoch	woensdag ['wunzdɑx]
Donnerstag	donderdag ['dɔndərdɑx]
Freitag	vrijdag ['vrɛidɑx]
Samstag	zaterdag ['za:tərdɑx]
Sonntag	zondag ['zɔndɑx]

Monate

Januar	januari [jɑny'wa:ri]
Februar	februari [febry'wa:ri]
März	maart [ma:rt]
April	april [ɑ'prɪl]
Mai	mei [mɛi]
Juni	juni ['jyni]
Juli	juli ['jyli]
August	augustus [ɔu'xʌstəs]
September	september [sɛp'tɛmbər]
Oktober	oktober [ɔk'to:bər]
November	november [no:'vɛmbər]
Dezember	december [de:'sɛmbər]

Jahreszeiten

Frühling	voorjaar ['vo:rja:r]
	lente ['lɛntə]
Sommer	zomer ['zo:mər]
Herbst	herfst [hɛrfst]
Winter	winter ['wɪntər]

Feiertage

Neujahr	nieuwjaarsdag [ni:wja:rz'dɑx]
Dreikönigstag	driekoningen [dri'ko:nɪŋən]
Aschermittwoch	Aswoensdag ['as'wunsdɑx]
Karfreitag	Goede Vrijdag [xudə 'vrɛidɑx]
Ostern	Pasen ['pa:sən]
Ostermontag	Paasmaandag [pa:s'ma:ndɑx]
	tweede Paasdag ['twe:də 'pa:sdɑx]
Geburtstag der Köni-ginmutter (30. 4.)	koninginnedag [ko:nɪ'ŋɪnədɑx]
1. Mai	één mei [e:n 'mɛi]
Tag der Befreiung (5. 5. NL)	bevrijdingsdag [bə'vrɛidɪŋzdɑx]

Christi Himmelfahrt	Hemelvaartsdag ['he:məlvɑːrtsdɑx]
Pfingsten	Pinksteren ['pɪŋstərən]
Pfingstmontag	Pinkstermaandag [pɪŋkstər'maːndɑx]
	tweede Pinksterdag ['twe:də 'pɪŋkstərdɑx]
Fronleichnam	Sacramentsdag [sɑːkrɑː'mɛntsdɑx]
Krönungstag	
Leopolds I. (21. 7.)	eedafleggingsdag ['e:dɑflɛxɪŋzdɑx]
Allerheiligen (1. 11.)	Allerheiligen [ɑlər'hɛiləxən]
Tag der Befreiung	
(11. 11. B)	bevrijdingsdag [bə'vrɛidɪŋzdɑx]
Fest des Königs-	Feest van de Dynastie
hauses (15. 11. B)	['fe:st van də dinɑs'ti]
Weihnachten	Kerstmis ['kɛrstmɪs]
Heiliger Abend	Kerstavond [kɛrst'ɑːvɔnt]
1. Weihnachtsfeiertag	eerste Kerstdag [e:rstə 'kɛrzdɑx]
2. Weihnachtsfeiertag	tweede Kerstdag ['twe:də kɛrzdɑx]
Silvesterabend	Oudejaarsavond [ɔudəjɑːrz'ɑːvɔnt]

Gesetzliche Feiertage in den Niederlanden sind:
nieuwjaarsdag, Pasen, koninginnedag, bevrijdingsdag, Hemelvaartsdag, Pinksteren, Kerstmis.

Gesetzliche Feiertage in Belgien sind:
nieuwjaarsdag, Pasen, één mei, Hemelvaartsdag, Pinksteren, eedafleggingsdag, bevrijdingsdag, Feest van de Dynastie, Kerstmis.

Datum und Alter

Datum en leeftijd

Den Wievielten haben wir heute?	De hoeveelste is het vandaag? [də 'huve:lstə ɪs ət vɑn'daːx]
Heute ist der 1. Mai.	Vandaag is het één mei. [vɑn'daːx ɪs ət 'e:n 'mɛi]
Morgen ist der 2. Mai.	Morgen is het twee mei. ['mɔrxən ɪs ət 'twe: mɛi]

Ich bin am 12. April 1938 geboren.	Ik ben op twaalf april negentienachtendertig geboren.
	[ɪk bɛn ɔp 'twaːlf a'prɪl neːxəntinaxtən-'dɛrtəx xə'boːrən]
Wie alt sind Sie?	Hoe oud bent U? [hu 'out 'bɛnt y]
Ich bin 39.	Ik ben negenendertig.
	[ɪk bɛn 'neːxənən'dɛrtəx]
● Kinder unter 10 Jahren.	Kinderen onder de tien jaar.
	['kɪndərən ɔndər də 'tin 'jaːr]
● Für Jugendliche unter 18 kein Zutritt.	Voor jeugdigen onder (de) achttien jaar geen toegang.
	[voːr 'jøxdəgən 'ɔndər (də) 'axtin jaːr xeːn tuxaŋ]

Beruf, Studium, Ausbildung
Beroep, studie, opleiding

Was machen Sie beruflich?	Wat bent U van beroep?
	['wat 'bɛnt y van bə'rup]
Ich bin Arbeiter.	Ik ben arbeider. [ɪk bɛn 'arbɛidər]
Ich bin Angestellter.	Ik ben bediende. [ɪk bɛn bə'dində]
Ich bin Beamter.	Ik ben ambtenaar. ['ɪk bɛn 'amtənaːr]
Ich bin Freiberufler.	Ik heb een vrij beroep.
	[ɪk 'hɛp ən 'vrɛi bə'rup]
Ich bin Rentner.	Ik (ben) rentenier/Ik ben met pensioen.
	[ɪk (bɛn) 'rɛntəniːr/ɪk 'bɛn mɛt pɛnsi'un]
Ich arbeite bei ...	Ik werk bij ... [ɪk wɛrk bɛi]
Ich bin noch Schüler.	Ik zit nog op school.
	[ɪk 'sɪt nox ɔp 'sxoːl]
Ich bin Student.	Ik ben student. [ɪk bɛn sty'dɛnt]
Wo studieren Sie?	Waar studeert U? ['waːr sty'deːrt y]
Was studieren Sie?	Wat studeert U? ['wat sty'deːrt y]
Ich studiere ... in München.	Ik studeer ... in München.
	[ɪk sty'deːr ... ɪn 'mynxən]

Wortliste Berufe

Akademie	akademie [aːkaːˈdeːmi]
Angestellter	bediende [bəˈdində]
	employé [ãmplwaːˈjeː]
	personeelslid *n* [pɛrsoːˈneːlslɪt]
Apotheker	apotheker [aːpoːˈteːkər]
Arbeiter	arbeider [ˈarbɛidər]
Archäologie	archeologie [arxeːoːloːˈxi]
Architekt	architekt [arxiˈtɛkt]
Architektur	architektuur [arxitɛkˈtyːr]
Arzt	dokter [ˈdɔktər]
	arts [arts]
Automechaniker	automonteur [ˈoːtoːmɔntøːr]
Bäcker	bakker [ˈbakər]
Beamter	ambtenaar [ˈamtənaːr]
Bergmann	mijnwerker [ˈmɛinwɛrkər]
Berufsschule	vakschool [ˈvaksxoːl]
Betriebswirtschaft	bedrijfseconomie [bəˈdrɛifseːkoːnoːˈmi]
Bibliothekar	bibliothecaris [biblioːteːˈkaːrɪs]
Bildhauer	beeldhouwer [ˈbeːlthouwər]
Biologie	biologie [bioːloːˈxi]
Briefträger	postbode [ˈpɔstboːdə]
Buchhalter	boekhouder [ˈbukhoudər]
Buchhändler	boekhandelaar [ˈbukhandəlaːr]
Chemie	scheikunde [ˈsxɛikəndə]
	chemie [xeːˈmi]
Dolmetscher	tolk [tɔlk]
Drogist	drogist [droːˈxɪst]
Eisenbahner	spoorwegman [ˈspoːrwɛxman]
Elektriker	electricien [eːlɛktriˈʃɛ̃ː]
Facharbeiter	geschoolde arbeider [xəˈsxoːldə ˈarbɛidər]
Fahrlehrer	rijinstructeur [ˈrɛiinstrəkˈtøːr]
Fakultät	faculteit [faːkəlˈtɛit]
Fischer	visser [ˈvisər]
Förster	boswachter [ˈbɔswaxtər]
Friseur	kapper [ˈkapər]
Gärtner	tuinman [ˈtœiman]
Geographie	aardrijkskunde [ˈaːrtrɛikskəndə]
	geografie [xeːoːxraːˈfi]
Geologie	geologie [xeːoːloːˈxi]
Germanistik	germanistiek [xɛrmaːnɪsˈtik]
	duits [dœits]

Geschichte	geschiedenis [xəˈsxidənɪs]
Glasbläser	glasblazer [ˈxlasblaːzər]
Glaser	glazenmaker [ˈxlaːzəmaːkər]
Handelsschule	handelsschool [ˈhandəlsxoːl]
Handwerker	werkman [ˈwɛrkman]
Hausfrau	huisvrouw [ˈhœisfrɔuw]
Hebamme	vroedvrouw [ˈvrutfrɔuw]
Hochschule	hogeschool [hoːxəˈsxoːl]
Ingenieur	ingenieur [iŋxeˈnjøːr]
Installateur	loodgieter [ˈloːtxitər]
Institut	instituut n [ɪnstiˈtyt]
Journalist	journalist [ʒuːrnaːˈlɪst]
Jura	rechten [ˈrɛxtən]
Kaufmann	koopman [ˈkoːpman]
Kellner	kelner [ˈkɛlnər]
Kellnerin	serveerster [sɛrˈveːrstər]
	kelnerin [kɛlnəˈrɪn]
Kindergärtnerin	kleuterleidster [ˈkløːtərlɛitstər]
Koch	kok [kɔk]
Köchin	kokkin [kɔˈkɪn]
Konditor	banketbakker [baŋˈkɛtbakər]
Kraftfahrer	vrachtwagenchauffeur [ˈvraxtwaːɣənsjoːˈføːr]
Krankenschwester	verpleegster [vərˈpleːxstər]
Künstler	kunstenaar [ˈkʌnstənaːr]
Kunstgeschichte	kunstgeschiedenis [ˈkʌnstxəsxidənɪs]
Landwirt	boer [buːr]
	landbouwer [ˈlandbɔuwər]
Lehrer	leraar [ˈleːraːr]
Lehrerin	lerares [leːraːˈrɛs]
Lehrling	leerling [ˈleːrlɪŋ]
Maler	schilder [ˈsxɪldər]
Malerei	schilderkunst [ˈsxɪldərkənst]
Maschinenbau	machinebouw [maːˈʃinəbɔuw]
Mathematik	wiskunde [ˈwɪskəndə]
Maurer	metselaar [ˈmɛtsəlaːr]
Mechaniker	monteur [mɔnˈtøːr]
	werktuigkundige [wɛrktœixˈkʌndəxə]
Medizin	medicijnen [meːdiˈsɛinən]
Metzger	slager [ˈslaːxər]
Musik	muziek [myˈzik]
Musiker	musicus [ˈmyzikəs]
Notar	notaris [noːˈtaːrɪs]
Optiker	opticien [ɔptiˈʃɛ̃ː]

Pfarrer	*(ev.)* dominee [ˈdoːmineː]
	predikant [preˈdiˈkant]
	(kath.) pastoor [pɑsˈtoːr]
Physik	natuurkunde [naːˈtyːrkəndə]
Polizist	politie [poˈliːtsi]
Postbeamter	postbeambte [ˈpɔstbəamtə]
Psychologie	psychologie [psixoˈloːˈxi]
Rechtsanwalt	advocaat [atfoˈkaːt]
	procureur [proˈkyˈrøːr]
Rentner	rentenier [rɛntəˈniːr]
Richter	rechter [ˈrɛxtər]
Romanistik	romanistiek [roˈmaːnɪsˈtɪk]
	romaanse talen [roˈmaːnsə taːlən]
Schlosser	slotenmaker [ˈsloːtəmaːkər]
	bankwerker [ˈbaŋkwɛrkər]
Schneider	kleermaker [ˈkleːrmaːkər]
Schneiderin	naaister [ˈnaːistər]
Schriftsteller	schrijver [ˈsxrɛivər]
Schriftstellerin	schrijfster [ˈsxrɛifstər]
Schuhmacher	schoenmaker [ˈsxuːmaːkər]
Schule	school [sxoːl]
Oberschule	middelbare school [ˈmɪdəlbaːrə sxoːl]
Grundschule	basisschool [ˈbaːsɪsxoːl]
	lagere school [ˈlaːxərə sxoːl]
Gesamtschule	middenschool [ˈmɪdəsxoːl]
Gymnasium	atheneum *n* [aːtəˈneːəm]
altsprachliches Gymnasium	gymnasium *n* [ɡɪmˈnaːsiəm]
Sekundarstufe I	secundair onderwijs *n*, eerste fase [səkənˈdɛːr ˈɔndərwɛis, eːrstə ˈfaːsə]
Sekundarstufe II	secundair onderwijs *n*, tweede fase [səkənˈdɛːr ˈɔndərwɛis, tweːdə ˈfaːsə]

Schüler	leerling ['le:rlɪŋ]
Schülerin	leerlinge ['le:rlɪŋə]
Student	student [sty'dɛnt]
Studentin	studente [sty'dɛntə]
Studienfach	studievak ['stydivak]
Studium	studie ['stydi]
Techniker	technicus ['tɛxnikəs]
Technische Hochschule	Technische Hogeschool ['tɛxnisə ho:xə'sxo:l]
Tierarzt	dierenarts ['di:rənarts]
Universität	universiteit [ynivɛrsi'tɛit]
Vorlesungen	colleges [kɔ'le:ʒəs]

Zahlen

Getallen

0	nul [nʌl]
1	één [e:n]
2	twee [twe:]
3	drie [dri]
4	vier [vi:r]
5	vijf [vɛif]
6	zes [zɛs]
7	zeven ['ze:vən]
8	acht [ɑxt]
9	negen ['ne:xən]
10	tien [tin]
11	elf [ɛlf]
12	twaalf [twɑ:lf]
13	dertien ['dɛrtin]
14	veertien ['ve:rtin]
15	vijftien ['vɛiftin]
16	zestien ['zɛstin]
17	zeventien ['ze:vəntin]
18	achttien ['ɑxtin]
19	negentien ['ne:xəntin]

20	twintig ['twɪntəx]
21	één-en-twintig ['e:nəntwɪntəx]
22	twee-en-twintig ['twe:ən'twɪntəx]
23	drie-en-twintig ['dri:ən'twɪntəx]
24	vier-en-twintig ['vi:rən'twɪntəx]
25	vijf-en-twintig ['vɛifən'twɪntəx]
26	zes-en-twintig ['zɛsən'twɪntəx]
27	zeven-en-twintig ['ze:vənən'twɪntəx]
28	acht-en-twintig ['ɑxtən'twɪntəx]
29	negen-en-twintig ['ne:xənən'twɪntəx]
30	dertig ['dɛrtəx]
31	één-en-dertig ['e:nən'dɛrtəx]
32	twee-en-dertig ['twe:ən'dɛrtəx]
40	veertig ['ve:rtəx]
50	vijftig ['vɛiftəx]
60	zestig ['zɛstəx]
70	zeventig ['ze:ventəx]
80	tachtig ['tɑxtəx]
90	negentig ['ne:xəntəx]
100	honderd ['hondərt]
101	honderd-één ['hondərt'e:n]
200	tweehonderd ['twe:hondərt]
300	driehonderd ['drihondərt]
1000	duizend ['dœizənt]
2000	tweeduizend ['twe:dœizənt]
3000	drieduizend ['dridœizənt]
10000	tienduizend ['tindœizənt]
100000	honderd-duizend ['hondərdœizənt]
1000000	miljoen [mɪl'jun]

AUSSPRACHE
SEITE VII

1.	eerste [ˈeːrstə]
2.	tweede [ˈtweːdə]
3.	derde [ˈdɛrdə]
4.	vierde [ˈviːrdə]
5.	vijfde [ˈvɛifdə]
6.	zesde [ˈzɛsdə]
7.	zevende [ˈzeːvəndə]
8.	achtste [ˈɑxtstə]
9.	negende [ˈneːxəndə]
10.	tiende [ˈtində]
½	een half [ən ˈhɑlf]
⅓	een derde [ən ˈdɛrdə]
¼	een vierde/een kwart [ən ˈviːrdə/ən ˈkwart]
¾	drie-vierde/drie kwart [ˈdriˈviːrdə/ˈdriˈkwart]
3,5 %	drie(-en) een half procent [ˈdri(ən) ən ˈhɑlf proˈsɛnt]
27 °C	zeven-en-twintig graden Celcius [ˈzeːvənənˈtwɪntəx ˈxraːdən ˈsɛlsiʌs]
−5 °C	min vijf graden Celcius [ˈmɪn ˈvɛif ˈxraːdən ˈsɛlsiʌs]
1984	negentien vierentachtig [ˈneːxəntin viːrəntaxtəx]

2 Mit dem Auto unterwegs
Autorijden

Auskunft	Inlichtingen
Wie komme ich bitte nach ...?	Hoe rijd ik naar ...? ['hu 'rɛit ɪk 'naːr]
Können Sie mir bitte die Strecke auf der Karte zeigen?	Kunt U mij alstublieft de route op de kaart aanwijzen? ['kʌnt y mɛi 'alstyblift də 'rutə ɔp də 'kaːrt 'aːnwɛizən]
Können Sie mir das auf der Karte zeigen?	Kunt U mij dat op de kaart aanwijzen? ['kʌnt y mɛi 'dat ɔp də 'kaːrt 'aːnwɛizən]
Wie weit ist das?	Hoe ver is dat? [hu 'vɛr ɪs 'dat]
Bitte, ist das die Straße nach ...?	Is dat de weg naar ...? [ɪs 'dat də 'wɛx naːr]
Wie komme ich zur Autobahn nach ...?	Hoe kom ik op de snelweg naar ...? ['hu 'kɔm ɪk ɔp də 'snɛlwɛx naːr]
● Immer geradeaus bis ... Dann links/rechts abbiegen.	Steeds rechtdoor tot ... Dan links/rechts afslaan. ['steːts rɛx'doːr tɔt ... 'dan 'lɪŋs/ 'rɛxts 'afslaːn]

● Sie sind hier falsch. Sie müssen zurückfahren bis ...

U bent hier verkeerd. U moet terug-rijden tot ...
[y 'bɛnt hi:r vər'ke:rt. y mut tə'rʌxrɛidən tɔt]

An der Tankstelle

Bij het pompstation

Wo ist bitte die nächste Tankstelle?

Waar is het dichtstbijzijnde pompsta-tion?
[wa:r is ət 'dɪxst'bɛizɛində 'pɔmpstasiɔn]

Ich möchte ... Liter

Ik wil graag ... liter
[ɪk wɪl xra:x ... 'liter]

   Normalbenzin.
   Super.
   Diesel.

   gewone benzine. [xə'wo:nə bɛn'zinə]
   super. ['syper]
   diesel. ['disəl]

Super bitte, für 20 Gul-den.

Voor twintig gulden super, alstublieft.
[vo:r 'twɪntəx xʌldən 'syper, alstu'blift]

Voll, bitte.

Vol, alstublieft. ['vɔl, alsty'blift]

Prüfen Sie bitte

Controleert U alstublieft
[kɔntro'le:rt y alsty'blift]

   den Ölstand.
   das Kühlwasser.
   den Reifendruck.

   het oliepeil. [ət 'o:lipɛil]
   het koelwater. [ət 'kulwa:tər]
   de bandenspanning.
   [də 'bandəspanɪŋ]

Sehen Sie bitte auch den Reservereifen nach.

Wilt U alstublieft ook de reserve band nakijken?
['wɪlt y alsty'blift o:k də rə'sɛrvəbant 'na:kɛikən]

Füllen Sie bitte Öl nach.

Wilt U olie bijvullen alstublieft?
['wɪlt y 'o:li: 'bɛivʌlən alsty'blift]

Könnten Sie mir einen Ölwechsel machen?

Kunt U de olie verversen?
['kʌnt y də 'o:li: vər'vɛrsən]

Ich möchte den Wagen waschen lassen.

Ik wil de wagen graag laten wassen.
[ɪk 'wɪl də 'wa:xən 'xra:x latən 'wasən]

Ich möchte eine Stra-ßenkarte dieser Ge-gend, bitte.

Ik wil graag een wegenkaart van deze omgeving.
[ɪk wɪl 'xra:x ən 'we:xənka:rt van de:zə ɔm'xe:vɪŋ]

Parken

Parkeren

Ist hier in der Nähe eine Parkmöglichkeit?

Is hier in de buurt een parkeergelegenheid?
[ɪs 'hiːr ɪn də 'byːrt ən par'keːrxələ'gənhɛit]

Ist der Parkplatz bewacht?

Wordt de parkeerplaats bewaakt?
[wɔrt də par'keːrplaːts bə'waːkt]

Kann ich den Wagen hier abstellen?

Kan ik de wagen hier wegzetten?
['kan ɪk də 'waːxən hiːr 'wɛxzɛtən]

Haben Sie noch einen Platz frei?

Heeft U nog een plaats vrij?
['heːft y nox ən 'plaːts 'vrɛi]

Wir sind leider voll besetzt.

We zijn helaas helemaal bezet.
[wə zɛin heː'laːs 'heːləmaːl bə'zɛt]

Wie lange kann ich hier parken?

Hoe lang kan ik hier parkeren?
['hu 'laŋ kan ɪk hiːr 'parkeːrən]

Wie hoch ist die Parkgebühr pro
   Stunde?
   Tag?
   Nacht?

Hoe hoog is het parkeergeld per
['hu 'hoːx ɪs ət par'keːrxɛlt pɛr]
   uur? ['yːr]
   dag? ['dax]
   nacht? ['naxt]

Ist das Parkhaus die ganze Nacht geöffnet?

Is de parkeergarage de hele nacht open?
[ɪs də par'keːrxaraːʒə də 'heːlə naxt 'oːpən]

Ich fahre heute/morgen um ... Uhr weiter.

Ik rij vandaag/morgen om ... verder.
[ɪk 'rɛi van'daːx/'mɔrxən ɔm ... 'vɛrdər]

Eine Panne

Pech

Ich habe eine Panne.

Ik heb pech. [ɪk hɛp 'pɛx]

Würden Sie bitte den Pannendienst anrufen?

Wilt U alstublieft de wegenwacht bellen?
['wɪlt y alsty'blift də 'weːxənwaxt 'bɛlən]

Meine Autonummer ist ...

Mijn autonummer is ...
[mɛin 'oːtonʌmər ɪs]

Würden Sie mir bitte einen Mechaniker/einen Abschleppwagen schikken?

Wilt U mij alstublieft een monteur/een takelwagen sturen?
['wɪlt y mɛi alsty'blift ən mɔn'tøːr/ ən 'taːkəlwaːxən 'styːrən]

Könnten Sie mir mit Benzin aushelfen?

Kunt U mij met benzine uit de nood helpen?
['kʌnt y mɛi mɛt bɛn'zinə œit də 'no:t hɛlpən]

Könnten Sie mir beim Reifenwechsel helfen?

Kunt U mij helpen bij het verwisselen van de band?
['kʌnt y mɛi 'hɛlpən bɛi ət vər'wɪsələn van də 'bant]

Würden Sie mich bis zur nächsten Werkstatt/Tankstelle abschleppen?

Zoudt U mij tot de eerstvolgende garage/het eerstvolgende pomp-station kunnen slepen?
['zɔut y mɛi tɔt də 'e:rstvɔlxəndə xaː'ra:ʒə/ət 'e:rstvɔlxəndə 'pomp-stasiɔn kʌnən 'sle:pən]

In der Werkstatt

In de garage

Wo ist hier in der Nähe eine Werkstatt?

Waar is hier in de buurt een garage?
['waːr ɪs 'hiːr ɪn də 'byːrt ən xaː'ra:ʒə]

Mein Wagen springt nicht an.

Mijn wagen slaat niet aan.
[mɛin 'waːxən 'slaːt nit 'aːn]

Können Sie mit mir kommen?

Kunt U met mij meekomen?
['kʌnt y mɛt mɛi 'me:komən]

Können Sie mich abschleppen?

Kunt U mij wegslepen?
['kʌnt y mɛi 'wɛxsle:pən]

Mit	Met [mɛt]
der Zündung	de ontsteking [də ɔnt'ste:kɪŋ]
den Bremsen	de remmen [də 'rɛmən]
dem Motor	de motor [də 'mo:tɔr]
stimmt was nicht.	klopt iets niet. ['klɔpt its nit]

Der Motor läuft heiß/ zieht nicht.
De motor loopt warm/trekt niet. [də 'mo:tɔr lo:pt 'warm/'trɛkt nit]

Die Kupplung rutscht.
De koppeling slipt. [də 'kɔpəlɪŋ slɪpt]

Die Bremsen funktionieren nicht.
De remmen doen het niet. [də 'rɛmən dun ət 'nit]

. . . ist defekt.
. . . is kapot. [. . . ɪs ka'pɔt]

Die Batterie ist leer.
De accu is leeg. [də 'aky ɪs 'le:x]

Aus dem Getriebe tropft Öl.
Er druppelt olie uit de motor. [ɛr 'drʌpəlt 'o:li œit də 'mo:tɔr]

Können Sie mal nachsehen?
Kunt U het even nakijken? ['kʌnt y ət 'e:vən 'na:kɛikən]

Wechseln Sie bitte die Zündkerzen aus.
Ik wil graag nieuwe bougies. [ɪk wɪl 'xra:x ni:uwə buʒis]

Was habe ich dafür zu bezahlen?
Hoeveel moet ik daarvoor betalen? ['huve:l mut ɪk da:r'vo:r bə'ta:lən]

Haben Sie Ersatzteile für diesen Wagen?
Heeft U onderdelen voor deze wagen? [he:ft y 'ɔndərde:lən vo:r de:zə 'wa:xən]

Machen Sie bitte nur die nötigsten Reparaturen.
Repareert U alstublieft alleen het allernoodzakelijkste. [re:pa're:rt y alsty'bli:ft a'le:n ət alərno:t'sa:kələkstə]

Wann ist der Wagen fertig?
Wanneer is de wagen klaar? [wa'ne:r ɪs də 'wa:xən 'kla:r]

Was wird es kosten?
Hoeveel zal het gaan kosten? ['huve:l zal ət xa:n 'kɔstən]

Die Höchstgeschwindigkeit beträgt in den Niederlanden in geschlossenen Ortschaften 50 km/h (Mopeds 30 km/h), auf Landstraßen 80 km/h (Mopeds 40 km/h), auf Autostraßen und Autobahnen 100 km/h. Auf den Vordersitzen besteht Anschnallpflicht.

Verkehrszeichen

Gilt nicht für
Radfahrer

Stadtmitte

Zu diesen Uhrzeiten
kann man jederzeit
die Brücke überqueren

Radweg — nicht
für Mopeds

Ausgenommen
Fahrräder und Mopeds

Wohnviertel

Hinweise und Informationen

Alleen bussen	Nur Busse
Douane	Zoll
Eenrichtingsverkeer	Einbahnstraße
EHBO	Erste Hilfe
Einde snelweg	Ende der Schnellstraße
Fietsers oversteken	Radfahrer kreuzen
Fietspad	Radweg
Gevaarlijke bocht	Gefährliche Kurve
Inhalen verboden	Überholverbot
Kruisweg	Kreuzung
Let op	Achtung
Onbewaakte overweg	Unbeschrankter Bahnübergang
Parkeerschijf verplicht	Parken nur mit Parkscheibe
Parkeren beperkt	Eingeschränktes Halteverbot
Rechts houden	Rechts fahren
Rondgaand verkeer	Kreisverkehr
Slecht wegdek	Schlechte Straße
Slipgevaar	Rutschgefahr
Tol	Mautstelle
Tweerichtingsverkeer	Gegenverkehr
Uitgezonderd (brom)fietsers	Ausgenommen Fahrräder/Mopeds
Verkeerslichten	Ampel
Voorrang verlenen	Vorfahrt beachten
Voorsorteren	Einordnen
Wandelpad	Spazier-/Wanderweg
Wegversmalling	Straßenverengung
Wegomlegging	Umleitung
Werk in uitvoering	Bauarbeiten
Zachte berm	Schlechter Fahrbahnrand
Ziekenhuis	Krankenhaus

Verkehrsunfall Verkeersongeluk

Es ist ein Unfall passiert.
Er is een ongeluk gebeurd.
[ɛr ɪs ən ˈɔŋɣəlʌk xəbøːrt]

Rufen Sie bitte schnell
Belt U direkt [ˈbɛlt y diˈrɛkt]
  einen Krankenwagen.
  een ziekenwagen. [ən ˈzikəwaːxən]
  die Polizei.
  de politie. [də poliˈsi]
  die Feuerwehr.
  de brandweer. [də ˈbrɑntweːr]
  einen Arzt.
  een dokter. [ən ˈdɔktər]

Können Sie sich um die Verletzten kümmern?
Kunt U zich met de gewonden bezig-houden? [ˈkʌnt y zɪx mɛt də xəˈwɔndə ˈbeːzəxhɔudən]

Haben Sie Verbandszeug?
Heeft U verbandmiddelen?
[ˈheːft y vərˈbɑntmɪdələn]

Es war meine/Ihre Schuld.
Het was mijn/Uw schuld.
[ət was ˈmɛin/ˈyw ˈsxʌlt]

Sie haben
U hebt [y ˈhɛpt]
  die Vorfahrt nicht beachtet.
  geen voorrang verleend.
  [xeːn ˈvoːraŋ vərˈleːnt]
  die Kurve geschnitten.
  de bocht afgesneden.
  [də ˈbɔxt ˈɑfxəsneːdən]

Sie haben die Fahrspur gewechselt, ohne zu blinken.
U bent van richting veranderd zonder richting aan te geven.
[y bɛnt van ˈrɪxtɪŋ verɑndərt zɔndər ˈrɪxtɪŋ ˈaːn tə xeːvən]

Sie sind zu schnell gefahren.
U hebt te snel gereden.
[y hɛpt tə ˈsnɛl xəˈreːdən]

Sie sind bei Rot über die Kreuzung.
U reed bij rood licht over het kruispunt.
[y reːt bɛi ˈroːt lɪxt ˈoːvər ət ˈkrœispʌnt]

Ich gebe Ihnen meine Anschrift und Versicherungsnummer.
Ik geef U mijn adres en verzekeringsnummer.
[ɪk ˈxeːf y mɛin aˈdrɛs ɛn vərˈzeːkərɪŋsnʌmər]

Geben Sie mir bitte Ihren Namen und Ihre Anschrift/Ihre Versicherung an.
Geeft U mij alstublieft Uw naam en adres/Uw verzekering op.
[ˈxeːft y mɛi ɑlstyˈblift yw ˈnaːm ɛn aˈdrɛs/yw vərˈzeːkərɪŋ ɔp]

Können Sie für mich Zeuge sein?	Kunt U getuige voor mij zijn?
	['kʌnt y xə'tœixə voːr mɛi 'zɛin]
Vielen Dank für Ihre Hilfe.	Hartelijk dank voor Uw hulp.
	['hartələk 'daŋk voːr yw 'hʌlp]

Autovermietung

Autoverhuur

Ich möchte einen Wagen mieten.	Ik wil graag een auto huren.
	[ɪk wɪl 'xraːx ən 'oːto hyːrən]
Wie hoch ist die Tages-/Wochenpauschale?	Hoe hoog is de dagprijs/weekprijs all-in?
	[hu 'hoːx ɪs də 'daxprɛis/'weːkprɛis ɔːl'ɪn]
Wieviel verlangen Sie pro gefahrenen km?	Hoeveel vraagt U per kilometer?
	['huveːl 'vraːxt y pɛr 'kilomeːtər]
Wieviel muß ich als Kaution hinterlegen?	Hoeveel moet ik als waarborgsom storten?
	['huveːl mut ɪk als 'waːrbɔrxsɔm 'stɔrtən]
Darf ich Ihren Führerschein sehen?	Mag ik Uw rijbewijs zien?
	['max ɪk yw 'rɛibəwɛis zin]
Kann ich den Wagen gleich mitnehmen?	Kan ik de wagen meteen meenemen?
	['kan ɪk də 'waːxən mə'teːn 'meːneːmən]

Wortliste Auto

abbiegen	afslaan, sloeg af, afgeslagen ['afslaːn]
abblenden	dimmen ['dɪmən]
Abblendlicht	dimlicht *n* ['dɪmlɪxt]
Abschleppdienst	takelwagen ['taːkəlwaːxən]
abschmieren	smeren ['smeːrən]
Achse	as [ɑs]
Hinter ~	achteras ['ɑxtərɑs]
Vorder ~	vooras ['voːrɑs]
Anhänger	aanhangwagen ['aːnhɑŋwaːxən]
Anlasser	starter ['startər]
auskuppeln	ontkoppelen [ɔnt'kɔpələn]
Auspuff	uitlaat ['œitlaːt]
Auto|bahn	autosnelweg ['oːtoːˈsnɛlwɛx]
	autobaan ['oːtoːbaːn]
~ fähre	autopont ['oːtoːpɔnt]
~ karte	autokaart ['oːtoːkaːrt]
~ reifen	autoband ['oːtoːbant]
Benzin|kanister	benzineblik *n* [bɛn'zinəblik]
~ pumpe	brandstofpomp ['brantstofpɔmp]
blenden	verblinden [vər'blindən]
Blinker	knipperlicht *n* ['knipərlixt]
	clignoteur [klinjoːˈtøːr]
Bremse	rem [rɛm]
bremsen	remmen ['rɛmən]
Brems|belag	remvoering ['rɛmvuːrɪŋ]
~ flüssigkeit	remolie ['rɛmoːli]
~ lichter	remlichten ['rɛmlixtən]
Dichtung	pakking ['pakɪŋ]
Düse	sproeier ['spruːjər]
Einspritzpumpe	brandstofpomp ['brantstofpɔmp]
Ersatz|rad	reservewiel *n* [rə'zɛrvəwil]
~ teile	reserveonderdelen [rə'sɛrvəondərdeːlən]
Fahr|gestell	chassis *n* [ʃa'si]
~ spur	rijstrook ['rɛistroːk]
Fehler	fout [fout]
Fehlzündung	overslaan (van de motor) ['oːvərslaːn (van də 'moːtər)]
Fernlicht	groot licht *n* [xroːt 'lixt]
Frostschutzmittel	antivries [anti'vris]
Führerschein	rijbewijs *n* ['rɛibəwɛis]
Fußbremse	voetrem ['vutrɛm]

Gang	versnelling [vər'snɛlɪŋ]
erster ~	eerste versnelling [e:rstə vər'snɛlɪŋ]
Rückwärts ~	in de achteruit [ɪn də axtə'rœit]
Leerlauf	vrijloop(stand) ['vrɛilo:p(stant)]
Gas	gas *n* [xas]
~ geben	gas geven, gaf, gegeven ['xas xe:vən]
~ pedal	gaspedaal *n* ['xaspeda:l]
gebrochen	gebroken [xə'bro:kən]
Getriebe	versnellingsbak [vər'snɛlɪŋzbak]
Haftpflichtversicherung	WA-verzekering [we:'a:vər'ze:kərɪŋ]
Handbremse	handrem ['hantrɛm]
Hebel	hendel/handel [hɛndəl]
Hinterrad	achterwiel *n* ['axtərwil]
~ antrieb	achteraandrijving ['axtəra:ndrɛivɪŋ]
Hupe	claxon ['klaksɔn]
Licht ~	lichtsignaal *n* ['lɪxtsɪnja:l]
Karosserie	karosserie [ka:rɔsə'ri]
Keilriemen	V-snaar ['ve:sna:r]
klopfen (Motor)	pingelen ['pɪŋələn]
Kofferraum	kofferruimte ['kɔfərœimtə]
Kolben	zuiger ['zœixər]
Kugellager	kogellager ['ko:xəla:xər]
Kühler	radiator [ra:di'a:tɔr]
Kühlwasser	koelwater *n* ['kulwa:tər]
Kupplung	koppeling ['kɔpəlɪŋ]
Kurbelwelle	krukas ['krʌkas]
Kurzschluß	kortsluiting ['kɔrtslœitɪŋ]
Lenkrad	stuur *n* [sty:r]
Lichtmaschine	dynamo [di'na:mo:]
Motor	motor ['mo:tɔr]
Motorhaube	motorkap ['mo:tɔrkap]
Nummernschild	nummerbord *n* ['nʌmərbɔrt]
Öl	olie ['o:li]
~ meßstab	oliemeter ['o:lime:tər]
~ stand	oliepeil *n* ['o:lipɛil]
~ wechsel	olie verversen ['o:li vər'vɛrsən]
Park/haus	parkeergarage [par'ke:rxara:ʒə]
~ scheibe	parkeerschijf [par'ke:rsxɛif]
~ uhr	parkeermeter [par'ke:rme:tər]
Rad	wiel *n* [wil]
Reifen	band [bant]
~ druck	bandenspanning ['bandəspanɪŋ]
schlauchloser ~	tubeless band ['tjublɛs bant]
	tube [tjub]

Reserverad	reservewiel *n* [rəˈzɛrvəwil]
Rück|licht	achterlicht *n* [ˈɑxtərlɪxt]
~ spiegel	achteruitkijkspiegel [ɑxtərˈœitkɛikspixəl]
Schalthebel	versnellingshendel [vərˈsnɛlɪŋshɛndəl]
Scheiben|waschanlage	ruitensproeier [ˈrœitəsprujər]
~ wischer	ruitenwisser [ˈrœitəwɪsər]
Scheinwerfer	koplamp [ˈkɔplɑmp]
Schiebedach	schuifdak *n* [ˈsxœivdɑk]
schmieren	doorsmeren [ˈdoːrsmeːrən]
Schraube	schroef [sxruf]
Schrauben|mutter	schroefmoer [ˈsxrufmuːr]
~ schlüssel	moersleutel [ˈmuːrslø:təl]
~ zieher	schroevedraaier [ˈsxruvədraːjər]
Sicherheitsgurt	veiligheidsriem [ˈvɛiləxhɛitsrim]
Standlicht	parkeerlicht *n* [parˈkeːrlɪxt]
Steckschlüssel	steeksleutel [ˈsteːkslø:təl]
Stoß|dämpfer	schokbreker [ˈsxɔkbreːkər]
~ stange	bumper [ˈbʌmpər]
Tachometer	snelheidsmeter [ˈsnɛlhɛitsmeːtər]
Ventil	*(im Motor)* klep [klɛp]
	(am Reifen) ventiel *n* [vɛnˈtil]
Vergaser	carburateur [kɑrbyraːˈtøːr]
Verteiler	stroomverdeler [ˈstroːmvərdeːlər]
Vorderrad	voorwiel *n* [ˈvoːrwil]
~ antrieb	voorwielaandrijving [ˈvoːrwilˈaːndrɛivɪŋ]
Wagen|heber	krik [krɪk]
~ schlüssel	autosleuteltje *n* [ˈoːtoːslø:təlcə]
~ wäsche	autowassen *n* [ˈoːtoːwasən]
Warndreieck	gevarendriehoek *n* [xəˈvaːrəndrihuk]
Wegweiser	wegwijzer [ˈwɛxwɛizər]
Windschutzscheibe	voorruit [ˈvoːrœit]
Winterreifen	winterbanden [ˈwɪntərbandən]
Zünd|kerze	bougie [buˈʒi]
~ schloß	contactslot *n* [kɔnˈtɑktslɔt]
~ schlüssel	contactsleuteltje *n* [kɔnˈtɑktslø:təlcə]
Zündung	ontsteking [ˈɔntsteːkɪŋ]
Zylinder	cilinder [siˈlɪndər]
~ kopf	cilinderkop [siˈlɪndərkɔp]

AUSSPRACHE SEITE VII

3 Reisen mit Bahn, Flugzeug oder Schiff
Reizen per trein, vliegtuig of schip

Im Reisebüro

In het reisbureau

Ich möchte einen Flug
nach ... buchen.

Ik wil een vlucht naar ... boeken.
[ɪk 'wɪl ən 'vlʌxt naːr ... 'bukən]

Wie sind die Flugver-
bindungen nach ...?

Hoe zijn de vliegverbindingen naar
...? ['hu zɛin də 'vlixvərbɪndɪŋən naːr ...]

Sind noch Plätze frei?

Zijn er nog plaatsen vrij?
['zɛin ɛr nɔx 'plaːtsən 'vrɛi]

Gibt es auch Charterflü-
ge?

Zijn er ook chartervluchten?
['zɛin ɛr oːk 'ʃartərvlʌxtən]

Was kostet der Flug
Touristenklasse/1. Klas-
se?

Hoe duur is de vlucht in de touristen-
klasse/eerste klas?
['hu 'dyːr ɪs də 'vlʌxt ɪn də tu'rɪstəklasə/
'eːrstə 'klas]

Wieviel Gepäck ist frei?

Hoeveel bagage mag je vrij meenemen?
['huveːl ba'xaːʒə max jə 'vrɛi 'meːneːmən]

Was kostet das Kilo Übergewicht?	Hoeveel kost overgewicht per kilo? [hu've:l 'kɔst 'oːvərgəwɪxt pɛr 'kilo]
Ich möchte diesen Flug annullieren/umbuchen.	Ik wil deze vlucht graag annuleren/overboeken. [ɪk 'wɪl 'deːzə 'vlʌxt xraːx any'leːrən/ 'oːvərbukən]
Habe ich in ... Anschluß an die Fähre?	Heb ik in ... aansluiting op de veerboot? ['hɛp ɪk ɪn ... 'aːnslœitɪŋ ɔp də 've:rbo:t]
Ich möchte einen Liegewagenplatz/Schlafwagenplatz für den Nachtzug nach ...	Ik wil graag een ligplaats/plaats in de slaapwagen voor de nachttrein naar ... [ɪk wɪl 'xraːx ən 'lɪxplaːts/'plaːts ɪn də 'slaːpwaːxən voːr də 'naxtrɛin naːr ...]
Gibt es einen Autoreisezug nach ...?	Is er een autotrein naar ...? ['ɪs ɛr ən 'oːtotrɛin naːr]
Was kostet das für ein Auto mit vier Personen?	Hoeveel kost dat voor een auto met vier personen? ['huve:l 'kɔst dat voːr ən 'oːto mɛt 'viːr pɛr'soːnən]

Eisenbahn   Trein

Auf dem Bahnhof

Op het station

Eine einfache Fahrt 2. Klasse/1. Klasse nach ... bitte.	Een enkele reis tweede klas/eerste klas ... [ən 'ɛŋkələ rɛis 'tweːdə 'klas/ 'eːrstə 'klas]

Zweimal ... hin und zurück, bitte.	Twee retourtjes ..., alstublieft. ['twe: rə'tu:rcəs ... alsty'blift]
Gibt es verbilligte Ausflugskarten?	Zijn er goedkopere excursiekaarten? [zɛin ɛr xut'ko:pərə ɛks'kyrsika:rtən]
Gibt es verbilligte Wochenendkarten?	Zijn er weekendkaarten met korting? [zɛin ɛr 'wikɛntka:rtən mɛt 'kɔrtiŋ]
Gibt es eine Ermäßigung für kinderreiche Familien?	Is er (een) reductie voor kinderrijke gezinnen? [ɪs ɛr (ən) rə'dyksi vo:r 'kɪndərɛikə xə'zɪnən]
Bitte eine Platzkarte für den Zug um ... Uhr nach ...	Een kaartje voor de trein van ... uur naar ... alstublieft. [ən 'ka:rcə vo:r də 'trɛin van ... 'y:r na:r ... alsty'blift]
Einen Fensterplatz?	Een plaats bij het raam? [ən 'pla:ts bɛi ət 'ra:m]
Wie teuer ist eine Schlafwagenkarte/Liegewagenkarte?	Hoe duur is een kaartje voor een slaapwagen/ligplaats? ['hu 'dy:r ɪs ən 'ka:rcə vo:r ən 'sla:pwa:xən/ 'lɪxpla:ts]
Ich möchte diesen Koffer als Reisegepäck aufgeben.	Ik wil deze koffer als bagage opgeven. [ɪk 'wɪl de:zə 'kɔfər als ba'xa:ʒə 'ɔpxe:vən]
Wollen Sie Ihr Gepäck versichern?	Wilt U Uw bagage verzekeren? ['wɪlt y yw ba'xa:ʒə vər'ze:kərən]
Was kostet das?	Hoeveel kost dat? ['huve:l 'kɔst dat]
Geht das Gepäck mit dem ...-Uhr-Zug ab?	Gaat de bagage mee met de trein van ... uur? ['xa:t də ba'xa:ʒə 'me: mɛt də 'trɛin van ... 'y:r]
Wann kommt es in ... an?	Wanneer komt het in ... aan? [wa'ne:r kɔmt ət ɪn ... 'a:n]
Hat der Zug von ... Verspätung?	Heeft de trein van ... vertraging? ['he:ft də trɛin van ... vərtra:xɪŋ]
Wann habe ich Anschluß nach ...?	Wanneer heb ik aansluiting naar ...? [wa'ne:r hɛp ɪk 'a:nslœitiŋ na:r]
Wo muß ich umsteigen?	Waar moet ik overstappen? ['wa:r 'mut ɪk 'o:vərstapən]

fietsenstalling   **wachtkamer**   **automatiek**

Von welchem Gleis fährt der Zug nach ... ab?	Van welk spoor vertrekt de trein naar ...? [van 'wɛlk 'spo:r vər'trɛkt də 'trɛin na:r]
● Der Zug aus ... fährt auf Gleis 1 ein.	De trein uit ... komt op het eerste spoor binnen. [də 'trɛin œit ... 'kɔmt ɔp ət 'e:rstə spo:r 'bɪnən]
● Der Zug aus ... hat 10 Minuten Verspätung.	De trein uit ... heeft tien minuten vertraging. [də 'trɛin œit ... he:ft 'tin mi'nytən vərtra:xɪŋ]
● Achtung, Reisende nach ...! Bitte einsteigen und Türen schließen.	Attentie, reizigers naar ...! Instappen en deuren sluiten. [a'tɛnsi, 'rɛizəxərs na:r ... 'ɪnstapən ɛn 'dø:rən 'slœitən]

Fundbüro

Bureau voor gevonden voorwerpen

Wo ist das Fundbüro, bitte?

Waar is het bureau voor gevonden voorwerpen? ['wa:r ɪs ət by'ro: vo:r xə'vɔndən 'vo:rwɛrpən]

Ich habe ... verloren.

Ik heb ... verloren. [ɪk hɛp ... vər'lo:rən]

Ich habe meine Handschuhe im Zug vergessen.

Ik ben mijn handschoenen in de trein vergeten. [ɪk 'bɛn mən 'hantsxunən ɪn də 'trɛin vər'xe:tən]

Hier ist meine Hotelanschrift.

Hier is het adres van mijn hotel. ['hi:r ɪs ət a'drɛs van mɛin ho'tɛl]

Im Zug	**In de trein**

Verzeihung, ist dieser Platz frei?
Neemt U mij niet kwalijk, is deze plaats vrij?
[ne:mt y mɛi nit 'kwa:lǝk, ıs 'de:zǝ 'pla:ts 'vrɛi]

Können Sie mir bitte helfen?
Kunt U mij alstublieft helpen?
['kʌnt y mɛi alsty'blift 'hɛlpǝn]

Darf ich das Fenster öffnen/schließen?
Mag ik het raam opendoen/sluiten?
['max ık ǝt 'ra:m 'o:pǝndun/'slœitǝn]

Entschuldigen Sie, bitte. Dies ist ein Nichtraucherabteil.
Neemt U mij niet kwalijk. Dit is een niet-rook-coupé.
['ne:mt y mɛi nit 'kwa:lǝk. 'dıt ıs ǝn 'nitro:ku'pe:]

Entschuldigen Sie, das ist mein Platz. Ich habe eine Platzkarte.
Neemt U mij niet kwalijk, dat is mijn plaats. Ik heb een plaatsbewijs.
['ne:mt y mɛi 'nit 'kwa:lǝk, dat ıs 'mɛin pla:ts. ık hɛp ǝn 'pla:tsbǝwɛis]

Die Fahrkarten, bitte.
De kaartjes, alstublieft.
[dǝ 'ka:rcǝs alsty'blift]

Hält dieser Zug in ...?
Stopt deze trein in ...?
['stɔpt de:zǝ 'trɛin ın]

Wann kommen wir in ... an?
Wanneer komen wij in ... aan?
[wa'ne:r 'ko:mǝn wǝ ın ... 'a:n]

Wo sind wir jetzt?
Waar zijn we nu? [wa:r 'zɛin wǝ 'ny:]

Wie lange haben wir hier Aufenthalt?
Hoelang oponthoud hebben we hier?
['hu'laŋ 'ɔpɔnthout 'hɛbǝn wǝ hi:r]

Kommen wir pünktlich an?
Komen we op tijd aan?
['ko:mǝn wǝ ɔp 'tɛit 'a:n]

Haben wir Verspätung?
Hebben we vertraging?
['hɛbǝn wǝ vǝr'tra:xıŋ]

gevonden voorwerpen

kruierij en/of witkar

fietsen-verzending

Zugdichte
━━━ 3 oder mehr Züge stündlich
━━━ Züge 2x stündlich
━━━ Züge 1x stündlich
Die Zahlen zwischen den Orten geben die Fahrzeiten
in Minuten an.

Hinweise und Informationen

Aankomst	Ankunft
Badkamer	Bad
Bagage depot	Gepäckaufbewahrung
Bellen	Klingeln
Bezet	Besetzt
Dames	Damen
Duwen	Drücken
Eetkamer	Speisesaal
Geen toegang	Eintritt verboten
Gereserveerd	Reserviert
Gesloten	Geschlossen
Heet	Heiß
Heren	Herren
Ingang	Eingang
Inlichtingen	Informationen
Kloppen	Anklopfen
Koud	Kalt
Niet roken	Nichtraucher
Nooduitgang	Notausgang
Open	Geöffnet
Perron	Bahnsteig
Plaatsbewijzen	Fahrkarten
Reserveringen	Platzreservierungen
Roken toegestaan	Raucher
Roltrap	Rolltreppe
Spoor	Gleis
Trekken	Ziehen
Uitgang	Ausgang
Vertrek	Abfahrt
Vrij	Frei
Wachtkamer	Wartesaal

Flugzeug   Vliegtuig

Am Flughafen   Op het vliegveld

Wo ist der Schalter der
... Fluggesellschaft?

Weet U het loket van de ... lucht-
vaartmaatschappij?
['we:t y ət lo:'kɛt van də ... 'lʌxtfa:rt-
ma:tsxa'pɛi]

Wo ist der Schalter der
KLM?

Weet U het loket van de K.L.M.?
['we:t y ət lo:'kɛt van də ka:ɛl'ɛm]

Wo ist der Informa-
tionsschalter?

Weet U het loket voor informatie?
['we:t y ət lo:'kɛt vo:r ɪnfɔr'ma:tsi]

Wo ist der Warteraum?

Weet U de wachtkamer?
['we:t y də 'waxtka:mər]

Kann ich das als Hand-
gepäck mitnehmen?

Kan ik dit als handbagage meenemen?
['kan ɪk dɪt als 'handbaxa:ʒə 'me:ne:mən]

Hat die Maschine nach
... Verspätung?

Heeft de machine naar ... vertraging?
['he:ft də ma'ʃinə na:r ... vər'tra:xɪŋ]

Wieviel Verspätung hat
sie?

Hoeveel vertraging heeft hij?
['huve:l vər'tra:xɪŋ he:ft hɛi]

Ist die Maschine aus ...
schon gelandet?

Is het vliegtuig uit ... al geland?
[ɪs ət 'vlixtœix œit ... al xə'lant]

● Letzter Aufruf. Die Pas-
sagiere nach ..., Flug-
Nr. ... werden gebeten,
sich zum Ausgang ... zu
begeben.

Laatste oproep. De passagiers naar
..., vlucht nummer ... wordt verzocht
zich naar uitgang ... te begeven.
[la:stə 'ɔprup. də pasa'ʒi:rs na:r ..., 'vlʌxt
'nʌmər ... wɔrt vər'zɔxt zix na:r 'œitxaŋ ...
tə bə'xe:vən]

An Bord

Aan boord

Bitte das Rauchen einstellen! Anschnallen, bitte!

Sigaretten doven! Gordels vastmaken!
[siɣa'rɛtən do:vən 'xɔrdəls 'vastma:kən]

Wie hoch fliegen wir?

Hoe hoog vliegen we?
['hu 'ho:x 'vlixən wə]

Wir fliegen auf einer durchschnittlichen Flughöhe von 8000 Metern.

We vliegen op een gemiddelde hoogte van achtduizend meter.
[wə 'vlixən ɔp ən xə'midəldə 'ho:xtə van 'axtdœizənt 'me:tər]

Was ist das für ein

Wat is dat voor een
[wat 'ɪs dat vo:r ən]

    Fluß?
    See?
    Gebirge?

    rivier? [ri'vi:r]
    meer? ['me:r]
    gebergte? [xə'bɛrxtə]

Wo sind wir jetzt?

Waar zijn we nu? ['wa:r 'zɛin wə 'ny:]

Wann landen wir in ...?

Wanneer landen we in ...?
[wa'ne:r 'landən wə 'ɪn]

Wie ist das Wetter in ...?

Hoe is het weer in ...?
['hu ɪs ət 'we:r ɪn]

Wir landen in etwa ... Minuten.

We landen over ongeveer ... minuten.
[wə 'landən o:vər 'ɔŋxəve:r ... mi'nytən]

Ankunft

Aankomst

Ich finde mein Gepäck/ meinen Koffer nicht.

Ik vind mijn bagage/koffer niet.
[ɪk 'vɪnt mən ba'xɑ:ʒə/'kɔfər nit]

Mein Gepäck ist verlorengegangen.

Mijn bagage is verdwenen.
[mən ba'xɑ:ʒə ɪs vər'dwe:nən]

Mein Koffer ist beschädigt worden.

Mijn koffer is beschadigd.
[mən 'kɔfər ɪs be'sxɑ:dəxt]

An wen kann ich mich wenden?

Tot wie kan ik me wenden?
[tɔt 'wi kan ɪk mə 'wɛndən]

Von wo fährt der Bus zum Air Terminal ab?

Waar vertrekt de bus naar het Air Terminal?
['wa:r vər'trɛkt də 'bʌs na:r ət 'ɛ:r tərmənəl]

Schiff　　　　Schip

Auskunft

Inlichtingen

Welche ist die beste Schiffsverbindung nach ...?

Wat is de beste bootverbinding naar ...? ['wɑt ɪs də 'bɛstə 'boːtfərbɪndɪŋ nɑːr]

Wann fährt der/die/das nächste

Wanneer vertrekt de volgende [wɑ'neːr vər'trɛkt də 'vɔlxəndə]

　Schiff
　Fähre
　Hovercraft
　(Motor-)Boot
　Dampfer

　boot ['boːt]
　veerboot/pont ['veːrboːt/'pɔnt]
　hovercraft ['huːvəkraːft]
　(motor)boot [('moːtɔr)boːt]
　stoomboot ['stoːmboːt]

nach ... ab?

naar ...? ['nɑːr]

Wie lange dauert die Überfahrt?

Hoe lang duurt de overtocht? ['hu lɑŋ 'dyːrt də 'oːvərtɔxt]

Welche Häfen werden angelaufen?

Welke havens worden aangedaan? ['wɛlkə 'haːvəns wɔrdən 'aːŋxədaːn]

Wann legen wir in ... an?

Wanneer leggen we in ... aan? [wɑ'neːr 'lɛxən wə ɪn ... 'aːn]

Wie lange haben wir Aufenthalt in ..?

Hoe lang oponthoud hebben we in ...? ['hu lɑŋ 'ɔpɔnthout 'hɛbən wə ɪn]

Ich möchte eine Schiffs- karte nach ...	Ik wil een bootkaartje naar ... [ɪk 'wɪl ən 'boːtkɑːrcə naːr]
1. Klasse	Eerste klas ['eːrstə 'klɑs]
Touristenklasse	Touristenklas [tuˈrɪstəklɑs]
eine Einzelkabine	een eenpersoons hut [ən 'eːnpərˈsoːns hʌt]
eine Zweibettkabine	een tweepersoóns hut [ən 'tweːpərˈsoːns hʌt]
Ich möchte eine Karte für die Rundfahrt um ... Uhr.	Ik wil een kaartje voor de rondvaart om ... uur. [ɪk wɪl ən 'kaːrcə voːr də 'rɔntvaːrt ɔm ... 'yːr]

An Bord

Aan boord

Bitte, ich suche Kabine Nr. ...	Ik zoek hut nummer ... [ɪk 'zuk 'hʌt 'nʌmər]
Kann ich eine andere Kabine haben?	Kan ik een andere hut krijgen? ['kan ɪk ən andərə 'hʌt 'krɛixən]
Wo ist mein Koffer/ mein Gepäck?	Waar is mijn koffer?/mijn bagage? ['waːr ɪs mən 'kɔfər/mən baˈxaːʒə]
Wo ist der Speisesaal/ der Aufenthaltsraum?	Waar is de eetzaal/verblijfsruimte? ['waːr ɪs də 'eːtsaːl/vərˈblɛifsrœimtə]
Wann wird gegessen?	Hoe laat wordt er gegeten? ['hoe 'laːt wɔrt ɛr xəxeːtən]
Steward, bringen Sie mir bitte ...	Steward, wilt U me alstublieft ... brengen? ['stjuart, 'wɪlt y mə alstyˈblift ... 'brɛŋən]
Ich fühle mich nicht wohl.	Ik voel me niet goed [ɪk 'vul mə nit xut]
Rufen Sie bitte den Schiffsarzt!	Roept U alstublieft de scheepsarts. ['rupt y alstyˈblift də sxeːpsarts]
Geben Sie mir bitte ein Mittel gegen Seekrank- heit.	Geeft U me alstublieft een middel tegen zeeziekte. ['xeːft y mə alstyˈblift ən 'mɪdəl 'teːxən 'zeːziktə]

AUSSPRACHE SEITE VII

Wortliste Reisen

Abflug	vertrek *n* [vərˈtrɛk]
Abteil	coupé [kuˈpe:]
Anflug	het aanvliegen [ət ˈa:nvlixən]
Anhänger (am Koffer)	label [ˈle:bəl]
Anker	anker *n* [ˈaŋkər]
anlaufen (Hafen)	aanlopen, liep aan, aangelopen [ˈa:nlopən]
anlegen in	aanleggen in [ˈa:nlɛxən ɪn]
Anlegeplatz	aanlegplaats [ˈa:nlɛxpla:ts]
Anschluß	aansluiting [ˈa:nslœitɪŋ]
Anschnallgurt	veiligheidsriem [ˈvɛiləxhɛitsrim]
auslaufen	uitlopen [ˈœitlo:pən]
ausschiffen	van boord gaan, ging, gegaan [van ˈbo:rt xa:n]
aussteigen	uitstappen [ˈœitstapən]
Auto|fähre	autopont [ˈo:to:pɔnt]
~ reisezug	autotrein [ˈo:to:trɛin]
Backbord	bakboord *n* [ˈbagbo:rt]
Bahnhof	station [sta:ˈʃɔn] *n*
Besatzung	bemanning [bəˈmanɪŋ]
Bettkarte	kaartje voor een slaapplaats [ˈka:rcə vo:r ən ˈsla:pla:ts]
Boje	boei [bui]
Bootsverbindung	bootverbinding [ˈbo:tfərbɪndɪŋ]
Bordfest	bootfeest *n* [ˈbo:tfe:st]
Buchung	boeking [ˈbukɪŋ]
Bug	boeg [bux]
Chartermaschine	chartermachine [ˈʃartərma:ʃinə] chartervliegtuig *n* [ˈʃartərvlixtœix]
Deck	dek *n* [dɛk]
Düsenmaschine	straalvliegtuig *n* [ˈstra:lvlixtœix]
D-Zug	D-trein [ˈde:trɛin]
Eilzug	sneltrein [ˈsnɛltrɛin]

Eisenbahn	trein [trɛin]
	spoorweg ['spo:rwɛx]
~fähre	treinpont ['trɛinpɔnt]
Fahr|plan	spoorboekje n ['spo:rbukjə]
	dienstregeling ['dinstre:xəlɪŋ]
~preis	prijs [prɛis]
	transporttarief n [trans'pɔrta:rif]
~werk	onderstel n ['ɔndərstɛl]
Flug	vlucht [vlʌxt]
~gast	passagier [pasa:'ʒi:r]
~gesellschaft	luchtvaartmaatschappij ['lʌxtva:rtma:tsxapɛi]
~hafen	luchthaven ['lʌxtha:vən]
	vliegveld ['vlixfɛlt]
~hafengebühr	luchthavenbelasting ['lʌxtha:vəmbəlastɪŋ]
~plan	luchtdienstsregeling ['lʌxdinstre:xəlɪŋ]
~strecke	vliegtraject n ['vlixtra:jɛkt]
~zeug	vliegtuig ['vlixtœix]
Gepäck	bagage [ba:'xa:ʒə]
~aufbewahrung	bagagedepot n [ba:'xa:ʒədəpo:]
~schein	reçu n [rə'sy]
~schließfach	bagagekluis [ba:'xa:ʒəklœis]
~träger	kruier ['krœiər]
~wagen	bagagewagen [ba:'xa:ʒəwa:xən]
Handgepäck	handbagage ['hantba:xa:ʒə]
Heck	achterkant ['axtərkant]
Hubschrauber	helikopter [he:li'kɔptər]
Jacht	jacht n [jaxt]
Kabine	*(Flugzeug)* cabine [ka:'binə]
	(Schiff) hut [hʌt]
Kai	kade ['ka:də]
Kajüte	kajuit [ka:'jœit]
Kapitän	kapitein [ka:pi'tɛin]
Kinderfahrkarte	kinderkaartje n ['kɪndərka:rcə]
Knoten	knoop [kno:p]
Kreuzfahrt	cruise ['kru:z]
Kurs|buch	spoorboekje n ['spo:rbukjə]
~wagen	doorgaand treinstel n ['do:rxa:n 'trɛinstɛl]
Küstendampfer	kustvaarder ['kʌstva:rdər]
	coaster ['ko:stər]
Landausflug	uitstapje n aan land ['œitstapjə a:n 'lant]
Lande|bahn	landingsbaan ['landɪŋzba:n]
~steg	steiger ['stɛixər]

Landung	landing ['lɑndɪŋ]
Leuchtturm	vuurtoren ['vy:rto:rən]
Liegewagen	slaapwagen ['sla:pwa:xən]
Linienmaschine	lijnvliegtuig *n* ['lɛinvlixtœix]
Lokomotive	lokomotief [lo:ko:mo:'tif]
Luftkissenboot	hovercraft ['huvərkraft]
Mannschaft	bemanning [bə'manɪŋ]
Matrose	matroos [ma:'tro:s]
Not|ausgang	nooduitgang ['no:tœitxaŋ]
~ landung	noodlanding ['no:tlandɪŋ]
~ rutsche	noodglijbaan [no:t'xlɛiba:n]
Personenzug	personentrein [pɛr'so:nətrɛin]
Pilot	piloot [pi'lo:t]
Platzkarte	plaatsbewijs *n* [pla:tsbəwɛis]
Reise|tasche	reistas ['rɛistas]
~ ziel	reisdoel *n* ['rɛizdul]
Rettungs|boot	reddingsboot ['rɛdɪŋzbo:t]
~ ring	reddingsgordel ['rɛdɪŋsxɔrdəl]
Rollfeld	landingsbaan ['landɪŋzba:n]
Rück|fahrkarte	retourkaartje *n* [rə'tu:rka:rcə]
~ flug	retourvlucht [rə'tu:r'vlxxt]
Rundreisefahrschein	rondreisbiljet *n* ['rɔntrɛizbɪl'jɛt]
Sammelfahrschein	collectief biljet *n* [kɔlɛk'tif bɪl'jɛt]
Schaffner	conducteur [kɔndək'tø:r]
Schiffsarzt	scheepsarts ['sxe:psarts]
Schlafwagenkarte	slaapwagenkaartje *n*
	['sla:pwa:xənka:rcə]
Schnellzug	sneltrein ['snɛltrɛin]
Schwimmweste	zwemvest ['zwɛmvɛst]
seekrank	zeeziek ['ze:zik]
Startbahn	startbaan ['startba:n]
Steuerbord	stuurboord *n* ['sty:rbo:rt]
Übergepäck	te veel (aan) bagage
	[tə 've:l (a:n) ba:'xa:ʒə]
Überseedampfer	zeeschip *n* ['ze:sxɪp]
Wartesaal	wachtlokaal *n* ['waxtlo:ka:l]
Waschraum	wasruimte ['wasrœimtə]
zollfreier Laden	belastingvrije winkel
	[bə'lastɪŋvrɛiə 'wɪŋkəl]
	taxfree shop ['tɛksfre: 'ʃɔp]
Zuschlag	toeslag ['tuslax]
Zwischen|deck	tussendek *n* ['tʌsədɛk]
~ landung	tussenlanding ['tʌsəlandɪŋ]

4 An der Grenze — Zoll
Bij de grens — douane

Paßkontrolle

Pascontrole

Ihren Paß, bitte!

Uw pas, alstublieft. [yw 'pas alsty'bli:ft]

Ihr Paß ist abgelaufen.

Uw pas is verlopen.
[yw 'pas ıs vər'lo:pən]

Haben Sie einen Impf-schein?

Heeft U een inentingsbewijs?
[he:ft y ən 'ınɛntıŋsbə'wɛis]

Ich bin gegen
Pocken
Cholera
Gelbfieber
Typhus
geimpft.

Ik ben tegen [ık 'bɛn te:xən]
pokken ['pɔkən]
cholera ['xo:ləra]
geelzucht ['xe:lzəxt]
tyfus ['tifəs]
ingeënt. ['ınxəɛnt]

Haben Sie ein Visum?

Heeft U een visum? [he:ft y ən 'visʌm]

Kann ich das Visum hier bekommen?

Kan ik het visum hier krijgen?
['kan ık ət 'visʌm 'hi:r krɛixən]

Zollkontrolle

Douanecontrole

● Haben Sie etwas zu verzollen?

Heeft U iets aan te geven?
['he:ft y its 'a:n tə xe:vən]

Nein, ich habe nur ein paar Geschenke.

Nee, ik heb alleen maar een paar cadeautjes.
['ne:, ik hɛb a'le:n ma:r ən 'pa:r ka'do:cəs]

● Fahren Sie bitte rechts/ links heran.

Rijdt U alstublieft rechts/links op.
['rɛit y alsty'blift 'rɛxts/'links ɔp]

● Öffnen Sie bitte den Kofferraum/diesen Koffer.

Wilt U de kofferruimte/deze koffer openen.
['wilt y də 'kɔfərœimtə/de:zə 'kɔfər 'o:pənən]

Muß ich das verzollen?

Moet ik dat aangeven?
['mut ik dat 'a:ŋxe:vən]

Wieviel Zoll muß ich bezahlen?

Hoeveel invoerrechten moet ik betalen? ['huve:l 'iɲvu:rɛxtən mut ik bə'ta:lən]

Wortliste Zoll

Beruf	beroep *n* [bə'rup]
Bestimmungen	reglement *n* [re:xələ'mɛnt]
Cholera	cholera ['xo:ləra]
Familien|name	familienaam [fa:'milina:m]
~ stand	burgerlijke staat ['bʌrxərləkə 'sta:t]
ledig	ongetrouwd ['ɔŋxətrouwt]
	ongehuwd ['ɔŋxəhywt]
verheiratet	getrouwd [xə'trouwt]
	gehuwd [xə'hywt]
verwitwet	*(Mann)* weduwnaar ['we:dy:wna:r]
	(Frau) weduwe ['we:dy:wə]
Führerschein	rijbewijs *n* ['rɛibəwɛis]
Geburts|datum	geboortedatum [xə'bo:rtəda:təm]
~ name	meisjesnaam ['mɛiʃəsna:m]
~ ort	geboorteplaats [xə'bo:rtəpla:ts]
Gelbfieber	geelzucht ['xe:lzəxt]
Grenzübergang	grensovergang ['xrɛnso:vərxaŋ]
gültig	geldig ['xɛldəx]

internationaler Impfpaß	internationaal inentingsbewijs *n* [ɪntərnɑːsjoˈnɑːl ˈɪnɛntɪŋsbəwɛis]
Malaria	malaria [mɑːˈlɑːria]
Nationalitätskennzei-chen	nationaliteitskenteken [naːʃoːnaːliˈtɛitskɛnteːkən]
Nummernschild	nummerbord *n* [ˈnʌmərbɔrt]
Paßkontrolle	pascontrole [ˈpaskɔntroːlə]
Personalausweis	persoonsbewijs [pɛrˈsoːnsbəwɛis]
	identiteitsbewijs [idɛntiˈtɛitsbəwɛis]
Pocken	pokken [ˈpɔkən]
Staatsangehörigkeit	nationaliteit [naːʃoːnaːliˈtɛit]
Typhus	tyfus [ˈtifəs]
Versicherungskarte	verzekeringskaart [vərˈzeːkərɪŋskaːrt]
Visum	visum *n* [ˈvizʌm]
Vorname	voornaam [ˈvoːrnaːm]
Wohnort	woonplaats [ˈwoːnplaːts]
Zoll	douane [duˈaːnə]
~amt	douanekantoor *n* [duˈaːnəkantoːr]
~beamter	douanier [duaˈnjeː]
~frei	vrij van rechten [vrɛi van ˈrɛxtən]
	tolvrij [ˈtɔlvrɛi]
~gebühren	invoerrechten [ˈɪnvuːrɛxtən]
~kontrolle	douanecontrole [duˈaːnəkɔnˈtroːlə]
~pflichtig	belastbaar bij invoer [bəˈlastbaːr bɛi ˈɪnvuːr]

5 Bank — Geldwechsel
Bank — geldwisselen

Wo ist hier bitte eine Bank?

Waar is hier een bank?
['waːr ɪs hiːr ən 'baŋk]

Gibt es hier ein Wechselbüro?

Is hier een wisselkantoor?
[ɪs 'hiːr ən 'wɪsəlkantoːr]

Wann öffnet die Bank?

Wanneer gaat de bank open?
[wa'neːr xaːt də 'baŋk 'oːpən]

Wann schließt die Bank?

Wanneer sluit de bank?
[wa'neːr 'slœit də 'baŋk]

Ich möchte DM (Schilling, Schweizer Franken) in Gulden umwechseln.

Ik wil Duitse marken (schilling, Zwitserse franken) in guldens omwisselen.
[ɪk wɪl 'dœitsə 'markən ['ʃɪlɪŋ, 'zwɪtsərsə fraŋkən) ɪn 'xʌldəns 'ɔmwɪsələn]

Wie ist heute der Wechselkurs?

Hoe is de wisselkoers vandaag?
['hu ɪs də 'wɪsəlkuːrs van'daːx]

Wieviel Gulden bekomme ich für 100 DM?

Hoeveel gulden krijg ik voor honderd mark?
['huveːl 'xʌldən 'krɛix ɪk voːr 'hɔndərt 'mark]

Ich möchte diesen Reisescheck/Euroscheck einlösen.

Ik wil deze reischeque/eurocheque verzilveren.
[ɪk 'wɪl deːzə 'rɛiʃɛk/'øroʃɛk vər'zɪlvərən]

Darf ich bitte Ihren Paß sehen?	Mag ik alstublieft Uw pas zien? ['max ɪk 'ɑlstyblift yw 'pɑs zin]
Darf ich Ihren Ausweis sehen?	Mag ik Uw legitimatie/bewijs zien? ['max ɪk yw le:xiti'ma:tsi/bə'wɛis zin]
Würden Sie bitte hier unterschreiben?	Wilt U hier ondertekenen? [wɪlt y 'hi:r ɔndər'te:kənən]
Ist Geld für mich überwiesen worden?	Is er geld voor mij overgemaakt? [ɪs ɛr 'xɛlt vo:r mɛi 'o:vərxəma:kt]
Ist Geld auf mein Konto überwiesen worden?	Is er geld op mijn rekening overgemaakt? [ɪs ɛr 'xɛlt ɔp mɛin 're:kənɪŋ 'o:vərxəma:kt]
Gehen Sie bitte zur Kasse.	Wilt U naar de kas gaan? ['wɪlt y na:r də 'kas xa:n]
Wie wollen Sie das Geld haben?	Hoe wilt U het geld hebben? ['hu wɪlt y ət 'xɛlt 'hɛbən]
Bitte nur Scheine.	Graag alleen bankbiljetten. ['xra:x a'le:n 'baŋkbɪljɛtən]
Auch etwas Kleingeld.	Ook wat kleingeld. ['o:k wat 'klɛinxɛlt]
Geben Sie mir drei 100-Gulden-Scheine und den Rest in Kleingeld.	Wilt U mij drie briefjes van honderd en de rest in kleingeld geven? ['wɪlt y mɛi 'dri 'brifjəs van 'hɔndərt ɛn də 'rɛst ɪn 'klɛinxɛlt xe:vən]

Wortliste Bank

abheben	opnemen, nam op, opgenomen ['ɔpne:mən]
auszahlen	uitbetalen ['œidbəta:lən]
Bank|angestellter	bankbediende ['baŋgbədində]
~ konto	bankrekening [baŋk're:kənɪŋ]

Neben den offiziellen niederländischen Einheiten (1 Gulden = 100 Cent) wird in der Umgangssprache auch noch mit anderen Einheiten gerechnet:
stuiver = 5 cent; *dubbeltje* = 10 cent; *kwartje* = 25 cent; *rijksdaalder* = fl. 2,50; *tientje* = fl. 10,—.

Bargeld	contant geld *n* [kɔn'tant 'xɛlt]
Betrag	bedrag *n* [bə'drax]
Devisen	deviezen [də'vizən]
einzahlen	betalen [bə'ta:lən]
	storten ['stɔrtən]
Euroscheck	eurocheque ['ø:ro:ʃɛk]
Formular	formulier *n* [fɔrmy'li:r]
Geld	geld *n* [xɛlt]
~ schein	bankbiljet *n* ['baŋgbɪljɛt]
~ wechsel	geldwissel [xɛlt'wɪsəl]
Kleingeld	kleingeld *n* ['klɛiŋxɛlt]
D-Mark	D-mark ['de:mark]
Schilling	schilling ['ʃɪlɪŋ]
Schweizer Franken	Zwitserse Frank (Franks) ['zwɪtsərsə 'fraŋk (frä:s)]
Kasse	kassa ['kasa:]
Konto	conto *n* ['kɔnto:]
	rekening ['re:kənɪŋ]
Kreditbrief	kredietbrief [krə'ditbrif]
Kreditkarte	kredietkaart [krə'ditka:rt]
Kurs	koers ['ku:rs]
Münze	munt ['mʌnt]
Provision	provisie [pro:vizi]
Quittung	kwitantie [kwi'tantsi]
Reisescheck	reischeque ['rɛiʃɛk]
Schalter	loket *n* [lo:'kɛt]
Scheck	cheque [ʃɛk]
einen ~ ausstellen	een cheque afgeven [ən ʃɛk 'afxe:vən]
einen ~ einlösen	een cheque innen [ən ʃɛk 'ɪnən]
~ buch	chequeboek *n* ['ʃɛgbuk]
~ karte	chequekaart ['ʃɛka:rt]
Sparbuch	spaarbankboekje *n* ['spa:rbaŋgbukjə]
Sparkasse	spaarbank ['spa:rbaŋk]
telegrafisch	telegrafisch [te:lə'xra:fis]
Überweisung	overboeking ['o:vərbukɪŋ]
umwechseln	(om)wisselen ['wɪsələn/'ɔmwɪsələn]
unterschreiben	ondertekenen [ɔndər'te:kənən]
Unterschrift	handtekening ['hante:kənɪŋ]
Währung	valuta [va:'lyta]
Wechselkurs	wisselkoers ['wɪsəlku:rs]
zahlen	betalen [bə'ta:lən]
Zahlung	betaling [bə'ta:lɪŋ]

6 Unterkunft
Onderdak

Auskunft

Inlichting

Können Sie mir ...
empfehlen?
  ein gutes Hotel
  ein einfaches Hotel

  eine Pension
  ein Privatzimmer

Kunt U mij ... aanbevelen?
['kʌnt y mɛi ... 'aːmbəvɛːlən]
  een goed hotel [ən xut hoˈtɛl]
  een eenvoudig hotel
  [ən eːnˈvɔudəx hoˈtɛl]
  een pension [ən pɛnˈsjɔn]
  een privékamer [ən priˈveːkaːmər]

Ist es ruhig/zentral gelegen?

Ligt het rustig/centraal?
['lɪxt ət 'rʌstəx/sɛnˈtraːl]

Wie sind die Preise (dort)?

Hoe zijn de prijzen (daar)?
['hu zɛin də 'prɛizən (daːr)]

Was wird eine Übernachtung etwa kosten?

Hoeveel zal een overnachting ongeveer kosten?
['huveːl zal ən oːvərˈnaxtɪŋ 'ɔŋxəveːr 'kɔstən]

Ist es weit von hier?

Ligt het hier ver vandaan?
['lɪxt ət 'hiːr 'vɛr vanˈdaːn]

Wie komme ich am besten hin?

Hoe kom ik er het best naar toe?
['hu kɔm ɪk ɛr ət 'bɛst naːr 'tuː]

Gibt es hier eine Jugendherberge/einen Campingplatz?	Is hier een jeugdherberg/een camping? ['ɪs hi:r ən 'jø:xtherbɛrx/ən 'kɛmpɪŋ]

An der Rezeption

Bij de receptie

Haben Sie noch Zimmer frei?

Heeft U nog kamers vrij?
['he:ft y nox 'ka:mərs 'vrɛi]

Nein, wir sind leider ganz belegt.

Nee, we zijn helaas helemaal vol.
['ne: wə zɛin he:'la:s 'he:ləma:l 'vɔl]

Würden Sie bitte ein anderes Hotel anrufen und fragen, ob dort noch etwas frei ist?

Wilt U alstublieft een ander hotel opbellen en vragen of daar nog iets vrij is?
['wɪlt y alsty'blift ən 'andər ho'tɛl 'ɔbɛlən ɛn 'vra:xən ɔf 'da:r nox its 'vrɛi ɪs]

Ja, was für ein Zimmer wünschen Sie?

Ja, wat voor kamer wilt U graag?
['ja, 'wat vo:r 'ka:mər 'wɪlt y xra:x]

ein Einzelzimmer

een eenpersoons kamer
[ən 'e:npər'so:ns ka:mər]

ein Zweibettzimmer

een tweepersoons kamer
[ən 'twe:pər'so:ns ka:mər]

ein ruhiges Zimmer

een rustige kamer
[ən 'rʌstəxə 'ka:mər]

ein sonniges Zimmer

een zonnige kamer
[ən 'zɔnəxə ka:mər]

mit Dusche

met douche [mɛt 'duʃ]

mit Bad

met bad [mɛt 'bat]

mit Balkon

met balkon [mɛt bal'kɔn]

mit Blick aufs Meer

met uitzicht op de zee
[mɛt 'œitsɪxt ɔp də 'ze:]

straßenseitig gelegen

aan de straatkant ligt
[a:n də 'stra:tkant 'lɪxt]

hofseitig gelegen

aan de binnenplaats ligt
[a:n də 'bɪnənpla:ts 'lɪxt]

Kann ich das Zimmer ansehen?

Kan ik de kamer zien?
[kan ɪk də 'ka:mər zin]

Dieses Zimmer gefällt mir nicht. Zeigen Sie mir ein anderes.

Deze kamer bevalt mij niet. Wilt U mij een andere laten zien?
['de:zə 'ka:mər bə'valt mɛi nit. wɪlt y mɛi ən 'andərə la:tən 'zin]

Dieses Zimmer ist sehr hübsch. Ich nehme es.

Deze kamer is erg mooi. Ik neem hem.
['de:ze 'ka:mər ɪs 'ɛrx 'mo:i. ɪk 'ne:m hɛm]

Was kostet das Zimmer mit

Hoeveel kost de kamer met
['huve:l 'kɔst də 'ka:mər mɛt]

Frühstück?
Halbpension?
Vollpension?

ontbijt? [ɔnd'bɛit]
half-pension? ['half pɛn'sjɔn]
volledig pension? [vɔ'le:dəx pɛn'sjɔn]

Ist alles inklusive?

Is alles inbegrepen?
[ɪs 'aləs 'ɪmbəxre:pən]

Gibt es eine Ermäßigung für Kinder?

Is er (een) korting/reductie voor kinderen?
['ɪs ɛr (ən) 'kɔrtɪŋ/rə'dʌksi vo:r 'kɪndərən]

● Wollen Sie bitte den Anmeldeschein ausfüllen?

Wilt U alstublieft het aanmeldingsformulier invullen?
['wɪlt y alsty'blift ət 'a:mɛldɪŋsformy'li:r 'ɪnvʌlən]

● Darf ich Ihren Reisepaß/Personalausweis sehen?

Mag ik Uw pas/persoonsbewijs zien?
['max ɪk yw 'pas/pər'so:nsbəwɛis 'zin]

Bitte lassen Sie das Gepäck auf mein Zimmer bringen.

Wilt U de bagage op mijn kamer laten brengen?
[wɪlt y də ba'xa:ʒə ɔp mən 'ka:mər la:tən 'brɛŋən]

Wo kann ich den Wagen abstellen?

Waar kan ik de wagen neerzetten?
['wa:r kan ɪk də 'wa:xən 'ne:rzɛtən]

● In unserer Garage.

In onze garage. [ɪn ɔnzə xa'ra:ʒə]

● Auf unserem Parkplatz.

Op onze parkeerplaats.
[ɔp ɔnzə par'ke:rpla:ts]

Gespräche mit dem Hotelpersonal

Gesprek met het hotelpersoneel

Wo ist
der Frühstücksraum?
der Speisesaal?
der Aufzug?
das Bad?

Waar is ['wa:r 'ɪs]
de ontbijtzaal? [də ɔnd'bɛitsa:l]
de eetzaal? [də 'e:tsa:l]
de lift? [də 'lɪft]
het bad? [ət 'bat]

Wo kann man frühstükken?	Waar kun je ontbijten? ['wa:r kʌn jə ɔnd'bɛitən]
Sollen wir Ihnen das Frühstück aufs Zimmer schicken?	Zullen wij U het ontbijt op de kamer brengen? ['zʌlən wə y ət ɔnd'bɛit ɔp də 'ka:mər brɛŋən]
Schicken Sie mir bitte das Frühstück um ... Uhr aufs Zimmer.	Wilt U mij het ontbijt om ... uur op de kamer brengen? ['wɪlt y mɛi ət ɔnd'bɛit ɔm ... 'y:r ɔp də 'ka:mər brɛŋən]
Zum Frühstück nehme ich	Bij het ontbijt neem ik [bɛi ət ɔnd'bɛit 'ne:m ɪk]
Tee mit Milch.	thee met melk. ['te: mɛt 'mɛlk]
Tee mit Zitrone.	thee met citroen ['te: mɛt si:'trun]
schwarzen Kaffee.	zwarte koffie. ['zwartə 'kɔfi]
Kaffee mit Milch.	koffie met melk. ['kɔfi mɛt 'mɛlk]
Schokolade.	chocolademelk. [sjoko'la:dəmɛlk]
einen Fruchtsaft.	een vruchtensap. [ən 'vrʌxtəsap]
ein weiches Ei.	een zachtgekookt ei. [ən 'zaxtgeko:kt 'ɛi]
Rühreier.	roerei. ['ru:rɛi]
Brot/Brötchen.	brood/broodje. ['bro:t/'bro:cə]
ein Hörnchen.	een halvemaantje. [ən halfə'ma:ncə]
Butter.	boter. ['bo:tər]
Käse.	kaas. ['ka:s]
Schinken.	ham. ['ham]
Honig.	honing. ['ho:nɪŋ]
Marmelade.	jam. ['ʒɛm]

Hat das Hotel ein Schwimmbad?	Heeft het hotel een zwembad? ['he:ft ət ho'tɛl ən 'zwɛmbat]
Hat das Hotel einen eigenen Strand?	Heeft het hotel een eigen strand? ['he:ft ət ho'tɛl ən 'ɛixən 'strant]
Verleihen Sie Fahrräder?	Verhuurt U fietsen? [vər'hy:rt y 'fitsən]
Wecken Sie mich bitte morgen früh um . . . Uhr.	Wilt U mij morgen vroeg om . . . uur wekken? ['wɪlt y mə 'mɔrxən 'vrux ɔm . . . 'y:r 'wɛkən]
Würden Sie mir bitte . . . bringen?	Wilt U mij alstublieft . . . brengen? ['wɪlt y mə alsty'blift . . . 'brɛŋən]
noch ein Handtuch	nog een handdoek ['nox ən 'handuk]
ein Stück Seife	een stuk zeep [ən stʌk 'se:p]
einige Kleiderbügel	enkele klerenhangers ['ɛŋkələ 'kle:rəhaŋərs]
eine Wolldecke	een wollen deken [ən 'wolən 'de:kən]
ein Kissen	een kussen [ən 'kʌsən]
Bitte meinen Schlüssel.	Mijn sleutel alstublieft. [mən 'sløːtəl alsty'blift]
Hat jemand nach mir gefragt?	Heeft er iemand naar mij gevraagd? ['he:ft ɛr 'imant na:r mɛi gə'vra:xt]
Ist Post für mich da?	Is er post voor me? ['ɪs ɛr 'pɔst vo:r mə]
Haben Sie Ansichtskarten/Briefmarken?	Heeft U ansichtkaarten/postzegels? ['he:ft y 'ansɪxtka:rtən/'pɔse:xəls]

Wo kann ich diesen Brief einwerfen?	Waar kan ik deze brief posten? ['wa:r kan ɪk de:zə 'brif 'pɔstən]
Wo kann ich telefonieren?	Waar kan ik telefoneren? ['wa:r kan ɪk te:ləfo'ne:rən]
Ich möchte dieses Telegramm aufgeben.	Ik wil dit telegram opgeven. [ɪk 'wɪl dɪt te:lə'xram 'ɔpxe:vən]
Kann ich meine Sachen hier lassen, bis ich wiederkomme?	Kan ik mijn spullen hier laten tot ik weer terugkom? ['kan ɪk mən 'spʌlən 'hi:r 'la:tən tɔt ɪk we:r tə'rʌxkɔm]

Beanstandungen

Klachten

Das Zimmer ist nicht gereinigt worden.	De kamer is niet schoongemaakt. [də 'ka:mər ɪs nit 'sxo:ŋxəma:kt]
Die Dusche	De douche [də 'duʃ]
Die Spülung	De doorspoeling [də 'do:rspuliŋ]
Die Heizung	De verwarming [də vər'warmiŋ]
Das Licht	Het licht [ət 'lɪxt]
Das Radio	De radio [də 'ra:dio]
Der Fernseher funktioniert nicht.	De TV/televisie [də te:'ve:/te:lə'visi] doet het niet. ['dut ət nit]
Der Wasserhahn tropft.	De kraan drupt. [də 'kra:n drʌpt]
Es kommt kein (warmes) Wasser.	Er komt geen (warm) water. [ɛr 'kamt xe:n (warm) 'wa:tər]
Die Toilette/Das Waschbecken ist verstopft.	Het toilet/De wastafel is verstopt. [ət twa'lɛt/də 'wasta:fəl ɪs vər'stɔpt]
Das Fenster schließt nicht/geht nicht auf.	Het raam sluit niet/gaat niet open. [ət 'ra:m 'slœit nit/'xa:t nit 'o:pən]
Der Schlüssel paßt nicht.	De sleutel past niet. [də 'slø:təl 'past nit]

De wastafel is verstopt!

Abreise	**Vertrek**

Ich reise heute abend/morgen um ... Uhr ab.

Ik vertrek vanavond/morgen om ... uur.
[ɪk vər'trɛk van'avənt/'mɔrxən ɔm ... 'y:r]

Bis wann muß ich das Zimmer räumen?

Hoe laat moet ik uit de kamer zijn?
[hu 'la:t mut ɪk œit də 'ka:mər zɛin]

Machen Sie bitte die Rechnung fertig.

Wilt U de rekening opmaken?
['wɪlt y də 're:kənɪŋ 'ɔpma:kən]

Getrennte Rechnungen bitte.

Aparte rekeningen alstublieft.
[a'partə 're:kənɪŋən 'alstyblift]

Die Rechnung stimmt nicht.

De rekening klopt niet.
[də 're:kənɪŋ 'klɔpt nit]

Nehmen Sie deutsches Geld/Euroschecks?

Neemt U Duits geld/eurocheque's aan? ['ne:mt y 'dœits 'xɛlt/'ø:roʃɛks a:n]

Bitte senden Sie meine Post an diese Adresse nach.

Wilt U mijn post naar dit adres doorsturen? ['wɪlt y mən 'pɔst na:r dɪt a'drɛs 'do:rsty:rən]

Lassen Sie bitte mein Gepäck herunterbringen.

Wilt U mijn bagage naar beneden laten brengen?
['wɪlt y mən ba'xa:ʒə na:r bə'ne:dən la:tə 'brɛŋən]

Lassen Sie bitte mein Gepäck zum Bahnhof/zum Air Terminal bringen.

Wilt U mijn bagage naar het station/naar het Air Terminal laten brengen?
['wɪlt y mən ba'xa:ʒə na:r ət sta'sjɔn/na:r ət 'ɛ:r tərmənəl la:tən 'brɛŋən]

Rufen Sie mir bitte ein Taxi.

Wilt U een taxi voor mij roepen?
['wɪlt y ən 'taksi vɔr mɛi 'rupən]

Ich reise mit dem Zug um ... Uhr nach ...

Ik vertrek met de trein van ... uur naar ...
[ɪk vər'trɛk mɛt də 'trɛin van ... 'y:r na:r]

Vielen Dank für alles. Auf Wiedersehen.

Hartelijk dank voor alles. Tot ziens.
['hartələk 'daŋk vo:r 'aləs. tɔt 'sins]

AUSSPRACHE SEITE VII

Camping

Camping

Gibt es in der Nähe einen Campingplatz?	Is er in de buurt een camping? ['ıs ər ın də 'by:rt ən 'kɛmpıŋ]
Wie kommt man hin?	Hoe kom je er? ['hu 'kɔm jə ɛr]
Könnten Sie mir bitte den Weg auf der Karte zeigen?	Kunt U mij alstublieft de weg op de kaart aanwijzen? ['kʌnt y mɛi alsty'blift də 'wɛx ɔp də 'ka:rt 'a:nwɛizən]
Haben Sie noch Platz für einen Wohnwagen/ein Zelt?	Heeft U nog plaats voor een caravan/een tent? ['he:ft y nɔx 'pla:ts vo:r ən 'kɛrəvɛn/ən 'tɛnt]
Wie hoch ist die Gebühr pro Tag und Person?	Hoeveel kost het per dag en per persoon? ['huve:l 'kɔst ət pɛr 'dax ɛn pɛr pər'so:n]

Wie hoch ist die Gebühr für

Hoeveel kost het voor
['huve:l 'kɔst ət vo:r]

    das Auto?   de auto? [də 'o:to]
    den Wohnwagen? de caravan? [də 'kɛrəvɛn]
    das Zelt?   de tent? [də 'tɛnt]

Vermieten Sie Ferien-
häuser/Wohnwagen?

Verhuurt U vakantiehuizen/caravans?
[vər'hy:rt y va'kansihœizən/'kɛrəvɛns]

Wo kann ich meinen
Wohnwagen aufstellen?

Waar kan ik mijn caravan neerzetten? ['wa:r kan ɪk mən 'kɛrəvɛn 'ne:rzɛtən]

Wo kann ich mein Zelt
aufschlagen?

Waar kan ik mijn tent opslaan?
['wa:r kan ɪk mən 'tɛnt 'opsla:n]

Wir bleiben ... Tage/
Wochen.

We blijven ... dagen/weken.
[wə 'blɛivən . . . 'da:xən/'we:kən]

Kann man hier Fahrrä-
der leihen?

Kun je hier fietsen huren?
[kʌn jə 'hi:r 'fitsən hy:rən]

Gibt es hier ein Lebens-
mittelgeschäft?

Is hier een levensmiddelenzaak?
[ɪs 'hi:r ən 'le:vənsmɪdələnza:k]

Wo sind die
Toiletten?
Waschräume?
Duschen?
Abfallbehälter?

Waar zijn de ['wa:r 'zɛin də]
toiletten? [twa'lɛtən]
wasruimten? ['wasrœimtən]
douches? ['duʃəs]
vuilnisemmers? ['vœilnisɛmərs]

Gibt es hier Stroman-
schluß?

Is hier een electriciteitsaansluiting?
[ɪs 'hi:r ən e:lɛktrisi'tɛitsa:nslœitɪŋ]

Wieviel Volt?

Hoeveel volt? ['huve:l 'vɔlt]

Haben Sie 220 oder 110
Volt?

Heeft U tweehonderdtwintig of hon-
derdtien volt?
['he:ft y twe:hɔnder'twɪntəx ɔf hɔndər'tin
'vɔlt]

Wo kann ich Gasfla-
schen umtauschen/aus-
leihen?

Waar kan ik gasflessen omwisselen/
huren?
['wa:r kan ɪk 'xasflɛsən 'ɔmwɪsələn/'hy:rən]

Ist der Campingplatz
bei Nacht bewacht?

Is de camping 's nachts bewaakt?
[ɪs də 'kɛmpɪŋ 'snɑxts bə'wa:kt]

Gibt es hier einen Kin-
derspielplatz?

Is hier een kinderspeelplaats?
[ɪs 'hi:r ən 'kɪndərspe:lpla:ts]

Können Sie mir bitte ...
leihen?

Kunt U mij alstublieft ... lenen?
['kʌnt y mɛi alsty'blift . . . 'le:nən]

In den Niederlanden ist es verboten, außerhalb der Cam-
pingplätze zu zelten oder einen Wohnwagen aufzustellen.

Wortliste Unterkunft

Deutsch	Niederländisch
Anmeldung	aanmelding ['aːmɛldɪŋ]
Apartment	appartement *n* [apartə'mɛnt]
Aschenbecher	asbak ['asbak]
Aufzug	lift [lɪft]
Badezimmer	badkamer ['batkaːmər]
Balkon	balkon *n* [bal'kɔn]
Bett	bed *n* [bɛt]
~decke	deken ['deːkən]
~laken	beddelaken *n* ['bɛdəlaːkən]
~wäsche	beddegoed *n* ['bɛdəxut]
Camping|ausweis	kampeerkaart [kam'peːrkaːrt]
~führer	campingbeheerder ['kɛmpɪŋbəheːrdər]
Dusche	douche [duʃ]
Eimer	emmer ['ɛmər]
Etage	etage [eː'taːʒə]
Fenster	raam *n* [raːm]
	venster ['vɛnstər]
Gas|flasche	gasfles ['xasflɛs]
~kocher	gastoestel *n* ['xastustɛl]
Halbpension	halfpension *n* ['halfpaːʃɔn]
Handtuch	handdoek ['handuk]
Hausschlüssel	huissleutel ['hœislØːtəl]
Heizung	verwarming [vər'warmɪŋ]
Kanister	blik *n* [blɪk]
Kinderbett	kinderbedje *n* ['kɪndərbɛcə]
Kinderspielplatz	kinderspeelplaats ['kɪndərspeːlplaːts]
Kleiderbügel	kleerhanger ['kleːrhaŋər]
Klimaanlage	airconditioning ['ɛːrkɔndɪʃənɪŋ]
Kocher	kooktoestel *n* ['koːktustɛl]
Kochstelle	kookplaats ['koːkplaːts]
Kopfkissen	hoofdkussen *n* ['hoːftkøsən]
Kost und Logis	kost en logies ['kɔst ɛn loː'ʒis]
Kühl|schrank	koelkast ['kulkast]
	ijskast ['ɛiskast]
~tasche	koelbox ['kulbɔks]
Lampe	lamp ['lamp]
Lebensmittelgeschäft	kruidenier [krœidə'niːr]
Leihgebühr	huurprijs ['hyːrprɛis]
Lichtschalter	lichtknopje *n* ['lɪxtknɔpjə]
Luftmatratze	luchtmatras *n* ['lʌxtmaːtras]
Miete	huur [hyːr]
Mitgliedskarte	lidmaatschapskaart ['lɪtmaːtsxapskaːrt]
Motel	motel *n* [moː'tɛl]

Nachttisch	nachtkastje *n* ['nɑxtkɑʃə]
~lampe	nachtlampje *n* ['nɑxtlɑmpjə]
Propangas	propaangas *n* [pro:'pɑ:ŋxɑs]
Schlafsack	slaapzak ['slɑ:psɑk]
Schlüssel	sleutel ['slø:təl]
Schrank	kast [kɑst]
Sessel	fauteuil [fou'tœi]
Spiegel	spiegel ['spixəl]
Spirituskocher	spiritusbrander ['spiritəsbrɑndər]
Steckdose	stopcontact *n* ['stɔpkɔntɑkt]
Stecker	stekker ['stɛkər]
Strom	stroom ['stro:m]
~anschluß	stroomaansluiting ['stro:mɑ:nslœitiŋ]
~spannung	stroomspanning [stro:m'spɑniŋ]
	volt [vɔlt]
Terrasse	terras *n* [tɛ'rɑs]
Toilette	toilet [twɑ:'lɛt]
	w.c. [we:'se:]
Toilettenpapier	toiletpapier *n* [twɑ:lɛtpɑ:'pi:r]
Trinkwasser	drinkwater *n* ['driŋkwɑ:tər]
Übernachtung	overnachting [o:vər'nɑxtiŋ]
Verlängerungs|schnur	verlengsnoer *n* [vər'lɛŋsnu:r]
~woche	een week geprolongeerd [ən 'we:k xəpro:lɔŋ'xe:rt]
vermieten	verhuren [vər'hy:rən]
Vollpension	volledig pension *n* [vɔ'le:dəx pɛn'ʃon]
Vorhang	gordijn *n* [xɔr'dɛin]
Wasch|becken	wastafel ['wɑstɑ:fəl]
~raum	wasvertrek *n* ['wɑsfərtrɛk]
	wasruimte ['wɑsrœimtə]
Wasser	water *n* ['wɑ:tər]
~glas	waterglas *n* ['wɑ:tərxlɑs]
~hahn	waterkraan [wɑ:tərkrɑ:n]
kaltes ~	koud water ['kout wɑ:tər]
warmes ~	warm water ['wɑrm wɑ:tər]
Wohnung	woning ['wo:niŋ]
	flat [flɛt]
Wohnwagen	caravan ['kɛrəvɛn]
Zelt	tent [tɛnt]
zelten	kamperen [kɑm'pe:rən]
Zentralheizung	centrale verwarming [sɛn'trɑ:lə vər'wɑrmiŋ]
Zimmer	kamer ['kɑ:mər]
Zwischenstecker	tussenstekker ['tʌsəstɛkər]

7 Essen und Trinken
Eten en drinken

Im Restaurant

In het restaurant

Wo gibt es hier
  ein gutes Restaurant?

Waar is hier ['waːr ɪs 'hiːr]
  een goed restaurant?
  [ən xut rɛsto'rɑnt]

  ein chinesisches Re-
  staurant?

  een chinees restaurant?
  [ən ʃi'neːs rɛsto'rɑnt]

  einen Schnellimbiß?

  een snelbuffet? [ən 'snɛlbyfɛt]

  eine einfache Gast-
  stätte?

  een eenvoudig restaurant?
  [ən eːn'vɔudəx rɛsto'rɑnt]

  ein typisches Restau-
  rant?

  een typisch restaurant?
  [ən 'tipis rɛsto'rɑnt]

  ein nicht zu teures
  Restaurant?

  een niet te duur restaurant?
  [ən 'nit tə 'dyːr rɛsto'rɑnt]

Wo kann man hier gut
essen?

Waar kun je hier goed eten?
['waːr kʌn jə 'hiːr xut 'eːtən]

Ist dieser Tisch/Platz
noch frei?

Is deze tafel/plaats nog vrij?
[ɪs 'deːze 'taːfəl/'plaːts nɔx 'vrɛi]

Einen Tisch für 2/3 Per-
sonen, bitte.

Een tafel voor twee/drie personen.
[ən 'taːfəl voːr 'tweː/'dri pər'soːnən]

Reservieren Sie uns bitte für heute abend einen Tisch für 4 Personen.

Wilt U voor ons voor vanavond een tafel voor vier personen reserveren?
['wɪlt y voːr 'ɔns voːr van'aːvənt ən 'taːfəl voːr 'viːr pər'soːnən resɛr've:rən]

Bestellung

Bestelling

Herr Ober,
    die Speisekarte,
    die Getränkekarte,
    die Weinkarte,
bitte.

Ober, ['oːbər]
    de spijskaart, [də 'spɛiskaːrt]
    de drankenkaart, [də 'draŋkənkaːrt]
    de wijnkaart, [də 'wɛinkaːrt]
alstublieft! [alsty'blift]

Was können Sie mir empfehlen?

Wat kunt U mij aanbevelen?
['wat 'kʌnt y mə 'aːmbeve:lən]

Geben Sie auch halbe Portionen für Kinder?

Geeft U ook halve porties voor kinderen?
['xeːft y oːk 'halvə 'pɔrsis voːr 'kɪndərən]

● Was nehmen Sie als Vorspeise/Nachtisch?

Wat neemt U als voorgerecht/dessert
['wat 'neːmt y als 'voːrxərɛxt/dɛ'sɛːrt]

Ich nehme ...

Ik neem ... [ɪk 'neːm]

Als Vorspeise/Nachspeise nehme ich ...

Als voorgerecht/dessert neem ik ...
[als 'voːrxərɛxt/dɛ'sɛːrt 'neːm ɪk]

Als Hauptgericht nehme ich ...

Als hoofdgerecht neem ik ...
[als 'hoːftxərɛxt 'neːm ɪk]

Bitte bringen Sie uns ...

Wilt U ons alstublieft ... brengen.
['wɪlt y ɔns alsty'blift ... 'brɛŋən]

Dauert es lange? Wir haben es eilig.

Duurt het lang? We hebben haast.
['dyːrt ət 'laŋ' wə 'hɛbən 'haːst]

● Wie möchten Sie Ihr Steak haben?
    gut durch
    halb durch
    englisch

Hoe wilt U Uw steak hebben?
['hu 'wɪlt y yw 'steːk hɛbən]
    goed doorbakken [xut doːr'bakən]
    half doorbakken [half doːr'bakən]
    op de engelse manier
    [ɔp də 'ɛŋəlsə maˈniːr]

● Was wollen Sie trinken?

Wat wilt U drinken?
['wat wɪlt y 'drɪŋkən]

Bitte ein Glas ...	Een glas ... alstublieft. [ən 'xlas ... alsty'blift]
Bitte eine (halbe) Flasche ...	Een (halve) fles ... alstublieft. [ən ('halvə) 'flɛs ... alsty'blift]
Guten Appetit!	Eet smakelijk! [eːt 'smaːkələk]

Beanstandungen

Klachten

Hier fehlt
   ein Messer.
   eine Gabel.
   ein Löffel.
   ein Teller.
   ein Glas.

Hier ontbreekt ['hiːr ɔnt'breːkt]
   een mes. [ən 'mɛs]
   een vork. [ən 'vɔrk]
   een lepel. [ən 'leːpəl]
   een bord. [ən 'bɔrt]
   een glas. [ən 'xlas]

Das habe ich nicht bestellt.

Dat heb ik niet besteld.
['dat hɛb ɪk 'nit bə'stɛlt]

Das Essen ist kalt/versalzen.

Het eten is koud/te zout.
[ət 'eːtən ɪs 'kɔut/tə 'zɔut]

Das Fleisch ist zäh/zu fett.

Het vlees is taai/te vet.
[ət 'vleːs ɪs 'taːi/tə 'vɛt]

Der Fisch ist nicht frisch.

De vis is niet vers.
[də 'vɪs ɪs nit 'vɛrs]

Nehmen Sie es bitte zurück.

Neemt U het alstublieft terug.
['neːmt y ət alsty'blift tə'rʌx]

Über 600 Restaurants bieten ein *Tourist Menu* an, das aus drei Gängen besteht und überall zum gleichen Preis angeboten wird. Die Zusammensetzung des Menüs variiert jedoch von Ort zu Ort und von Gegend zu Gegend.
Sehr preiswert ißt man auch in den zahlreichen chinesischen und indonesischen Restaurants.

Die Rechnung	De rekening
Bezahlen, bitte.	Betalen, alstublieft. [bə'ta:lən alsty'blift]
Bitte alles zusammen.	Alles bijelkaar. ['aləs bɛiɛl'ka:r]
Getrennte Rechnungen, bitte.	Aparte rekeningen, alstublieft. [a'partə 're:kəniŋən, alsty'blift]
Ist die Bedienung inklusive?	Is de bediening inbegrepen? [is də bə'di:niŋ 'imbəxre:pən]
Das scheint mir nicht zu stimmen.	Dat lijkt mij niet te kloppen. [dat 'lɛikt mə 'nit tə 'klɔpən]
Das habe ich nicht gehabt. Ich hatte ...	Dat heb ik niet gehad. Ik had ... ['dat 'hɛb ik 'nit xə'hat. ik 'hat]
Das ist für Sie.	Dat is voor U. ['dat is vo:r 'y]
Das Essen war ausgezeichnet.	Het eten was uitstekend. [ət 'e:tən was œit'ste:kənt]

Wortliste Essen

Abendessen	avondeten n ['a:vɔnte:tən]
anmachen (Salat)	maken ['ma:kən]
Aschenbecher	asbak ['azbak]
bedienen, sich	zich bedienen [zix bə'dinən]
Besteck	bestek n [bə'stɛk]
Brot	brood n [bro:t]
Brotkorb	broodmandje n ['bro:tmancə]
Dosenöffner	blikopener ['bliko:pənər]
durchgebraten	doorbakken [do:r'bakən]
Eierbecher	eierdopje n ['ɛiərdɔpjə]
entkorken	ontkurken [ɔnt'kʌrkən]
Essig	azijn [a:'zɛin]
Essig- und Ölständer	olie- en azijnhouder [o:li ɛn a:'zɛinhɔudər]
fett	vet [vɛt]
Fett	vet n [vɛt]
Flaschenöffner	flesopener ['flɛzo:pənər]
frisch	vers [vɛrs]
Frühstück	ontbijt n [ɔnd'bɛit]
Füllung	vulling ['vʌliŋ]
Gabel	vork [vɔrk]
Gang	gang [xaŋ]
gar	gaar [xa:r]

gebacken	gebakken [xə'bakən]
gebraten	gebraden [xə'brɑːdən]
am Spieß	aan het spit [ɑːn ət 'spɪt]
vom Grill	van de grill [van də 'xrɪl]
in der Pfanne	in de pan [ɪn də 'pan]
gedämpft/gedünstet	gestoofd [xə'stoːft]
gefüllt	gevuld [xə'vʌlt]
gekocht	gekookt [xə'koːkt]
geräuchert	gerookt [xə'roːkt]
geröstet	geroosterd [xə'roːstərt]
Geschmack	smaak [smɑːk]
Gewürz	kruiden *pl* ['krœidən]
Gräte	graat [xrɑːt]
Gurke	augurk [ɔu'xʌrk]
hungrig sein	honger hebben ['hɔŋər hɛbən]
Kaffeekanne	koffiekan ['kɔfikan]
Kapern	kappertjes ['kapərcəs]
Karaffe	karaf [kaːˈraf]
Kellner	kelner ['kɛlnər]
Kellnerin	serveerster [sɛrˈveːrstər]
	kelnerin [kɛlnəˈrɪn]
Knoblauch	knoflook ['knɔfloːk]
Knochen	bot *n* [bɔt]
kochen	koken ['koːkən]
Korkenzieher	kurketrekker ['kʌrkətrɛkər]
Krug	pot [pɔt]
Löffel	lepel ['leːpəl]
Teelöffel	theelepel ['teːleːpəl]
Lorbeer	laurier [lɔuˈriːr]
mager	mager ['mɑːxər]
Mayonnaise	mayonaise [mɑːjoːˈnɛːsə]
Messer	mes *n* [mɛs]
Mittagessen	middageten *n* ['mɪdɑxeːtən]
	lunch [lʌnʃ]

Die Mittagsmahlzeit ist oft nicht ein warmes Mittagessen, sondern eine Brotmahlzeit, *koffietafel* genannt. Sie besteht aus einer Suppe oder einem Salat als Vorgericht, danach verschiedenen Brotsorten, Aufschnitt und Käse. Dazu trinkt man Kaffee, Tee oder Milch.

Muskatnuß	nootmuskaat [noːtmǝsˈkaːt]
Nelken	kruidnagel [ˈkrœitnaːxǝl]
Ober	kelner [ˈkɛlnǝr]
Öl	olie [ˈoːli]
Oliven	olijven [oːˈlɛivǝn]
Petersilie	peterselie [peːtǝrˈseːli]
Pfeffer	peper [ˈpeːpǝr]
Portion	portie [ˈpɔrsi]
Pilze	paddestoelen [ˈpadǝstulǝn]
roh	rauw [rɔu]
Rost	rooster n [ˈroːstǝr]
saftig	sappig [ˈsapǝx]
Salz	zout n [zɔut]
sauer	zuur [zyːr]
scharf	scherp [sxɛrp]
Scheibe	*(Brot)* boterham [ˈboːtǝram]
	sneetje n [ˈsneːcǝ]
	(Wurst, Käse) schijfje n [ˈsxɛifjǝ]
schmackhaft	smakelijk [ˈsmaːkǝlǝk]
	lekker [ˈlɛkǝr]
Schonkost	dieet n [diˈeːt]
Schüssel	schotel [ˈsxoːtǝl]
Senf	mosterd [ˈmɔstǝrt]
Serviette	servet [sɛrˈvɛt]
Soße	saus [sɔus]
Speise	gerecht n [xǝˈrɛxt]
Suppenteller	soepbord n [ˈsubɔrt]
süß	zoet [zut]
Tablett	dienblad n [ˈdinblat]
Tagesgericht	dagschotel [ˈdaxsxoːtǝl]
Tasse	kopje n [ˈkɔpjǝ]
Teekanne	theepot [ˈteːpɔt]
Teller	bord n [bɔrt]
Tischtuch	tafelkleed n [ˈtaːfǝlkleːt]
Touristenmenu	touristenmenu n [tuˈrɪstǝmǝny]
Untertasse	schotel [ˈsxoːtǝl]
weich	zacht [ˈzaxt]
würzen	kruiden [ˈkrœidǝn]
zäh	taai [taːi]
Zahnstocher	tandenstoker [ˈtandǝstoːkǝr]
zart	zacht [zaxt]
Zitrone	citroen [siˈtrun]
Zuckerdose	suikerpot [ˈsœikǝrpɔt]
Zwiebel	ui [œi]

Bezeichnung niederländischer Gaststätten

bar — Lokal mit Alkoholausschank

bodega — Lokal, in dem man alkoholische Getränke, vorwiegend Wein und Aperitifs, bekommt.

broodjeswinkel — Imbißstube, in der belegte Brote und Brötchen angeboten werden.

café — entspricht dem deutschen Café.

cafetaria — Schnellgaststätte

eethuis — einfaches Restaurant

lunchroom — Restaurant, in dem man eine warme Mittagsmahlzeit einnimmt.

restaurant — entspricht dem deutschen Restaurant.

Gaststätten, die Spirituosen ausschenken, zeigen dies durch den Vermerk *Volledige vergunning* oder *Tapvergunning* am Türschild an.

Spijskaart
Speisekarte

Voorgerechten

Ansjovis
[an'ʃovis]
Sardellen

Ardenner ham
met meloen
[ar'dɛnər ham mɛt mə'lun]
*Ardenner Schinken
mit Melone*

Bokking
['bɔkıŋ]
Geräucherter Hering

Garnalen
[xar'naːlən]
Krabben

Soepen

Bouillon
[bul'jɔn]
Fleischbrühe

Groentesoep
['xruntəsup]
Gemüsesuppe

Kippesoep
['kıpəsup]
Hühnersuppe

Vorspeisen

Kreeften
['kreːftən]
Krebse

Mosselen
['mɔsələn]
Muscheln

Oesters
['ustərs]
Austern

Paling
['paːlıŋ]
Aal

Wijngaardslakken
['wɛinxaːrtslakən]
Weinbergschnecken

Suppen

Heldere Ossestaartsoep
['hɛldərə 'ɔsəstaːrtsup]
Klare Ochsenschwanzsuppe

Tomatensoep
[toː'maːtəsup]
Tomatensuppe

Uiensoep
['œiəsup]
Zwiebelsuppe

Vis en schaaldieren

Forel
[foːˈrɛl]
Forelle

Garnalen
[xarˈnaːlən]
Krabben

Haring
[ˈhaːrɪŋ]
Hering

Inktvis
[ˈɪŋktvɪs]
Tintenfisch

Kabeljauw
[ˈkaːbəljau]
Kabeljau

Kreeft
[kreːft]
Krebs

Makreel
[maːkreːl]
Makrele

Mosselen
[ˈmɔsələn]
Muscheln

Gebakken Paling
[xəˈbakə ˈpaːlɪŋ]
Gebackener Aal

Fisch und Schalentiere

Rivierkreeft
[riˈviːrkreːft]
Flußkrebs

Schelvis
[ˈsxɛlvɪs]
Schellfisch

Schol
[sxɔl]
Scholle

Stokvis
[ˈstɔkvɪs]
Stockfisch

Tarbot
[ˈtarbɔt]
Steinbutt

Tonijn
[toːˈnɛin]
Thunfisch

Zalm
[zalm]
Lachs

Zeekreeft
[ˈzeːkreːft]
Hummer

Zeetong
[ˈzeːtɔŋ]
Seezunge

Gevogelte en wild

Eend
[e:nt]
Ente

Gans
[xɑns]
Gans

Kalkoen
[kɑl'kun]
Truthahn

Kip
[kɪp]
Huhn

Geflügel und Wild

Kippeborst
['kɪpəbɔrst]
Hühnerbrust

Kippelevertjes
['kɪpə'le:vərcəs]
Hühnerleber

Konijntje
[ko:'nɛincə]
Kaninchen

Bijgerechten

Aardappelen
['a:rdapələn]
Kartoffeln

Gebakken aardappelen
[xə'bakən 'a:rdapələn]
Bratkartoffeln

Gekookte aardappelen
[xə'ko:ktə 'a:rdapələn]
Salzkartoffeln

Beilagen

Friet
[frit]
Pommes frites

Gemengde sla
[xə'mɛŋdə sla:]
Gemischter Salat

Rijst
[rɛist]
Reis

Vleesgerechten

Biefstuk
['bifstʌk]
Beefsteak

Blinde vinken
['blɪndə 'vɪŋkən]
Kalbfleischrouladen

Kalfszwezerik
['kalfszwe:zərək]
Kalbsbries

Fleischgerichte

Lever
['le:vər]
Leber

Ossetong
['ɔsətɔŋ]
Ochsenzunge

Varkenshaasje
['vɑrkənsha:ʃə]
Schweinelende

Groenten

Asperges
[ɑs'pɛrʒəs]
Spargel

Bonen
['bo:nən]
Bohnen

Cichorei
[sixo:'rɛi]
Chicorée

Doperwten
['dɔpɛrtən]
junge Erbsen

Gemüse

Koolraap
['ko:lra:p]
Kohlrabi

Prei
[prɛi]
Porree

Spruitjes
['sprœicəs]
Rosenkohl

Kleine Gerechten

Lunchsnack
['lʌnʃsnak]
Lunchbrot

Omelet
[ɔmə'lɛt]
Omelette

Pasteitje
[pɑs'tɛicə]
Pastetchen

Kleine Gerichte

Twaalf uurtje
[twa:lf 'y:rcə]
Lunchmahlzeit

Salade
[sa:'la:də]
Bunter Salat

Uitsmijter
['œitsmɛitər]
Strammer Max

Stamppot

Boerenkool met worst
['bu:rəko:l mɛt 'wɔrst]
Grünkohl mit Wurst

Erwtensoep met kluif
['ɛrtəsup mɛt 'klœif]
*Erbsensuppe mit Wurst
und Schweinefleisch*

Eintopfgerichte

Hutspot
['hʌtspɔt]
*Möhren, Kartoffeln und
Lende*

Jachtschotel
['jɑxtsxo:təl]
*Wildklein mit Äpfeln
und Kartoffelpüree*

Nagerechten

IJs
[ɛis]
Eis

IJskoffie
['ɛiskɔfi]
Eiskaffee

IJstaart
['ɛistaːrt]
Eistorte

Roomijs
['roːmɛis]
Sahneeis

Slagroom
['slɑxroːm]
Schlagsahne

Nachspeisen

Citroenmousse
[si'trunmus]
Zitronenschaumspeise

Compote
[kɔm'pɔt]
Kompott

Flensjes
['flɛnʃəs]
Crêpes

Fruitsalade
[frœitsaːˈlaːdə]
Obstsalat

Gember met room
['xɛmbɛr mɛt 'roːm]
Ingwer mit Sahne

Pannekoek
['panəkuk]
Pfannkuchen

Poffertjes
['pɔfərcəs]
Kleine Pfannkuchen

Frisdranken

Cacao
[kaːˈkɑu]
Kakao

Koffie
[ˈkɔfi]
Kaffee

Melk
[mɛlk]
Milch

Thee
[teː]
Tee

Alkoholfreie Getränke

Appelsap
[ˈɑpəlsɑp]
Apfelsaft

Limonade
[liːmoːˈnɑːdə]
Limonade

Mineraalwater
[minəˈrɑːlwɑːtər]
Mineralwasser

Sinaasappelsap
[ˈsinɑːzɑpəlsɑp]
Orangensaft

Tomatensap
[toːˈmɑːtəsɑp]
Tomatensaft

Alcoholische Dranken

Bier
[biːr]
Bier

Bier van het vat
[ˈbiːr vɑn ət ˈvɑt]
Bier vom Faß

Flessebier
[ˈflɛsəbiːr]
Flaschenbier

Wijn
[wɛin]
Wein

Alkoholische Getränke

Brandewijn
[ˈbrɑndəwɛin]
Weinbrand

Bittertje
[ˈbɪtərcə]
Genever mit Angostura

Jenever
[jəˈneːvər]
Genever

Likeur
[liˈkøːr]
Likör

8 In der Stadt
In de stad

Auf dem Verkehrsbüro

Bij de VVV

Können Sie mir bitte ein Hotelverzeichnis geben.

Kunt U mij alstublieft een hotellijst geven?
['kʌnt y mɛi alsty'blift ən ho'tɛlɛist 'xe:vən]

Ich möchte einen Stadtplan von ... haben.

Ik wil graag een plattegrond van ... hebben.
[ɪk wɪl 'xra:x ən platə'xrɔnt van ... 'hɛbən]

Haben Sie Prospekte von ...?

Heeft U een prospektus van ...?
['he:ft y ən prɔ'spɛktʌs van]

Haben Sie einen Veranstaltungskalender für diese Woche?

Heeft U een uitgaansprogram voor deze week?
['he:ft y ən 'œitxa:nspro:'xram vo:r 'de:ze 'we:k]

Gibt es Stadtrundfahrten?

Zijn hier ook rondritten/rondvaarten door de stad?
['zɛin hi:r 'o:k 'rɔntrɪtən/'rɔntfa:rtən do:r də 'stat]

Was kostet die Rundfahrt?

Hoeveel kost de rondrit/rondvaart?
['huve:l 'kɔst də 'rɔntrɪt/'rɔntfa:rt]

Wann fährt der Bus/das Boot ab?

Wanneer vertrekt de bus/boot?
[wɑˈneːr vərˈtrɛkt də ˈbʌs/ˈboːt]

Von wo fährt er/es ab?

Waar vertrekt hij?
[ˈwɑːr vərˈtrɛkt hɛi]

Erkundigung nach dem Weg

Vragen naar de weg

Bitte, wo ist ...?

Waar is ...? [ˈwɑːr ˈɪs]

Können Sie mir sagen, wie ich nach ... komme?

Kunt U me zeggen, hoe ik naar ... moet?
[ˈkʌnt y mə ˈzɛxən ˈhu ik nɑːr ... ˈmut]

Wie weit ist es zum/zur ...?

Hoe ver is het naar ...?
[hu ˈvɛr ɪs ət nɑːr]

Ist es weit zum/zur ...?

Is het ver naar ...? [ɪs ət ˈvɛr nɑːr]

Welches ist der kürzeste Weg nach/zu ...?

Wat is de kortste weg naar ...?
[ˈwat ɪs də ˈkɔrtstə ˈwɛx nɑːr]

- Es ist (nicht) weit.

Het is (niet) ver. [ət ɪs (ˈnit) ˈvɛr]

- Es ist ganz in der Nähe.

Het is erg dichtbij. [ət ɪs ˈɛrx dɪxˈbɛi]

- Gehen Sie geradeaus.

Gaat U rechtdoor. [xɑːt y rɛxˈdoːr]

- Gehen Sie nach links/nach rechts.

Gaat U naar links/naar rechts.
[ˈxɑːt y nɑːr ˈlɪŋks/nɑːr ˈrɛxts]

- Erste/Zweite Straße links/rechts.

Eerste/Tweede straat links/rechts.
[ˈeːrstə/ˈtweːdə strɑːt ˈlɪŋks/ˈrɛxts]

- Gehen Sie über
  die Brücke.
  den Platz.
  die Straße.

Gaat U over [ˈxɑːt y oːvər]
  de brug. [də ˈbrʌx]
  het plein. [ət ˈplɛin]
  de straat. [də ˈstrɑːt]

- Dann fragen Sie noch einmal.

Dan vraagt U het nog een keer.
[ˈdan ˈvrɑːxt y ət ˈnox ən keːr]

- Sie können
  den Bus
  die Straßenbahn
  die U-Bahn

  den Obus
  'nmen.

U kunt [y ˈkʌnt]
  de bus [də ˈbʌs]
  de tram [də ˈtrɛm]
  de metro/ondergrondse
  [də ˈmeːtro/ˈɔndərxrɔnsə]
  de trolley(bus) [də ˈtrɔli(bʌs)]
nemen. [ˈneːmən]

Bus, Straßenbahn, U-Bahn

Bus, tram, metro

Welcher Bus/Welche Straßenbahn fährt nach ...?

Welke bus/tram rijdt naar ...?
['wɛlkə bʌs/'trɛm 'rɛit naːr]

Welche U-Bahn-Linie fährt nach ...?

Welke metro-lijn gaat naar ...?
['wɛlkə 'meːtrolɛin 'xaːt naːr]

Bitte, wo ist die nächste Bus-/Straßenbahn-Haltestelle?

Waar is de volgende bushalte/tramhalte?
['waːr ɪs də 'vɔlxəndə 'bʌshaltə/'trɛmhaltə]

Wo ist die nächste U-Bahnstation?

Waar is het volgende metrostation?
['waːr ɪs ət 'folxəndə 'meːtrostasjɔn]

Welche Linie fährt nach ...?

Welke lijn gaat naar ...?
['wɛlke 'lɛin 'xaːt naːr]

In welche Richtung muß ich fahren?

In welke richting moet ik rijden?
[ɪn 'wɛlke 'rɪxtɪŋ mut ɪk 'rɛidən]

Wieviele Haltestellen sind es?

Hoeveel haltes zijn er?
['huveːl 'haltəs_'sɛin ɛr]

Wo muß ich aussteigen/umsteigen?

Waar moet ik uitstappen/overstappen?
['waːr mut ɪk 'œitstapən/'oːvərstapən]

Sagen Sie mir bitte, wenn wir dort sind.

Wilt U het me alstublieft zeggen als we er zijn?
['wɪlt y ət mə alsty'blift 'zɛxən als wə ɛr 'zɛin]

Bitte, einen Fahrschein nach ...

Een kaartje naar ... [ən 'kaːrcə naːr]

Bitte eine Touristenkarte.

Een touristenkaartje. [ən tu'rɪstəkaːrcə]

Amsterdam: Am Rokin

Amsterdam: Hauptpostamt

Taxi

Taxi

Wo ist der nächste Taxistand?

Waar is de volgende taxistandplaats?
['wa:r ɪs də 'vɔlxəndə 'taksistantpla:ts]

Zum Bahnhof.

Bij het station. [bɛi ət sta'sjɔn]

Zum ... Hotel.

Bij het ... hotel. [bɛi ət ... ho'tɛl]

In die ... Straße.

In de ... straat. [ɪn də ... 'stra:t]

Nach ..., bitte.

Naar ... alstublieft. [na:r ... alsty'blift]

Wieviel kostet es nach ...?

Hoe duur is het naar ...?
['hu 'dy:r ɪs ət na:r]

Das ist für Sie.

Dat is voor U. ['dat ɪs vo:r 'y]

Stadtrundfahrt, Ausflüge

Stadsrondrit/Rondvaarten, uitstapjes

Welche Sehenswürdigkeiten gibt es hier?

Welke bezienswaardigheden zijn hier?
['wɛlke bəzins'wa:rdəxhe:dən 'zɛin hi:r]

Wir möchten
 die Ausstellung

We willen graag [wə 'wɪlən xra:x]
 de tentoonstelling/expositie
 [də tɛn'to:nstɛliŋ/ɛkspo'sitsi]

 das Museum
 das Schloß
 die Kirche
besichtigen.

 het museum [ət my'ze:ʌm]
 het kasteel [ət kas'te:l]
 de kerk [də 'kɛrk]
bezichtigen. [bə'zixtəxən]

Wann ist das Museum geöffnet?

Wanneer is het museum geopend?
[wa'ne:r ɪs ət my'ze:ʌm xə'o:pənt]

Wann beginnt die Führung?

Wanneer begint de rondleiding?
[wa'ne:r bə'xɪnt də 'rɔntlɛidiŋ]

Gibt es auch eine Führung in Deutsch?

Is er ook een rondleiding in het Duits?
['ɪs ər ɔk ən 'rɔntlɛidiŋ ɪn ət 'dœits]

Darf man hier fotografieren?

Mag je hier fotograferen?
['max jə 'hi:r fotoxra'fe:rən]

Was für . . . ist das?
Wat is dat voor
[wat iz dat vo:r]

 ein Gebäude
 een gebouw? [ən xə'bɔu]

 ein Platz
 een plein? [ən 'plɛin]

 eine Kirche
 een kerk? [ən 'kɛrk]

Wann wurde dieses Gebäude erbaut?
Wanneer werd het gebouwd?
[wa'ne:r wɛrt ət xə'bɔut]

Ist das . . .?
Is dat . . .? [ɪs 'dat]

Kommen wir am/an . . . vorbei?
Komen we langs . . .? ['ko:mən wə 'laŋs]

Besichtigen wir auch . . .?
Bezichtigen we ook . . .?
[bə'zɪxtəxən wə 'o:k]

Wieviel freie Zeit haben wir in . . .?
Hoeveel vrije tijd hebben we in . . .?
['huve:l vrɛiə 'tɛit 'hɛbən wə ɪn]

Wann fahren/kommen wir zurück?
Wanneer rijden/komen we terug?
[wa'ne:r 'rɛidən/'ko:mən wə tə'rʌx]

Wann werden wir zurück sein?
Wanneer zullen we terug zijn?
[wa'ne:r 'zʌlən wə tə'rʌx sɛin]

Kirche, Gottesdienst   Kerk, kerkdienst

Wo ist die katholische/evangelische Kirche?
Waar is de katholieke/protestantse kerk?
['wa:r ɪs də kato'likə/protɛs'tansə 'kɛrk]

Wo ist die . . . Kirche/der Dom?
Waar is de . . . kerk/de dom?
['wa:r ɪs də . . . 'kɛrk/də 'dɔm]

Wann findet der Gottesdienst statt?
Hoe laat begint de kerkdienst?
['hu 'la:t bə'xɪnt də 'kɛrkdi:nst]

Ist heute eine Taufe/eine Trauung?
Is er vandaag een doop/een huwelijk?
['ɪs ɛr van'da:x ən 'do:p/ən 'hy:wələk]

Werden Kirchenkonzerte veranstaltet?
Worden er kerkconcerten gehouden?
['wordən ər kɛrkɔn'sɛrtən xə'houdən]

Wann kann man die Kirche/die Kapelle besichtigen?
Wanneer kun je de kerk/de kapel bezichtigen?
[wa'ne:r kʌn jə də 'kɛrk/də ka'pɛl bə'zɪxtəxən]

Wo wohnt der Pfarrer/der Pastor/der Kirchendiener?	Waar woont de pastoor/de dominee/de koster? ['wa:r wo:nt də pas'to:r/də domi'ne:/də 'kɔstər]
Wir möchten gerne die Kirche besichtigen.	We willen de kerk graag bezichtigen. [wə 'wɪlən də 'kɛrk xra:x bə'zɪxtəxən]
Können Sie uns bitte begleiten/den Schlüssel geben.	Kunt U ons alstublieft begeleiden/de sleutel geven? ['kʌnt y ɔns alsty'blift bəxə'lɛidən/də 'sløːtəl xe:vən]

Wortliste Stadt — Sehenswürdigkeiten

Abtei	abdij [ab'dɛi]
Allee	laan [la:n]
	allee [a'le:]
Altar	altaar *n* ['alta:r]
Ausgrabungen	opgravingen ['ɔpxra:vɪŋən]
Ausstellung	tentoonstelling [tɛn'to:nstɛlɪŋ]
	expositie [ɛkspo:'sitsi]
barock	barok [ba:'rɔk]
Besichtigung	bezichtiging [bə'zɪxtəxɪŋ]
Bibliothek	bibliotheek [biblio:'te:k]
Bild	schilderij [sxɪldə'rɛi]
~ hauer	beeldhouwer ['be:lthɔuwər]
Blumenmarkt	bloemenmarkt ['blumənmarkt]
Bogen	boog [bo:x]
~ gang	overdekte gang [o:vər'dɛktə xaŋ]
	arcade [ar'ka:də]
Botanischer Garten	botanische tuin [bo'ta:nisə 'tœin]
Botschaft	ambassade [amba'sa:də]
Brücke	brug [brʌx]
Brunnen	bron [brɔn]
Burg	burcht [bʌrxt]
Bürgermeister	burgemeester [bərxə'me:stər]
Chor	koor *n* [ko:r]
~ stuhl	koorstoel ['ko:rstul]
Christ	christen ['krɪstən]

Die meisten Kirchen sind nur während der Gottesdienste geöffnet. Zu den übrigen Zeiten wende man sich an den Küster.

Niederlande

1 Amsterdam: Bürgerhäuser
2 Amsterdam: Prinsengracht

3 Gouda: Waage
4 Hoorn am Jjsselmeer
5 Middelburg: Rathaus
6 Amsterdam: Königl. Schloß

Christentum	christendom *n* ['krɪstəndɔm]
Denkmal	monument *n* [moːnyˈmɛnt]
Dom	dom [dɔm]
Drehorgel	draaiorgel *n* ['draːjɔrxəl]
Endstation	eindstation *n* ['ɛintstaʃɔn]
Fassade	façade [faˈsaːdə]
	voorgevel ['voːrxeːvəl]
Flohmarkt	vlooienmarkt ['vloːjəmarkt]
Flügel	vleugel ['vløːxəl]
Fresko	fresco *n* ['frɛsko]
Friedhof	kerkhof *n* ['kɛrkhɔf]
Führung	rondleiding ['rɔndlɛidɪŋ]
Fundbüro	bureau *n* voor gevonden voorwerpen [byˈroː voːr xəˈvɔndə ˈvoːrwɛrpən]
Galerie	galerij [xaːləˈrɛi]
	(Kunst) galerie [xaːləˈri]
Gasse	steeg [steːx]
Gebäude	gebouw *n* [xəˈbɔuw]
Gehsteig	trottoir *n* [trɔˈtwaːr]
	voetpad *n* ['vutpɑt]
Geistlicher	geestelijke ['xeːstələkə]
Gemälde	schilderij *n* [sxɪldəˈrɛi]
Geschäft	zaak [zaːk]
	winkel ['wiŋkəl]
Gewölbe	gewelf *n* [xəˈwɛlf]
Giebel	gevel ['xeːvəl]
Glocke	klok [klɔk]
Glockenspiel	beiaard ['bɛjaːrt]
	klokkenspel *n* ['klɔkəspɛl]
	carillon *n* [kaːrɪlˈjɔn]
gotisch	gotisch ['xoːtis]
Gottesdienst	kerkdienst ['kɛrkdinst]
	godsdienstoefening ['xɔtsdinstufənɪŋ]
Grab	graf *n* [xraf]
~ stein	zerk [zɛrk]
Gracht	gracht [xrɑxt]
Grünanlage	plantsoen *n* [plɑntˈsun]
Hafen	haven ['haːvən]
Haltestelle	halte ['hɑltə]
Hof	hof *n* [hɔf]
	binnenplaats ['bɪnəplaːts]
Hünengrab	hunebed *n* ['hynəbɛt]
Innenstadt	binnenstad ['bɪnəstɑt]
Jahrhundert	eeuw [eːw]

Jude	jood [jo:t]
Kanzel	kansel ['kansəl]
Kapelle	kapel [ka:'pɛl]
Kathedrale	kathedraal [ka:tə'dra:l]
Katholik	katholiek [ka:to:'lik]
Kino	bioscoop [biɔs'ko:p]
Kirche	kerk [kɛrk]
Kirchen|diener	koster ['kɔstər]
~konzert	kerkconcert n ['kɛrkɔnsɛrt]
Kirchturm	kerktoren ['kɛrkto:rən]
Konfession	geloofsbelijdenis ['xlo:fsbəlɛidənıs]
Konsulat	consulaat n [kɔnsy'la:t]
Kopie	kopie [ko:'pi]
Krankenhaus	ziekenhuis n ['zikənhœis]
Kreuz	kruis n [krœis]
~gang	kruisgang ['krœisxaŋ]
Krypta	crypte ['krıptə]
Kuppel	koepel ['kupəl]
Leuchter	luchter ['lʌxtər]
Leuchtturm	vuurtoren ['vy:rto:rən]
Maler	schilder ['sxıldər]
Markt	markt [markt]
Marmor	marmer n ['marmər]
Messe	jaarbeurs ['ja:rbø:rs]
Methodist	methodist [me:to:'dıst]
Mittelalter	middeleeuwen pl ['mıdəle:wən]
mittelalterlich	middeleeuws ['mıdəle:ws]
Mittelschiff	middenschip n ['mıdəsxıp]
Mosaik	mozaïek n [mo:za'ik]
Museum	museum n [my'ze:jəm]
Öffnungszeit	openingstijd ['o:pənıŋstɛit]
Oper	opera ['o:pəra]
Orgel	orgel n ['ɔrxəl]
Original	origineel n [ɔriʒi'ne:l]
Palast	paleis n [pa:'lɛis]
Park	park n [park]
Pavillon	paviljoen n [pa:vıl'jun]
Pfarrer	(ev.) dominee ['do:mine:]
	(kath.) pastoor [pas'to:r]
Pfeiler	pilaar [pi'la:r]
Platz	plein n [plɛin]
Portal	portaal n [pɔr'ta:l]
Predigt	preek [pre:k]

1 Seebad Zoutelande
2 Bei Kinderdijk
3 Bei Assen
4 Bei Nijmegen

Protestant	protestant [proːtɛsˈtant]
Querschiff	dwarsschip *n* [ˈdwarsxɪp]
Rathaus	raadhuis *n* [ˈraːthœis]
	stadhuis *n* [statˈhœis]
Religion	godsdienst [ˈxotsdinst]
romanisch	romaans [roˈmaːns]
Ruine	ruïne [ryˈinə]
Rundfahrt	*(Boot)* rondvaart [ˈrontfaːrt]
	(Bus) rondrit [ˈrontrɪt]
Sakristei	sakristie [saːkrɪsˈti]
Sarkophag	sarcofaag [sarkoˈfaːx]
Säule	zuil [zœil]
Schaufenster	etalage [eːtaːˈlaːʒə]
Schiff	schip *n* [sxɪp]
Schloß	slot *n* [slɔt]
	kasteel *n* [kaˈsteːl]
Schule	school [sxoːl]
Sehenswürdigkeiten	bezienswaardigheden [bəzinsˈwaːrdəxheːdən]
Stadtgraben	stadsgracht [ˈstatsxraxt]
Stadtrundfahrt	rondrit door de stad [ˈrontrɪt doːr də ˈstat]
Stadtteil	wijk [wɛik]
Stadtzentrum	centrum *n* van de stad [ˈsɛntrəm van də ˈstat]
Statue	standbeeld *n* [ˈstandbeːlt]
Sternwarte	sterrenwacht [ˈstɛrəwaxt]
Stil	stijl [stɛil]
Straße	straat [straːt]
Synagoge	synagoge [sinaːˈxoːxə]
Taufbecken	doopvont *n* [ˈdoːpfɔnt]
Taxistand	taxistandplaats [ˈtaksistantplaːts]
Tempel	tempel [ˈtɛmpəl]
Theater	theater *n* [teˈaːtər]
	schouwburg [ˈsxouwbərx]
Tor	poort [poːrt]
Tulpenfeld	bollenveld *n* [ˈbɔləvɛlt]
Turm	toren [ˈtoːrən]
U-Bahn	ondergrondse [ɔndərˈxrontsə]
	metro [ˈmeːtroː]
Umgebung	omgeving [ɔmˈxeːvɪŋ]
Universität	universiteit [ynivɛrziˈtɛit]
Vorort	voorstad, -steden [ˈvoːrstat]
Windmühle	windmolen [ˈwɪntmoːlən]

9 Auf der Post
Op het postkantoor

Wo ist das nächste Postamt?

Waar is het dichtstbijzijnde postkantoor?
['wa:r ɪs ət 'dɪxstbɛizɛində 'pɔskanto:r]

Ich suche einen Briefkasten.

Ik zoek een brievenbus.
[ɪk 'suk ən 'brivəbʌs]

Was kostet ein Brief/
eine Ansichtskarte
  nach Deutschland?
  nach Österreich?
  in die Schweiz?

Hoe duur is een brief/ansichtkaart
['hu 'dy:r ɪs ən 'brif/'ansɪxtka:rt]
  naar Duitsland? [na:r 'dœitslant]
  naar Oostenrijk? [na:r 'o:stərɛik]
  naar Zwitserland? [na:r 'zwɪtsərlant]

Drei Briefmarken zu ...,
bitte.

Drie postzegels van ... alstublieft.
['dri 'pɔse:xəls van ... alsty'blift]

Diesen Brief bitte
  per Einschreiben.
  als Luftpost.
  Express.

Deze brief ['de:ze 'brif]
  aangetekend. ['a:ŋəte:kənt]
  per luchtpost. [pɛr 'lʌxtpɔst]
  per expresse. [pɛr ɛks'prɛs]

Kann ich bei Ihnen auch
Sondermarken bekommen?

Kan ik bij U ook speciaal uitgegeven
postzegels krijgen?
['kan ɪk bɛi 'y: o:k spe:'sja:l 'œitxəxe:vən 'pɔse:xəls krɛixən]

| Diesen Satz, bitte. | Deze serie, alstublieft. |
| | ['de:ze 'se:ri alsty'blift] |

| Je eine Marke, bitte. | Elk een zegel, alstublieft. |
| | ['ɛlk 'e:n 'se:xəl alsty'blift] |

Postlagernd

Poste restante

Ist Post für mich da?
Mein Name ist ...

Is er post voor mij? Mijn naam is ...
[ɪs ɛr 'post vo:r mɛi? mɛin 'na:m ɪs]

● Nein, es ist nichts da.

Nee, er is niets. ['ne:, ɛr ɪs 'nits]

● Ja, es ist etwas da. Ihren
Ausweis, bitte.

Ja, er is iets. Uw persoonsbewijs,
alstublieft.
[ja, ɛr 'ɪs its. yw pər'so:nsbəwɛis,
alsty'blift]

Ferngespräche und
Telegramme

Interlokale
telefoongesprekken en
telegrammen

Ich möchte ein Tele-
gramm aufgeben.

Ik wil graag een telegram opgeven.
[ɪk 'wɪl 'xra:x ən te:lə'xram 'ɔpxe:vən]

Können Sie mir bitte
beim Ausfüllen helfen?

Kunt U me alstublieft helpen bij het
invullen?
['kʌnt y mə alsty'blift 'hɛlpən bɛi ət
'ɪnfʌlən]

Was kostet ein Wort?	Hoeveel kost één woord? ['huve:l 'kost e:n 'wo:rt]
Bis 10 Worte kostet es . . ., jedes weitere Wort . . .	Tot tien woorden kost het . . . elk volgend woord . . . [tot 'tin 'wo:rdən 'kost ət . . . 'ɛlk 'folxənd 'wo:rt]
Kommt das Telegramm heute noch in . . . an?	Komt het telegram vandaag nog aan in . . .? ['komt ət_te:lə'xram van'da:x nox 'a:n ɪn]
Wo ist die nächste Telefonzelle?	Waar is de dichtstbijzijnde telefooncel? ['wa:r ɪs də 'dɪxstbɛizɛində te:lə'fo:nsɛl]
Können Sie mir bitte wechseln? Ich brauche Kleingeld zum Telefonieren.	Kunt U wisselen? Ik heb kleingeld nodig om te telefoneren. ['kʌnt y 'wɪsələn? ɪk hɛp 'klɛingɛlt no:dəx om tə teləfo'ne:rən]
Können Sie mir bitte eine Telefonmünze geben?	Kunt U me een telefoonmunt geven? [kʌnt y mə ən te:lə'fo:mʌnt xe:vən]
Bitte ein Ferngespräch nach . . .	Een interlokaal gesprek naar . . . [ən ɪntərlo:'ka:l xə'sprɛk 'na:r]
Gehen Sie in Kabine Nr. . . .	Gaat U in cel nummer . . . ['xa:t y ɪn 'sɛl 'nʌmər]
Die Leitung ist besetzt.	De lijn is bezet. [də 'lɛin ɪs 'bəzɛt]
Es meldet sich niemand.	Er meldt zich niemand. [ɛr 'mɛlt sɪx 'nimant]
Bleiben Sie bitte am Apparat.	Blijft U alstublieft aan het apparaat. ['blɛift y alsty'blift a:n ət apa'ra:t]
Hallo, mit wem spreche ich?	Hallo, met wie spreek ik? [ha'lo:, mɛt 'wi 'spre:k ɪk]
Hier spricht . . .	U spreekt met . . . [y 'spre:kt mɛt]
Kann ich bitte Herrn/Frau/Fräulein . . . sprechen?	Kan ik meneer/mevrouw/juffrouw . . . spreken? [kan ɪk mə'ne:r/mə'vrou/'jʌfrou . . . 'spre:kən]

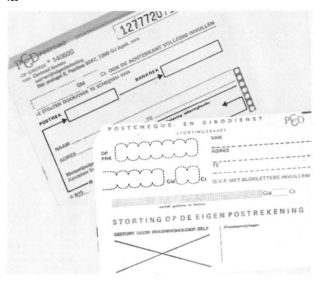

Vorwahlnummern:

Bundesrepublik Deutschland	09 49
Österreich	09 43
Schweiz	09 41

Wortliste Post

absenden	versturen [vər'styrən]
Absender	afzender ['afsɛndər]
Adresse	adres *n* [ɑːˈdrɛs]
Anruf	telefoontje *n* [teːləˈfoːncə]
anrufen	opbellen ['ɔbɛlən]
	telefoneren [teːləfoːˈneːrən]
Ansichtskarte	ansichtkaart ['ɑnzɪxtkɑːrt]
aufgeben	opgeven, gaf op, opgegeven ['ɔpxeːvən]
Auslandsgespräch	internationaal gesprek *n* ['ɪntərnɑːʃoːnɑːl xəˈsprɛk]
Bestimmungsort	plaats van bestemming ['plɑːts fɑn bəˈstɛmɪŋ]
Brief	brief [brif]
~ kasten	brievenbus ['brivəbəs]
~ marke	postzegel ['pɔstseːxəl]
~ markenautomat	postzegelautomaat ['pɔstseːxəloutoːˈmɑːt]
~ träger	postbode ['pɔsdboːdə]
~ umschlag	envelop(pe) [ãvəˈlɔp(ə)]
Drucksache	drukwerk *n* ['drʌkwɛrk]
durchwählen	doorverbinden ['doːrvərbɪndən]
Eilbrief	expresbrief [ɛksˈprɛsbrif]
Einschreibebrief	aangetekende brief ['ɑːŋxəteːkəndə 'brif]
Empfänger	ontvanger [ɔntˈfaŋər]
Ferngespräch	interlokaal gesprek *n* [ɪntərloːˈkɑːl xəˈsprɛk]
Fernsprechamt	telefoonkantoor *n* [teːləˈfoːŋkɑntoːr]
Formular	formulier *n* [fɔrmyˈliːr]
frankieren	frankeren [frɑŋˈkeːrən]
Gebühr	kosten ['kɔstən]
Gewicht	gewicht *n* [xəˈwɪxt]
Hörer	hoorn [hoːrn]
Leerung	lichting ['lɪxtɪŋ]

Streekpost —
Nähere Umgebung.
Overige Bestemmingen —
Übrige Bestimmungsorte
Prentkaarten — Ansichtskarten

Luftpost	luchtpost [ˈlʌxtpɔst]
mit ~	per luchtpost [pɛr ˈlʌxtpɔst]
Münzfernsprecher	telefoonautomaat [te:ləˈfo:nɔuto:ma:t]
Münzwechsler	wisselautomaat [ˈwɪsəlɔuto:ma:t]
Nachnahme, per	onder rembours [ˈɔndər rɛmˈbu:rs]
nachsenden	nasturen [ˈna:styrən]
Ortsgespräch	plaatselijk gesprek n [ˈpla:tsələk xəˈsprɛk]
Päckchen	pakje n [ˈpakjə]
Paket	pakket n [paˈkɛt]
Porto	porto n [ˈpɔrto:]
Post|amt	postkantoor n [ˈpɔstkanto:r]
~ anweisung	postwissel [ˈpɔstwɪsəl]
~ karte	briefkaart [ˈbrifka:rt]
~ lagernd	poste restante [ˈpɔstə rɛsˈtantə]
~ sparbuch	spaarbankboekje n [ˈspa:rbaŋgbukjə]
R-Gespräch	betaalde oproep (B. O.) [bəˈta:ldə ˈɔprup (be:ˈo:)]
Schalter	loket n [loˈkɛt]
Sondermarke	speciale postzegel [spe:ˈʃa:lə ˈpɔstse:xəl]
Telefon	telefoon [te:ləˈfo:n]
~ buch	telefoonboek n [te:ləˈfo:nbuk]
~ gespräch	telefoongesprek n [te:ləfo:ŋxəˈsprɛk]
~ nummer	telefoonnummer [te:ləˈfo:nəmər]
~ zelle	telefooncel [te:ləˈfo:nsɛl]
Telegramm	telegram n [te:ləˈxram]
Übergewicht	overgewicht n [ˈo:vərxəwɪxt]
~ haben	overgewicht hebben [ˈo:vərxəwɪxt hɛbən]
Überweisung, telegrafische	telegrafische overboeking [te:ləˈxra:fisə ˈo:vərbukɪŋ]
Verbindung	verbinding [vərˈbɪndɪŋ]
Vermittlung	informatie [infɔrˈma:tsi]
Voranmeldung	telefoongesprek met voorbericht [teləˈfo:ŋxəsprɛk mɛt ˈvo:rbərɪxt]
Vordruck	formulier n [fɔrmyˈli:r]
Vorwahlnummer	netnummer n [ˈnɛtnəmər]
wählen	draaien [ˈdra:jən]
Wertangabe	aangegeven waarde [ˈa:ŋxəxe:vən ˈwa:rdə]
Zahlkarte	stortingsformulier n [ˈstɔrtɪŋsfɔrmyli:r]
Zollerklärung	douaneverklaring [duˈa:nəvərkla:rɪŋ]
Zustellung	bezorging [bəˈzɔrxɪŋ]

10 Auf der Polizei
Op het politiebureau

Wo ist die nächste Polizeistelle?	Waar is het dichtstbijzijnde politiebureau? ['wa:r ɪs ət 'dɪxstbɛizɛində po'litsiby:'ro:]
Ich möchte einen Diebstahl/Verlust anzeigen.	Ik wil een diefstal/een verlies melden. [ɪk 'wɪl ən 'difstal/ən vər'lis 'mɛldən]
Mir ist	Mijn [mɛin]
die Handtasche	handtas ['hɑntɑs]
die Brieftasche	portefeuille [pɔrtə'fœijə]
der Koffer	koffer ['kɔfər]
der Fotoapparat	fototoestel ['fototustɛl]
das Auto	auto ['o:to]
gestohlen worden.	is gestolen. [ɪs xə'sto:lən]
Mein Auto ist aufgebrochen worden.	Mijn auto is opengebroken. [mən 'o:to ɪs 'o:pənxəbro:kən]
Aus meinem Auto ist . . . gestohlen worden.	Uit mijn auto is . . . gestolen. [œit mən 'o:to ɪs . . . xə'sto:lən]
Ich habe . . . verloren.	Ik ben . . . verloren. [ɪk bɛn . . . vər'lo:rən]
Können Sie mir bitte helfen?	Kunt U mij helpen? ['kʌnt y mə 'hɛlpən]

- Wir werden der Sache nachgehen.

We zullen de zaak onderzoeken.
[wə 'zʌlən də 'zaːk ɔndər'zukən]

- Ihren Namen und Ihre Anschrift, bitte.

Uw naam en adres, alstublieft.
[yw 'naːm ɛn a'drɛs alsty'blift]

Wortliste Polizei

anzeigen	aangifte doen ['aːŋxɪftə dun]
Armband	armband ['armbant]
~uhr	horloge *n* [hɔr'loːʒə]
Autoschlüssel	autosleuteltje *n* ['oːtoːsløːtəlcə]
beschlagnahmen	in beslag nemen, nam, genomen [ɪm bə'slax neːmən]
Brieftasche	portefeuille [pɔrtə'fœjə]
Dieb	dief [dif]
~stahl	diefstal ['difstal]
Erpressung	afpersing ['afpɛrsɪŋ]
Fotoapparat	fototoestel *n* ['foːtoːtustɛl]
Gefängnis	gevangenis [xə'vaŋənɪs]
Geld	geld *n* [xɛlt]
~börse	portemonnaie/-monnee [pɔrtəmɔ'neː]
Gericht	rechtbank ['rɛxdbaŋk]
Handtasche	handtas ['hantas]
Kette	ketting ['kɛtɪŋ]
Kfz-Schein	kentekenbewijs *n* ['kɛnteːkəbəwɛis]
Koffer	koffer ['kɔfər]
Polizei	politie [poː'litsi]
~revier	politiebureau *n* [poː'litsibyroː]
~wagen	politieauto [poː'litsiɔːtoː/poː'litsiɔutoː]
Polizist	politieagent [poː'litsiaːxɛnt]
Rauschgift	verdovende middelen [vər'doːvəndə 'mɪdələn]
	drugs [drʌgs]
Rechtsanwalt	advocaat [atfoː'kaːt]
	procureur [proːky'røːr]
Richter	rechter ['rɛxtər]
Ring	ring [rɪŋ]
Schirm	paraplu [paːraː'ply]
Schlüssel	sleutel ['sløːtəl]
Schmuggel	smokkel ['smɔkəl]
Schuld	schuld [sxʌlt]
Tasche	tas [tas]

Überfall	overval [ˈoːvərval]
Uhr	klok [klɔk]
	horloge *n* [hɔrˈloːʒə]
Unfall	ongeluk *n* [ˈɔŋxələk]
Verbrechen	misdaad [ˈmɪzdaːt]
verhaften	arresteren [arɛsˈteːrən]
Verlust	verlies *n* [vərˈlis]

11 Zeitvertreib — Vergnügungen
Tijdverdrijf — amusement

Im Schwimmbad/
Am Strand

In het zwembad/
Aan het strand

Gibt es hier ein Frei-
bad/Hallenbad?

Is hier een openluchtbad/overdekt
bad?
[ɪs 'hi:r ən o:pən'lʌxtbat/o:vər'dɛkt 'bat]

Eine Eintrittskarte (mit
Kabine), bitte.

Een toegangskaartje (met kleed-
hokje), alstublieft.
[ən 'tuxaŋska:rcə (mɛt 'kle:thɔkjə),
alsty'blift]

● Nur für Schwimmer!

Alleen voor zwemmers.
[a'le:n vo:r 'zwɛmərs]

● Baden verboten!

Zwemmen verboden.
['zwɛmən vər'bo:dən]

Ist der Strand sandig?

Is het een zandstrand?
['ɪs ət ən 'zantstrant]

Ist der Strand steinig?

Is het een strand met veel stenen?
['ɪs ət ən 'strant mɛt 've:l 'ste:nən]

Schwimmen nicht gestattet

Luftmatratzen nicht gestattet

Schwimmen gefährlich

Baden gestattet

Kind gefunden

Wie weit darf man hinausschwimmen?	Hoever mag je zwemmen? ['huvɛr max jə 'zwɛmən]
Ist es für Kinder gefährlich?	Is het voor kinderen gevaarlijk? ['ɪs ət voːr 'kɪndərən xə'vaːrlək]
Ich möchte ... mieten.	Ik wil graag ... huren. [ɪk wɪl 'xraːx ... 'hyːrən]
ein Boot	een boot [ən 'boːt]
einen Liegestuhl	een ligstoel [ən 'lɪxstul]
einen Sonnenschirm	een zonnescherm [ən 'zɔnəsxɛrm]
einen Strandkorb	een strandstoel [ən 'strantstul]
ein Paar Wasserski	een paar waterski's [ən 'paːr 'waːtərskis]
Was kostet es pro Stunde/Tag?	Hoeveel kost het per uur/per dag? ['huveːl 'kɔst ət pɛr 'yːr/pɛr 'dax]

Sport

Sport

Welche Sportveranstaltungen gibt es hier?	Welke sportevenementen zijn er hier? ['wɛlkə 'spɔrtevənəmɛntən 'zɛin ɛr hiːr]
Was kann man hier an Sport treiben?	Wat kun je hier aan sport doen? ['wat kʌn jə 'hiːr aːn 'spɔrt dun]

Gibt es hier	Is hier ['ıs hiːr]
eine Eisbahn?	een ijsbaan? [ən 'ɛisbaːn]
einen Golfplatz?	een golfveld? [ən 'xɔlfɛlt]
einen Tennisplatz?	een tennisbaan? [ən 'tɛnəsbaːn]

eine Pferderenn-
  bahn?
	een paardenrenbaan?
	  [ən 'paːrdərɛnbaːn]

Wo kann man hier an-
geln?

Waar kun je hier vissen?
['waːr 'kʌn jə hiːr 'vısən]

Ich möchte mir das
Fußballspiel/das Pfer-
derennen ansehen.

Ik wil de voetbalwedstrijd/
de paardenrace zien.
[ık 'wıl də 'vutbalwɛtstrɛit/
də 'paːrdəreːs zin]

Wann/Wo findet es
statt?

Waar/Wanneer vindt het plaats?
['waːr/waˈneːr vınt ət 'plaːts]

Was kostet der Eintritt?

Hoe duur is een kaartje?
[hu 'dyːr ıs ən 'kaːrcə]

Wo kann man hier se-
geln / Schlittschuh lau-
fen?

Waar kun je hier zeilen/schaatsen?
['waːr 'kʌn jə hiːr 'zɛilən/'sxaːtsən]

Ich möchte eine Watt-
wanderung / Radtour
machen.

Ik wil graag een wadlooptocht/
fietstocht maken.
[ık wıl 'xraːx ən 'watloːptɔxt/'fitstɔxt
maːkən]

Können Sie mir eine in-
teressante Route auf
der Karte zeigen?

Kunt U mij een interessante route op
de kaart aanwijzen?
['kʌnt y mə ən ıntərəˈsantə 'rutə ɔp də
'kaːrt 'aːnwɛizən]

Welchen Sport treiben
Sie?

Aan welke sport doet U?
[aːn 'wɛlkə 'spɔrt 'dut y]

Ich spiele ...

Ik speel ... [ık 'speːl]

Ich bin ein Anhänger
von ...

Ik ben een aanhanger van ...
[ık 'bɛn ən 'aːnhaŋər van]

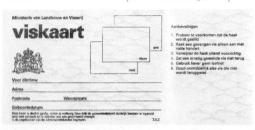

Theater, Konzert, Kino

Theater, concert, bioscoop

Was wird heute abend im Theater/Kino gegeben?

Wat is er vanavond in het theater/ in de bioscoop?
[wɑt 'ɪs ɛr vɑn'ɑ:vənt ɪn ət te'ɑtər/ ɪn də biɔs'ko:p]

Können Sie mir
ein gutes Theaterstück
ein gutes Konzert
einen guten Film
empfehlen?

Kunt U mij ['kʌnt y mɛi]
een goed toneelstuk
[ən xut to'ne:lstʌk]
een goed concert [ən xut kɔn'sɛrt]
een goede film [ən xudə 'fɪlm]
aanbevelen? ['a:mbəvə:lən]

Wann beginnt die Vorstellung?

Wanneer begint de voorstelling?
[wɑ'ne:r bə'xɪnt də 'vo:rstɛlɪŋ]

Wo bekommt man Karten?

Waar kun je kaartjes krijgen?
['wa:r kʌn jə 'ka:rcəs 'krɛixən]

Bitte zwei Karten für heute abend/morgen abend.

Twee kaartjes voor vanavond/ morgenavond, alstublieft.
['twe: ka:rcəs vo:r vɑn'ɑ:vənt/ mɔrxən'ɑ:vənt alsty'blift]

Bitte zwei Plätze zu ... Gulden.

Twee plaatsen voor ... gulden, alstublieft.
['twe: 'pla:tsən vo:r ... 'xʌldən alsty'blift]

Wann ist die Vorstellung zu Ende?

Wanneer is de voorstelling afgelopen? [wɑ'ne:r ɪs də vo:rstɛlɪŋ 'afxəlo:pən]

Wo ist die Garderobe?

Waar is de garderobe?
['wa:r ɪs də xardə'rɔ:bə]

Tanz

Dans

Gibt es hier eine Diskothek?

Is hier een discotheek?
[ɪs 'hi:r ən dɪsko'te:k]

Wollen wir tanzen gehen?

Zullen we gaan dansen?
['zʌlən wə xa:n 'dansən]

Wollen wir (noch einmal) tanzen?

Zullen we (nog een keer) dansen?
['zʌlən wə ('nɔx ən 'ke:r) 'dansən]

Wollen wir noch einen Bummel machen?

Zullen we nog een wandelingetje maken?
['zʌlən wə nɔx ən 'wandəlɪŋəcə 'ma:kən]

Darf ich Sie zu einer Party einladen?	Mag ik U voor een feestje uitnodigen?
	['max ɪk y: vo:r ən 'fe:scə 'œitno:dəxən]

Darf ich Sie nach Hause begleiten/fahren?	Mag ik U naar huis begeleiden/rijden?
	['max ɪk y na:r 'hœis bəxə'lɛidən/'rɛidən]

Darf ich Sie noch ein Stück/nach Hause begleiten?	Mag ik U nog een stukje/naar huis begeleiden?
	['max ɪk y: nɔx ən 'stʌkjə/na:r 'hœis bəxə'lɛidən]

Wann sehen wir uns wieder?	Wanneer zien we elkaar weer?
	[wa'ne:r 'zi:n wə ɛl'ka:r 'we:r]

Vielen Dank für den netten Abend.	Hartelijk dank voor de gezellige avond.
	['hartələk 'daŋk vo:r də xə'zɛləxə 'a:vɔnt]

Blumen- und Früchtekorso in Tiel

Wortliste Zeitvertreib

angeln	vissen ['vɪsən]
Angelschein	viskaart ['vɪskɑːrt]
Aufführung	uitvoering ['œitfuːrɪŋ]
	voorstelling ['voːrstɛlɪŋ]
Autokino	drive-in-bioscoop [draɪ'vɪn biɔs'koːp]
Bade|anzug	badpak n ['batpak]
~ häuschen	strandhuisje ['stranthœiʃə]
~ hose	zwembroek ['zwɛmbruk]
~ mütze	badmuts ['batməts]
Ballett	ballet n [ba'lɛt]
Bergsteigen	bergbeklimmen ['bɛrxbəklɪmən]
Boot	boot [boːt]
Bootsverleih	botenverhuur ['boːtəvərhyːr]
Boxkampf	bokswedstrijd ['bɔkswɛtstrɛit]
Brückenwärter	brugwachter ['brʌxwaxtər]
Bühne	toneel n [toːˈneːl]
Dirigent	dirigent [diri'xɛnt]
Diskothek	disco ['dɪskoː]
Dusche	douche ['duʃ]
Eintrittskarte	entreekaartje n [äˈtreːkaːrcə]
	toegangskaartje n ['tuxaŋskaːrcə]
Eisbahn	ijsbaan ['ɛisbɑːn]
Eislauf	schaatsen n ['sxaːtsən]
Fahrrad	fiets [fits]
Filmschauspieler	filmacteur ['fɪlmaktøːr]
Freilichtkino	openluchtbioscoop [oːpəˈlʌxdbiɔskoːp]
Fußball	voetbal n ['vudbal]
~ mannschaft	voetbalelftal n ['vudbalɛlftal]
~ platz	voetbalveld n ['vudbalvɛlt]
~ spiel	voetbalwedstrijd ['vudbalwɛtstrɛit]
Garderobe	garderobe [xardəˈrɔːbə]
gewinnen	winnen, won, gewonnen ['wɪnən]
Halbzeit	half-time ['haːftaim]
	rust [rʌst]
Hallenbad	overdekt zwembad n [oːvərˈdɛkt 'swɛmbat]
Handball	handbal ['handbal]
Inszenierung	enscenering [ɛ̃səˈneːrɪŋ]
Jacht	jacht n [jɑxt]
~ hafen	jachthaven ['jɑxthaːvən]
Jagd	jacht [jɑxt]
Kasse	kassa ['kasaː]

Kegeln	kegelen [ˈkeːxələn]
Komödie	komedie [koˈmeːdi]
Komponist	komponist [kɔmpoːˈnɪst]
Konzert	concert *n* [kɔnˈsɛrt]
Loge	loge [ˈlɔːʒə]
Lotse	loods [loːts]
Luftmatratze	luchtbed *n* [ˈlʌxdbɛt]
Motor|boot	motorboot [ˈmoːtɔrboːt]
~ sport	motorsport [ˈmoːtɔrspɔrt]
Niederlage	nederlaag [ˈneːdərlaːx]
Oper	opera [ˈoːpəraː]
Operette	operette [oːpəˈrɛtə]
Opernglas	toneelkijker [toːˈneːlkɛikər]
Orchester	orkest *n* [ɔrˈkɛst]
Paddelboot	kano [ˈkaːnoː]
Parkett	parket *n* [parˈkɛt]
Pause	pause [ˈpɔuzə]
Pferderennen	concours hippique *n* [kɔnˈkuːr hɪˈpik]
Programm	programma *n* [proːˈxramaː]
radfahren	fietsen [ˈfitsən]
Radfahrweg	rijwielpad *n* [ˈrɛiwilpat]
	fietspad *n* [ˈfitspat]
Radsport	wielersport [ˈwilərspɔrt]

Radtour	fietstocht ['fitstɔxt]
Rang	rang [raŋ]
1. Rang	eerste rang ['e:rstə 'raŋ]
2. Rang	tweede rang ['twe:də 'raŋ]
Regatta	zeilwedstrijd ['zɛilwɛtstrɛit]
Regie	regie [re:'ʒi]
Regisseur	regisseur [re:ʒi'sø:r]
Reitsport	ruitersport ['rœitərspɔrt]
Rennen	wedren ['wɛtrɛn]
	wedstrijd ['wɛtstrɛit]
Ringkampf	worstelwedstrijd ['wɔrstəlwɛtstrɛit]
Rodel	rodelslee ['ro:dəlsle:]
Rolle	rol [rɔl]
Hauptrolle	hoofdrol ['ho:ftrɔl]
Ruderboot	roeiboot ['ruibo:t]
Schauspiel	toneelspel *n* [to:'ne:lspɛl]
Schauspieler	toneelspeler [to:'ne:lspe:lər]
Schauspielerin	toneelspeelster [to:'ne:lspe:lstər]
Schiedsrichter	scheidsrechter ['sxɛitsrɛxtər]
Schießsport	schietsport ['sxitspɔrt]
Schlauchboot	rubberboot ['rʌbərbo:t]
Schwimmbad	zwembad *n* ['zwɛmbat]
schwimmen	zwemmen, zwom, gezwommen ['zwɛmən]
Seekarte	zeekaart ['ze:ka:rt]
Segelboot	zeilboot ['zɛilbo:t]
Segeln	zeilen ['zɛilən]
Sieg	overwinning [o:vər'wɪnɪŋ]
Sinfoniekonzert	symfonieconcert *n* [simfo:'nikɔnsɛrt]
Ski	ski [ʃi/ski]
~ bindung	skibinding ['skibɪndɪŋ]
~ laufen	skiën ['skiən]
~ lift	skilift ['skilɪft]
Solist	solist [so:'lɪst]
Sonnenöl	zonnebrandolie ['zɔnəbranto:li]
Spiel	spel *n* [spɛl]
~ plan	speelplan *n* ['spe:lplan]
Sportler	sportbeoefenaar ['spɔrtbəufəna:r]
Sportlerin	sportbeoefenaarster ['spɔrtbəufəna:rstər]
Sportplatz	sportveld *n* ['spɔrtfɛlt]
Sprungbrett	springplank ['sprɪŋplaŋk]
Strandpolizei	strandpolitie ['strantpo:litsi]
Surfen	surfen ['sʌrfən]

Tanzlokal	dancing ['dɛnsɪŋ]
tauchen	duiken, dook, gedoken ['dœikən]
Taucherausrüstung	duikersuitrusting ['dœikərsœit'rʌstɪŋ]
Tennis	tennis *n* ['tɛnəs]
~platz	tennisbaan ['tɛnəzbɑːn]
~schläger	tennisracket *n* ['tɛnəsrɛkət]
Theaterstück	toneelstuk *n* [toːˈneːlstək]
Tischtennis	tafeltennis *n* ['tɑːfəltɛnəs]
Tragödie	tragedie [traːˈxeːdi]
Tretboot	waterfiets ['waːtərfits]
Turnen	turnen ['tʌrnən]
verlieren	verliezen, verloor, verloren [vərˈlizən]
Volkstanz	volksdans ['vɔlksdans]
Volleyball	volleybal *n* ['vɔlibal]
Vorhang	gordijn *n* [xɔrˈdɛin]
Vorstellung	voorstelling ['voːrstɛlɪŋ]
Vorverkauf	voorverkoop ['voːrvərkoːp]
Wasserski	waterski ['waːtərski]
Wassersport	watersport ['waːtərsport]
Wettkampf	wedstrijd ['wɛtstrɛit]
Windschirm	windscherm ['wɪntsxɛrm]
Windsurfen	surfen ['sʌrfən]

12 Einkaufen — Geschäfte
Inkopen — winkels

Fragen, Preise   **Vragen, prijzen**

Wo kann man ... kaufen?

Waar kun je ... kopen?
['waːr 'kʌn jə ... 'koːpən]

Können Sie mir ein ... geschäft empfehlen?

Kunt U mij een ... zaak aanbevelen?
['kʌnt y mə ən ... 'zaːk 'aːmbəveːlən]

Werden Sie schon bedient?

Wordt U al geholpen?
['wɔrt y al xəˈhɔlpən]

Ich möchte ...

Ik wil graag ... [ɪk 'wɪl 'xraːx]

Haben Sie ...?

Heeft U ...? ['heːft y]

Geben Sie mir bitte ...

Geeft U mij ... alstublieft.
['xeːft y mɛi ... alstyˈblift]

Zeigen Sie mir bitte ...

Laat U mij alstublieft ... zien.
['laːt y mɛi alstyˈblift ... 'zin]

Haben Sie noch ein anderes/eine(n) andere(n) ...?

Heeft U nog een andere ...
['heːft y 'nɔx ən 'andərə]

Bitte	Graag [xraːx]
ein Paar ...	een paar ... [ən 'paːr]
ein Dutzend ...	een dozijn/een stuk of tien ...
	[ən doːˈzɛin/ən 'stʌk ɔf 'tin]
ein Stück ...	een stuk/één ... [ən 'stʌk/'eːn]

Haben Sie etwas Besseres/Billigeres?

Heeft U iets beters/goedkopers? ['heːft y 'iːts 'beːtərs/xutˈkoːpərs]

Das gefällt mir.

Dat bevalt mij. [dat bəˈvalt mə]

Wieviel kostet es?

Hoe duur is het?/Hoeveel kost het? [hu 'dyːr ɪs ət/huˈveːl 'kɔst ət]

Ich nehme es.

Ik neem het. [ɪk 'neːm ət]

Nehmen Sie

Neemt U ... aan? ['neːmt y ... 'aːn]

deutsches Geld?	Duits geld ['dœits 'xɛlt]
Reiseschecks?	reischeques ['rɛiʃɛks]
Euroschecks?	Eurocheques ['øːroʃɛks]

In der Buchhandlung   In de boekwinkel

Ich hätte gern

Ik wil graag [ɪk 'wɪl xraːx]

einen Stadtplan.	een plattegrond van de stad.
	[ən platəˈxrɔnt van də 'stat]
eine deutsche Zeitung.	een Duitse krant. [ən 'dœitsə 'krant]
eine Illustrierte.	een geïllustreerd blad.
	[ən xəɪlʌsˈtreːrt 'blat]
ein Wörterbuch.	een woordenboek. [ən 'woːrdəbuk]
einen Reiseführer.	een reisgids. [ən 'rɛisxɪts]

Antiquitäten-markt in Groningen

Im Fotogeschäft

In de fotozaak

Ich möchte
  einen Film für diesen
  Apparat.
  einen Schwarzweiß-
  Film.
  einen Farbfilm (für
  Dias).
  einen Film mit 36/20/
  12 Aufnahmen.

  einen Super-8-Film.

  einen Kassettenfilm.

  zehn Blitzlichtbirnen.

Ik wil graag [ɪk 'wɪl xra:x]
  een filmpje voor dit toestel.
  [ən 'fɪlmpjə vo:r dɪt 'tustɛl]
  een zwart-wit filmpje.
  [ən zwart'wɪt 'fɪlmpjə]
  een kleurenfilmpje (voor dia's)
  [ən 'klø:rənfɪlmpjə (vo:r 'dias)]
  een filmpje met zes-en-dertig/
  twintig/twaalf opnamen.
  [ən 'fɪlmpjə mɛt 'zɛsəndɛrtəx/'twɪntəx/
  'twaləf 'ɔpna:mən]
  een super-acht film.
  [ən 'sypəraxt 'fɪlm]
  een cassettefilmpje.
  [ən ka'sɛtəfɪlmpjə]
  tien flitslampjes. [tin 'flɪtslampjəs]

Würden Sie mir bitte
diesen Film entwickeln?

Wilt U dit filmpje alstublieft ontwikkelen?
['wɪlt y 'dɪt 'fɪlmpjə alsty'blift ɔnt'wɪkələn]

Bitte machen Sie mir je
einen Abzug von diesen
Negativen.

Wilt U van elk negatief een afdruk
maken?
['wɪlt y van 'ɛlk nega'tif ən 'avdrʌk 'ma:kən]

Welches Format bitte?

Welk formaat? ['wɛlk for'ma:t]

Sieben mal zehn./Neun
mal neun.

Zeven bij tien/Negen bij negen.
['ze:vən bɛi 'tin/ne:xən bɛi ne:xən]

Wünschen Sie Hoch-
glanz oder Seiden-
glanz?

Wilt U hoogglans of matglans?
['wɪlt y 'ho:xlans ɔf 'matxlans]

Wann kann ich die Bil-
der abholen?

Wanneer kan ik de foto's afhalen?
[wa'ne:r kan ɪk də fotos 'afha:lən]

Können Sie bitte diesen
Apparat reparieren?

Kunt U dit toestel repareren?
['kʌnt y dɪt 'tustɛl repa're:rən]

Der Sucher/Der Auslö-
ser funktioniert nicht.

De zoeker/De ontspanner doet het
niet. [də 'zukər/də ɔnt'spanər 'dut ət nit]

AUSSPRACHE
SEITE VII

156

Kleidung, Schuhe, Reinigung

Kleding, schoenen, reiniging

Ich hätte gern ...
Ik wil graag ... [ɪk wɪl 'xra:x]

● Welche Farbe wünschen Sie?
Welke kleur wilt U? ['wɛlkə 'klø:r 'wɪlt y]

Ich möchte etwas in Gelb.
Ik wil iets in het geel. [ɪk 'wɪl its ɪn ət 'xe:l]

Ich möchte etwas Passendes hierzu.
Ik wil hierbij iets passends. [ɪk 'wɪl 'hi:rbɛi its 'pasənts]

Kann ich es anprobieren?
Kan ik het passen? ['kan ɪk ət 'pasən]

● Welche (Konfektions-)Größe haben Sie?
Welke maat heeft U? [wɛlkə 'ma:t he:ft y]

Das ist mir zu
Dat is mij te [dat 'ɪs mɛi tə]
  eng.
  nauw. ['nɔuw]
  kurz.
  kort. ['kɔrt]
  lang.
  lang. ['lɑŋ]
  groß.
  groot. ['xro:t]

Das paßt gut. Ich nehme es.
Dat past goed. Ik neem hem. [dat 'past 'xut. ɪk 'ne:m həm]

Ich möchte ein Paar
Ik wil graag een paar ... [ɪk 'wɪl 'xra:x ən 'pa:r]
  Halbschuhe.
  lage schoenen. ['la:xə 'sxunən]
  Hausschuhe.
  pantoffels. [pan'tɔfəls]
  Kinderschuhe.
  kinderschoenen. ['kɪndərsxunən]
  Sandalen.
  sandalen. [san'da:lən]
  Stiefel.
  laarzen. ['la:rzən]

Ich habe Schuhgröße ...
Ik heb maat ... [ɪk hɛp 'ma:t]

Sie drücken mich.
Ze knellen. [zə 'knɛlən]

Sie sind zu eng/weit.
Ze zijn te klein/te groot. [zə zɛin tə 'klɛin/tə 'xro:t]

Bitte noch eine Dose Schuhkrem.
Nog een doosje schoensmeer, alstublieft. ['nɔx ən 'do:sjə 'sxusme:r alsty'blif

Bitte noch ein Paar Schnürsenkel.
Nog een paar veters, alstublieft. ['nɔx ən pa:r 've:tərs alsty'blift]

AUSSPRACHE SEITE VII

Ich möchte diese Sachen reinigen/waschen lassen.

Ik wil deze spullen laten reinigen/wassen.
[ɪk 'wɪl de:zə 'spʌlən la:tən 'rɛinəxən/ 'wasən]

Wann sind sie fertig?

Wanneer zijn ze klaar?
[wa'ne:r zɛin zə 'kla:r]

Beim Optiker

Bij de opticien

Würden Sie mir bitte diese Brille reparieren?

Wilt U deze bril voor mij maken?
['wɪlt y de:zə 'brɪl vo:r mə 'ma:kən]

Wann kann ich die Brille abholen?

Wanneer kan ik de bril afhalen?
[wa'ne:r kan ɪk də 'brɪl 'afha:lən]

Was kostet die Reparatur?

Hoeveel kost de reparatie?
[hu've:l 'kɔst də repa'ra:si]

Ich suche eine Sonnenbrille.

Ik zoek een zonnebril.
[ɪk 'suk ən 'zɔnəbrɪl]

Im Tabakladen

In de tabakswinkel

Ein Päckchen . . . Zigaretten mit/ohne Filter.

Een pakje . . . sigaretten met/zonder filter.
[ən 'pakjə . . . sixa'rɛtən mɛt/zɔndər 'fɪltər]

Haben Sie deutsche/amerikanische Zigaretten?

Heeft U Duitse/Amerikaanse sigaretten?
[he:ft y 'dœitsə/ameri'ka:nsə sixa'rɛtən]

Zehn Zigarren / Zigarillos, bitte.

Tien sigaren/sigarillo's alstublieft.
[tin si'xa:rən/sixa:'rɪlo:s alsty'blift]

Ein Päckchen Zigarettentabak, bitte.

Een pakje shag, alstublieft.
[ən 'pakjə 'ʃɛk alsty'blift]

Eine Dose Tabak, bitte.

Een doos tabak, alstublieft.
[ən do:s ta'bak alsty'blift]

Eine Schachtel Streichhölzer, bitte.

Een pakje lucifers, alstublieft.
[ən 'pakjə 'lysifɛrs alsty'blift]

Lebensmittel

Levensmiddelen

Ģeben Sie mir bitte ...

Geeft U mij alstublieft ...
[xe:ft y mɛi alsty'blift]

Beim Uhrmacher, Juwelier

Bij de horlogemaker, juwelier

Meine Uhr geht nicht mehr. Können Sie mal nachsehen?

Mijn horloge doet het niet meer. Kunt U het even nakijken?
[mɛin hɔr'lo:ʒə 'dut ət nit me:r. 'kʌnt y ət 'e:vən 'na:kɛikən]

Ich möchte ein hübsches Andenken / Geschenk.

Ik wil een mooi souvenir/cadeau.
[ɪk 'wɪl ən 'mo:i suvə'ni:r/ka'do:]

● Wieviel wollen Sie ausgeben?

Hoeveel wilt U besteden?
[hu've:l 'wɪlt y bə'ste:dən]

Ich möchte etwas nicht zu Teures.

Ik wil iets dat niet te duur is.
[ɪk 'wɪl its dat 'nit tə 'dy:r ɪs]

Was kostet ... ?

Hoeveel kost ...? [hu've:l 'kɔst]

Wortliste Geschäfte

Antiquariat	antiquariaat *n* [ɑntikwɑːriˈɑːt]
Antiquitätengeschäft	antiquiteitenwinkel [ɑntikwiˈtɛitəwɪŋkəl]
Apotheke	apotheek [ɑːpoːˈteːk]
Bäckerei	bakkerij [bɑkəˈrɛi]
Blumengeschäft	bloemenzaak [ˈbluməzaːk]
Bootsbedarf	scheepsbenodigdheden *pl* [ˈsxeːpsbəˈnoːdəxtheːdən]
Buchhandlung	boekhandel [ˈbukhandəl]
Diamantschleiferei	diamantslijperij [diɑːˈmɑntslɛipərɛi]
Drogerie	drogisterij [droːxɪstəˈrɛi]
Eisenwarengeschäft	ijzerwinkel [ˈɛizərwɪŋkəl]
Elektrohandlung	electriciteitswinkel [eːlɛktrisiˈtɛitswɪŋkəl]
Fischgeschäft	viswinkel [ˈvɪswɪŋkəl]
Fotoartikel	fotoartikelen [ˈfoːtoːartikələn]
Friseur	kapper [ˈkɑpər]
Gemüsehändler	groenteboer [ˈxruntəbuːr]
Juwelier	juwelier [jywəˈliːr]
Käserei	kaasfabriek [ˈkaːsfaːbrik]
Kaufhaus	warenhuis *n* [ˈwaːrənhœis]
Konditorei	banketbakker [bɑŋˈkɛtbakər]
Kosmetiksalon	schoonheidssalon [ˈsxoːnhɛitsaːlon]
Kunstgewerbe	kunstnijverheid [kənstˈnɛivərhɛit]
Kunsthändler	kunsthandelaar [ˈkʌnsthandəlaːr]
Lebensmittelgeschäft	kruidenier [krœidəˈniːr]
Lederwarengeschäft	lederzaak [ˈleːdərzaːk]
Metzgerei	slagerij [slaːxəˈrɛi]
Milchgeschäft	melkboer [ˈmɛlgbuːr]
Möbelgeschäft	meubelzaak [ˈmøːbəlzaːk]
Musikgeschäft	muziekhandel [myˈzikhandəl]
Obsthandlung	fruitwinkel [ˈfrœitwɪŋkəl]
Optiker	opticien [ɔptiˈʃɛ̃]
Parfümerie	parfumerie [parfyməˈri]
Pelzgeschäft	bontwinkel [ˈbɔntwɪŋkəl]
Porzellangeschäft	porseleinwinkel [pɔrsəˈlɛinwɪŋkəl]
Reinigung, chemische	stomerij [stoːməˈrɛi]
Reiseandenken	souvenir *n* [suvəˈniːr]
Reisebüro	reisbureau *n* [ˈrɛisbyroː]
Schallplattengeschäft	grammofoonplatenwinkel [xrɑmoːˈfoːnplaːtəˈwɪŋkəl]
Schneider	kleermaker [ˈkleːrmaːkər]
Schneiderin	naaister [ˈnaːistər]

Schreibwarengeschäft	kantoorboekhandel [kɑnˈtoːrbukhɑndəl]
Schuhgeschäft	schoenenwinkel [ˈsxunəwɪŋkəl]
Schuhmacher	schoenmaker [ˈsxumaːkər]
Selbstbedienungsladen	zelfbedieningszaak [ˈzɛlvbədiniŋsaːk]
Spielwarengeschäft	speelgoedwinkel [ˈspeːlxutwɪŋkəl]
Spirituosengeschäft	slijterij [slɛitəˈrɛi]
	drankwinkel [ˈdrɑŋkwɪŋkəl]
Sportartikel	sportartikelen [ˈspɔrtartikələn]
Stoffgeschäft	stoffenzaak [ˈstɔfəzaːk]
Süßwarengeschäft	snoepwinkel [ˈsnupwɪŋkəl]
Tabakladen	tabakswinkel [taːˈbakswɪŋkəl]
Uhrmacher	horlogemaker [hɔrˈloːʒəmaːkər]
Verkehrsbüro	VVV [veːveːˈveː]
Waffenhandlung	wapenwinkel [ˈwaːpənwɪŋkəl]
Wäscherei	wasserij [wasəˈrɛi]
Waschsalon	wasserette [wasəˈrɛtə]
Weinhandlung	wijnhandel [ˈwɛinhɑndəl]
Zeitungshändler	krantenverkoper [ˈkrantəvərkoːpər]

Wortliste Kleidung

Abendkleid	avondjurk ['aːvɔntjərk]
Absatz	hak [hɑk]
anprobieren	passen ['pɑsən]
Anzug	pak *n* [pɑk]
	kostuum *n* [kɔsˈtym]
Ärmel	mouw [mɔuw]
Bade|anzug	badpak *n* ['bɑtpɑk]
~ hose	zwembroek ['zwɛmbruk]
~ mantel	badjas ['bɑtjɑs]
~ mütze	badmuts ['bɑtmʌts]
Baumwolle	katoen [kaːˈtuːn]
Bikini	bikini [biˈkini]
Bluse	bloes [blus]
bügelfrei	no iron [noː ˈajən/noː iˈrɔn]
bügeln	strijken, streek, gestreken ['strɛikən]
Büstenhalter	b.h. [beˈhaː]
	bustehouder ['bʏstəhɔudər]
chemisch reinigen	stomen ['stoːmən]
	reinigen ['rɛinəxən]
einfarbig	effen ['ɛfən]
Farbe	kleur [kløːr]
Flanell	flanel *n* [flaːˈnɛl]
Futter	voering ['vurɪŋ]
gestreift	gestreept [xəˈstreːpt]
Gummistiefel	rubber laarzen [rʌbər ˈlaːrzən]
Gürtel	riem [rim]
	gordel ['xɔrdəl]
Halstuch	halsdoek ['hɑlzduk]
Handschuhe	handschoenen ['hɑntsxunən]
Hemd	overhemd [ˈoːvərhɛmt]
Holzschuh	klomp [klɔmp]
Hose	broek [bruk]
kurze ~	korte broek ['kɔrtə bruk]
Hut	hoed [hut]
Jacke	jasje *n* ['jɑʃə]
	colbert *n* [kɔlˈbɛːr]
kariert	geruit [xəˈrœit]
Kleid	jurk [jʌrk]
Kniestrümpfe	kniekousen ['knikɔusən]
knitterfrei	kreukvrij ['krøːkˈfrɛi]
Knopf	knoop [knoːp]
Konfektion	confectie [kɔnˈfɛksi]

Kostüm	kostuum *n* [kɔs'tym]
	pak *n* [pak]
Krawatte	das [das]
Kunstfaser	kunststof ['kʌnstɔf]
Leder|jacke	leren jasje [le:rə 'jaʃə]
~ mantel	leren mantel [le:rə 'mantəl]
Mantel	mantel ['mantəl]
	jas [jas]
Morgenrock	ochtendjas ['ɔxtəntjas]
Pantoffeln	pantoffels [pan'tɔfəls]
Pelz|jacke	bontjas ['bɔntjas]
~ mantel	bontmantel ['bɔntmantəl]
Pullover	pullover [pul'o:vər]
	trui [trœi]
Pyjama	pyjama [pi'a:ma:]
Regenmantel	regenjas ['re:xəjas]
Reißverschluß	ritssluiting ['rɪtslœitɪŋ]
Rock	rok [rɔk]
Sakko	colbert [kɔl'bɛ:r]
Samt	fluweel *n* [fly'we:l]
Sandalen	sandalen [san'da:lən]
Schal	sjaal [sja:l]
Schirm	paraplu [pa:ra:'ply]
Schlüpfer	slipje *n* ['slɪpjə]
Schuhe	schoenen ['sxunən]
Schuh|bänder	schoenveters ['sxunve:tərs]
~ bürste	schoenborstel ['sxunbɔrstəl]
~ krem	schoensmeer ['sxunsme:r]
Seide	zijde ['zɛidə]
Shorts	shorts [ʃɔ:ts]
Socken	sokken ['sɔkən]
Sohle	zool [zo:l]
Sommerkleid	zomerjurk ['zo:mərjərk]
Sporthemd	sporthemd ['spɔrthɛmt]
Stiefel	laarzen ['la:rzən]
Strandschuhe	strandschoenen ['strantsxunən]
Strickjacke	vest *n* [vɛst]
Strümpfe	kousen ['kousən]
Strumpfhose	panty ['pɛnti]
Taschentuch	zakdoek ['zagduk]
Trainingsanzug	trainingspak *n* ['tre:nɪŋspak]

AUSSPRACHE
SEITE *VII*

Unter|hemd	hemd [hɛmt]
~ hose	onderbroek ['ɔndərbruk]
~ rock	onderrok ['ɔndərɔk]
~ wäsche	ondergoed ['ɔndərxut]
waschmaschinenfest	wasbaar in de wasmachine
	['wasbɑːr in də 'wasmaːʃinə]
Weste	vest *n* [vɛst]
Wildleder|jacke	suède jasje *n* [syɛːdə 'jaʃə]
~ mantel	suède mantel [syɛːdə 'mantəl]
Wolle	wol [wɔl]
reine Wolle	zuivere wol ['zœivərə 'wɔl]

Wortliste Farben

beige	beige ['bɛːʒə]
blau	blauw [blɑu]
dunkelblau	donkerblauw ['dɔŋkərblɑu]
hellblau	lichtblauw ['lɪxdblɑu]
braun	bruin [brœin]
dunkelbraun	donkerbruin [dɔŋkər'brœin]
kastanienbraun	kastanjebruin [kas'tanjəbrœin]
farbig	gekleurd [xə'kløːrt]
einfarbig	effen ['ɛfən]
mehrfarbig	veelkleurig ['veːlkløːrəx]
gelb	geel [xeːl]
golden	goudkleurig ['xɔutkløːrəx]

164

grau	grijs [xrɛis]
dunkelgrau	donkergrijs ['dɔŋkərxrɛis]
hellgrau	lichtgrijs ['lɪxtxrɛis]
grün	groen [xrun]
dunkelgrün	donkergroen [dɔŋkər'xrun]
hellgrün	lichtgroen [lɪxt'xrun]
lila	lila ['lilaː]
	paars [paːrs]
orange	oranje [oː'ranjə]
rosa	rose ['rɔːzə]
rot	rood [roːt]
dunkelrot	donkerrood ['dɔŋkəroːt]
hellrot	lichtrood ['lɪxtroːt]
schwarz	zwart [zwart]
silbern	zilverkleurig ['zɪlvərkløːrəx]
violett	violet [vioː'lɛt]
weiß	wit [wɪt]

Wortliste Schreibwaren

Ansichtskarte	ansichtkaart ['anzɪxtkaːrt]
Autokarte	autokaart ['oːtoːkaːrt]
Bleistift	potlood *n* ['pɔtloːt]
Brief|papier	briefpapier *n* ['brifpaːpiːr]
	schrijfpapier *n* ['sxrɛifpaːpiːr]
~umschlag	envelop(pe) [ãvə'lɔp(ə)]
Farbstift	kleurpotlood *n* ['kløːrpɔtloːt]
Füllfederhalter	vulpen(houder) ['vʌlpɛn(houdər)]
Klebstoff	lijm [lɛim]
Kohlepapier	carbonpapier *n* [kar'bɔmpapiːr]
Kugelschreiber	ballpoint ['bɔlpɔint]
Landkarte	landkaart ['lantkaːrt]
Notiz/block	notitieblok *n* [noː'titsiblɔk]
~buch	notitieboekje *n* [noː'titsibukjə]
Papier	papier *n* [paː'piːr]
Packpapier	pakpapier *n* ['pakpaːpiːr]
Radiergummi	gom *n* [xɔm]
Reiseführer	reisgids ['rɛisxɪts]
Stadtplan	(stads)plattegrond ['platə'xrɔnt/'statsplatəxrɔnt]
Tesafilm	cellotape ['sɛloːteːp]
Tinte	inkt [iŋkt]
Zeichenblock	tekenblok *n* ['teːkənblɔk]

Wortliste Toilettenartikel

Augenbrauenstift	wenkbrauwstift ['wɛŋgbrɔustɪft]
Badesalz	badzout *n* ['batsɔut]
Bürste	borstel ['bɔrstəl]
Damenbinden	damesverband *n* ['da:məsfərbant]
Deodorant	deodorant [de:o:do:'rant]
Fleckenwasser	vlekkenwater *n* ['vlɛkəwa:tər]
Gesichtswasser	eau de cologne [o:dəko:'lɔnjə]
Haar|bürste	haarborstel ['ha:rbɔrstəl]
~ festiger	haarversteviger ['ha:rvərste:vəxər]
~ klammern	haarspelden ['ha:rspɛldən]
~ spray	hairspray ['hɛ:rspre:]
~ waschmittel	shampoo ['ʃampo:]
Handtuch	handdoek ['handuk]
Hautkrem	huidcrème ['hœitkrɛ:m]
Kamm	kam [kam]
Kleiderbürste	kleerborstel ['kle:rbɔrstəl]
Kölnisch Wasser	eau de cologne [o:dəko:'lɔnjə]
Krem	crème [krɛ:m]
Lidschatten	oogschaduw ['o:xsxa:dyw]
Lippenstift	lippenstift ['lɪpəstɪft]
Lockenwickler	krulspelden ['krʌlspɛldən]
Mundwasser	mondwater *n* ['mɔntwa:tər]
Nachtkrem	nachtcrème ['naxtkrɛ:m]
Nagel|feile	nagelvijl ['na:xəlvɛil]
~ lack	nagellak ['na:xəlak]
~ lackentferner	remover [ri'mu:vər]
~ schere	nagelschaartje *n* ['na:xəlsxa:rcə]
Papiertaschentücher	papieren zakdoekjes [pa:'pirən 'zagdukjəs]
Parfüm	parfum *n* [par'fʌ̃:]
Pinzette	pincet [pɪn'sɛt]
Puder	poeder ['pudər]
~ dose	poederdoos ['pudərdo:s]
Körperpuder	bodypoeder ['bɔdipudər]
	talkpoeder ['talkpudər]
Rasier|apparat	scheerapparaat *n* ['sxe:rapa:ra:t]
~ klinge	scheermes *n* ['sxe:rmɛs]
~ pinsel	scheerkwast ['sxe:rkwast]
~ seife	scheerzeep ['sxe:rze:p]
~ wasser	scheerwater *n* ['sxe:rwa:tər]
Reinigungs|krem	reinigingscrème ['rɛinəxɪŋskrɛ:m]
~ milch	reinigingsmelk ['rɛinəxɪŋsmɛlk]

Reisenecessaire	reisnecessaire ['rɛisne:sɛsɛ:r]
Schere	schaar [sxa:r]
Schwamm	spons [spɔns]
Seife	zeep [ze:p]
Shampoo	shampoo ['ʃampo:]
Sonnenöl	zonnebrandolie ['zɔnəbranto:li]
Spiegel	spiegel ['spixəl]
Tampons	tampons [tam'pɔns]
Toilettenpapier	toiletpapier *n* [twa:'lɛtpa:pi:r]
Waschlappen	washandje *n* ['washancə]
Watte	watten ['watən]
Wimperntusche	mascara [mas'ka:ra:]
Zahn|bürste	tandenborstel ['tandəborstəl]
~pasta	tandpasta ['tantpasta:]

Wortliste Nahrungsmittel

Aal	paling ['pa:lɪŋ]
	(junges Tier) aal [a:l]
Äpfel	appels ['apəls]
Apfelsinen	sinaasappels ['sina:zapəls]
Aprikosen	abrikozen [abri'ko:zən]
Artischocken	artisjokken [arti'ʃɔkən]
Auberginen	aubergines [o:bɛr'ʒinəs]
Aufschnitt	broodbeleg ['bro:dbələx]
Austern	oesters ['ustərs]
Bananen	bananen [ba:'na:nən]
Bier	bier *n* [bi:r]
Birnen	peren ['pe:rən]
Bohnen	bonen ['bo:nən]
grüne ~	sperziebonen ['spɛrzibo:nən]
weiße ~	witte bonen ['wɪtə bo̞nən]
Brot	brood *n* [bro:t]
Brötchen	kadetjes [ka:'dɛcəs]
	broodjes ['bro:cəs]
belegte ~	belegde broodjes [bə'lɛxdə 'bro:cəs]
Butter	boter ['bo:tər]
Buttermilch	karnemelk ['karnəmɛlk]
Datteln	dadels ['da:dəls]
Eier	eieren ['ɛiərən]
Erdbeeren	aardbeien ['a:rdbɛiən]
Feigen	vijgen ['vɛixən]
Fleischwurst	worst [wɔrst]

Gebäck	koek [kuk]
	gebak *n* [xə'bɑk]
Genever	jenever [jə'ne:vər]
Gurken	*(Gemüse ~)* komkommers [kɔm'kɔmərs]
	(Gewürz ~) augurkjes [ɔu'xʌrkjəs]
Hähnchen	haantje *n* [ˈhɑ:ncə]
Heringe	haringen [ˈhɑ:rɪŋən]
Honigkuchen	koek [kuk]
Joghurt	yoghurt [ˈjɔxərt]
Kaffee	koffie [ˈkɔfi]
Kapuzinererbsen	capucijners [kɑ:py'sɛinərs]
Käse	kaas [kɑ:s]
Kekse	koekjes [ˈkukjəs]
Kirschen	kersen [ˈkɛrsən]
Konserven	conserven [kɔn'zɛrvən]
Kuchen	taart [tɑ:rt]
Kümmelkäse	komijnekaas [ko:'mɛinəkɑ:s]
Lakritze	drop [drɔp]

Leberpastete	leverpastei ['le:vərpɑstɛi]
Leberwurst	leverworst ['le:vərwɔrst]
Limonade	limonade [li:mo:'na:də]
	ranja ['rɑnja]
Mandeln	amandelen [a'mɑndələn]
Melone	meloen [mə'lun]
Wassermelone	watermeloen ['wa:tərməlun]
Miesmuscheln	mosselen ['mɔsələn]
Milch	melk [mɛlk]
fettarme ~	magere melk ['ma:xərə mɛlk]
Oliven	olijven [o:'lɛivən]
Orangensaft	sinaasappelsap ['sina:zapəlsap]
Orangeade	orangeade [o:rãʒa:də]
Paprika	paprika ['paprika]
Pfirsiche	perzikken ['pɛrzɪkən]
Pflaumen	pruimen ['prœimən]
Rauchfleisch	rookvlees *n* ['ro:kfle:s]
Reis	rijst [rɛist]
Salami	salami [sa:'la:mi]
Salat	sla [sla:]
Salz	zout *n* [zɔut]
Schinken	ham [hɑm]
gekochter ~	gekookte ham [xə'ko:ktə hɑm]
roher ~	rauwe ham ['rɔuə hɑm]
Schokolade	chocolade [ʃo:ko:'la:də]
Schokoladenstreusel	hagelslag ['ha:xəlslɑx]
Senf	mosterd ['mɔstərt]
Spargel	asperge [as'pɛrʒə]
Suppe	soep [sup]
Süßigkeiten	snoepgoed *n* ['snupxut]
Tee	thee [te:]
Tomaten	tomaten [to:'ma:tən]
Waffeln	wafels ['wa:fəls]
Wein	wijn [wɛin]
Rotwein	rode wijn ['ro:də wɛin]
Weißwein	witte wijn ['wɪtə wɛin]
Weintrauben	wijndruiven ['wɛindrœivən]
Wurst	worst [wɔrst]
Würstchen	worstjes *pl* ['wɔrʃjəs]
Zitronen	citroenen [si'trunən]
Zucchini	zuchettis [tsu'kɛtis]
	courgettes [kur'ʒɛtəs]
Zucker	suiker ['sœikər]
~streusel	muisjes ['mœiʃjəs]

13 Beim Friseur
Bij de kapper

Damenfriseur

Dameskapper

Können Sie mir einen guten Friseur empfehlen?

Kunt U mij een goede kapper aanbevelen?
['kʌnt y mɛi ən 'xuiə 'kapər 'a:mbəve:lən]

Kann ich mich für morgen anmelden?

Kan ik voor morgen vroeg afspreken?
['kan ɪk vo:r 'mɔrxən 'vrux 'afspre:kən]

Wie hätten Sie gern Ihr Haar?

Hoe wilt U Uw haar hebben?
['hu wɪlt y yw 'ha:r hɛbən]

Waschen und legen, bitte.

Wassen en in model leggen, alstublieft. ['wasən ɛn ɪ mo'dɛl 'lɛxən alsty'blift]

Waschen und fönen, bitte.

Wassen en föhnen, alstublieft.
['wasən ɛn 'fø:nən alsty'blift]

Ich möchte eine Dauerwelle.

Ik wil graag een permanent.
[ɪk wɪl 'xra:x ən pɛrma'nɛnt]

Ich möchte mir die Haare färben lassen.

Ik wil mijn haar laten verven.
[ɪk 'wɪl mən 'ha:r la:tən 'vɛrvən]

Ich möchte mir die Haare tönen lassen.

Ik wil een kleurspoeling.
[ɪk 'wɪl ən 'klø:rspulɪŋ]

Schneiden, bitte.	**Knippen, alstublieft.** ['knɪpən alsty'blift]
Etwas kürzer.	**Iets korter.** [its 'kɔrtər]
Nur die Spitzen.	**Alleen de punten.** [a'le:n də 'pʌntən]
An den Seiten.	**Aan de zijkanten.** [a:n də 'zɛikanten]
Bitte etwas toupieren.	**Wilt U het iets touperen?** ['wɪlt y ət its tu'pe:rən]
Bitte kein/nur wenig Haarspray.	**Alstublieft geen/een klein beetje haarspray.** [alsty'blift xe:n/ən 'klɛin be:cə 'ha:rspre:]
Können Sie mir Maniküre machen?	**Kunt U mij manicuren?** ['kʌnt y mə mani'ky:rən]
Vielen Dank. So ist es gut.	**Dank U wel. Zo is het goed.** [daŋk y 'wɛl. 'zo ɪs ət 'xut]

Herrenfriseur

Herenkapper

Haarschneiden, bitte.	**Knippen alstublieft.** ['knɪpən alsty'blift]
Lassen Sie es bitte lang.	**Laat U het alstublieft lang.** ['la:t y ət alsty'blift 'laŋ]
Nicht zu kurz/Ganz kurz, bitte.	**Niet te kort/Heel kort alstublieft.** [nit tə 'kɔrt/'he:l 'kɔrt alsty'blift]
Hinten	**Van achteren** [van 'axtərən]
Vorn	**Van voren** [van 'vo:rən]
Oben	**Van boven** [van 'bo:vən]
An den Seiten	**Aan de zijkanten** [a:n də 'zɛikantən]
etwas wegnehmen.	**iets wegknippen.** [its 'wɛxknɪpən]
Nehmen Sie hier bitte noch etwas mehr weg.	**Wilt U hier nog iets meer wegknippen?** ['wɪlt y 'hi:r nɔx its 'me:r 'wɛxknɪpən]
Den Scheitel links/rechts, bitte.	**De scheiding links/rechts, alstublieft.** [də 'sxɛidɪŋ 'lɪŋks/'rɛxts alsty'blift]
Ja danke, es ist gut so.	**Ja, dank U, zo is het goed.** [ja 'daŋk y, 'zo ɪs ət 'xut]
Wieviel macht es?	**Hoe duur is het?** [hu 'dy:r ɪs ət]

Wortliste Friseur

Bart	baard [bɑːrt]
bleichen	blonderen [blɔnˈdeːrən]
Dauerwelle	permanent [pɛrmaˈnɛnt]
färben	verven [ˈvɛrvən]
frisieren, sich	zich kappen [zɪx ˈkapən]
Frisur	kapsel *n* [ˈkapsəl]
Haar	haar *n* [haːr]
~ schnitt	coupe [kup]
~ spray	haarspray [ˈhaːrspreː]
~ teil	haarstukje *n* [ˈhaːrstəkjə]
~ wasser	haarwater [ˈhaːrwaːtər]
kämmen	kammen [ˈkamən]
Koteletten	bakkebaarden [ˈbakəbaːrdən]
legen	inleggen [ˈɪnlɛxən]
Locken	krullen [ˈkrʌlən]
Maniküre	manicure [maːniˈkyrə]
Massage	massage [maˈsaːʒə]
Nacken	nek [nɛk]
Perücke	pruik [prœik]
sich rasieren lassen	zich laten scheren [zɪx laːtə ˈsxeːrən]
Scheitel	scheiding [ˈsxɛidɪŋ]
schneiden	knippen [ˈknɪpən]
Schnurrbart	snor [snɔr]
stutzen	bijknippen [ˈbɛiknɪpən]
tönen	kleurspoeling geven [ˈkløːrspulɪŋ xeːvən]
toupieren	touperen [tuˈpeːrən]
Trockenhaube	droogkap [ˈdroːxkap]
waschen und fönen	wassen en föhnen [ˈwasən ɛn ˈføːnən]
waschen und legen	wassen en inleggen [ˈwasən ɛn ˈɪnlɛxən]
Wasserwelle	watergolf [ˈwaːtərxɔlf]

AUSSPRACHE SEITE VII

14 Krankheit
Ziekte

In der Apotheke

In de apotheek

Wo ist die nächste Apotheke (mit Nachtdienst)?

Waar is de dichtstbijzijnde apotheek (met nachtdienst)?
['waːr ɪs də dɪxst'bɛizɛində apo'teːk (mɛt 'naxdinst)]

Ich möchte ...

Ik wil graag ... [ɪk 'wɪl xraːx]

Geben Sie mir bitte etwas gegen ...

Geeft U mij iets tegen ..., alstublieft.
['xeːft y mə its teːxən ... alsty'blift]

 ● Dieses Mittel ist rezeptpflichtig.

Voor dit middel moet U een recept hebben.
[voːr 'dɪt 'mɪdəl mut y ən rə'sɛpt hɛbən]

Kann ich darauf warten?

Kan ik er op wachten?
['kan ɪk 'ɛr ɔp 'waxtən]

Wann kann ich es abholen?

Wanneer kan ik het ophalen?
[wa'neːr kan ɪk ət ɔp'haːlən]

Beim Arzt	**Bij de dokter**

Können Sie mir einen guten ... empfehlen?

Kunt U mij een goede ... aanbevelen? ['kʌnt y mə ən 'xudə ... 'a:mbəve:lən]

  Arzt
    dokter ['dɔktər]

  Augenarzt
    oogarts ['o:xarts]

  Frauenarzt
    vrouwenarts ['vrouwənarts]

  Hals-Nasen-Ohren-Arzt
    keel-neus-en-oorarts ['ke:l 'nø:s ən 'o:rarts]

  Hautarzt
    huidarts ['hœitarts]

  Internisten
    internist [ɪntər'nɪst]

  Kinderarzt
    kinderarts ['kɪndərarts]

  Nervenarzt
    zenuwarts ['ze:ny:warts]

  Praktischen Arzt
    huisarts ['hœisarts]

  Urologen
    uroloog [yro'lo:x]

  Zahnarzt
    tandarts ['tantarts]

Wo ist seine/ihre Praxis?

Waar is zijn/haar praktijk? ['wa:r ɪs zɛin/ha:r prak'tɛik]

Wann hat er Sprechstunde?

Wanneer heeft hij spreekuur? [wa'ne:r 'he:ft hɛi 'spre:ky:r]

Ich fühle mich nicht wohl.

Ik voel me niet goed. [ɪk 'ful mə nit xut]

Ich bin stark erkältet.

Ik ben erg verkouden. [ɪk bɛn 'ɛrx vərkoudən]

Ich habe hier Schmerzen.

Ik heb hier pijn. [ɪk hɛp 'hi:r 'pɛin]

Ich habe mich verletzt.

Ik heb me bezeerd. [ɪk 'hɛp mə bə'ze:rt]

Ich bin gestochen/gebissen worden.

Ik ben gestoken/gebeten. [ɪk bɛn xə'sto:kən/xə'be:tən]

Ich habe mir den Magen verdorben.

Ik heb mijn maag bedorven. [ɪk hɛp mən 'ma:x bə'dɔrvən]

Ich habe keinen Appetit.

Ik heb geen trek. [ɪk 'hɛp xe:n 'trɛk]

Ich habe Durchfall/Verstopfung.

Ik heb diarree/verstopping. [ɪk hɛp dia're:/vər'stɔpɪŋ]

Ich vertrage das Essen/die Hitze nicht.

Ik verdraag het eten/de hitte niet. [ɪk vər'dra:x ət 'e:tən/də 'hɪtə nit.]

Mir ist oft schlecht/schwindelig.

Ik ben vaak misselijk/duizelig. [ɪk bɛn 'va:k 'mɪsələk/'dœizələx]

Ich kann nicht schlafen.	Ik kan niet slapen. [ɪk 'kan nit 'sla:pən]
Ich kann den Arm/das Bein nicht bewegen.	Ik kan mijn arm/mijn been niet bewegen. [ɪk 'kan mən 'arm/mən 'be:n nit bə'we:xə]
Ich bin gestürzt.	Ik ben gevallen. [ɪk bɛn xə'valən]
Das Bein ist geschwollen.	Mijn been is opgezet. [mən 'be:n ɪs 'ɔpxəzɛt]
Ich glaube, ich habe mir den Fuß gebrochen/verstaucht.	Ik geloof dat ik mijn voet gebroken/verstuikt heb. [ɪk xə'lo:f dat ɪk mən 'vut xə'bro:kən/ vər'stœikt hɛp]

Ich habe
  Kopfschmerzen.
  Halsschmerzen.
	Ik heb [ɪk hɛp]
	  hoofdpijn. ['ho:fpɛin]
	  keelpijn. ['ke:lpɛin]

Ich habe Husten.	Ik hoest. [ɪk 'hust]
Können Sie mir bitte etwas geben/verschreiben?	Kunt U mij alstublieft iets geven/voorschrijven? [kʌnt y mɛi alsty'blift its 'xe:vən/ 'vo:rsxrɛivən]
Ich bin Diabetiker.	Ik heb suikerziekte. [ɪk hɛp 'sœikərzikt]
Ich erwarte ein Baby.	Ik verwacht een baby. [ɪk vər'waxt ən 'be:bi]
Können Sie mir bitte ein ärztliches Attest ausstellen?	Kunt U mij alstublieft een doktersattest geven? ['kʌnt y mə alsty'blift ən 'dɔktərsatɛst 'xe:vən]
● Was für Beschwerden haben Sie?	Welke klachten hebt U? ['wɛlkə 'klaxtən 'hɛpt y]
● Wo tut es weh?	Waar doet het pijn? ['wa:r dut ət 'pɛin]
● Machen Sie sich bitte frei.	Kleedt U zich alstublieft uit. ['kle:t y zix alsty'blift 'œit]
● Tut es hier weh?	Doet het hier pijn? ['dut ət 'hi:r 'pɛin]
● Atmen Sie tief. Atem anhalten, bitte.	Wilt U diep ademhalen? Adem inhouden. ['wɪlt y 'dip 'a:dəmha:lən. 'a:dəm 'ɪnhɔudən]
● Öffnen Sie den Mund.	Doet U uw mond open. ['dut y yw 'mɔnt 'o:pən]

Zeigen Sie die Zunge.	Steekt U Uw tong uit. ['ste:kt y yw 'toŋ œit]
Husten, bitte.	Hoest U eens. ['hust y e:ns]
Wie lange fühlen Sie sich schon so?	Hoe lang voelt U zich al zo? [hu 'laŋ vult y zix al zo:]
Wie ist Ihr Schlaf?	Hoe slaapt U? [hu 'sla:pt y]
Haben Sie Appetit?	Heeft U eetlust? [he:ft y 'e:tlʌst]
Sie müssen geröntgt werden.	Er moeten röntgenfoto's gemaakt worden. [ɛr 'mutən 'røntxənfo:tos xe'ma:kt wɔrden]
Ich muß Sie an einen Facharzt überweisen.	Ik moet U naar een specialist verwij-zen. [ɪk 'mut y na:r ən spesia'lɪst vər'wɛizən]
Sie müssen operiert werden.	U moet geopereerd worden. [y mut xəopə're:rt wɔrdən]
Sie brauchen ein paar Tage Bettruhe.	U moet een paar dagen in bed blijven. [y mut ən 'pa:r da:xən ɪm 'bɛt blɛivən]
Sie dürfen nicht soviel rauchen/trinken.	U mag niet zoveel roken/drinken. [y 'max nit zo've:l 'ro:kən/'drɪŋkən]
Es ist nichts Ernstes.	Het is niets ernstigs. [ət ɪs 'nits 'ɛrnstəxs]
Ich werde Ihnen etwas verschreiben.	Ik zal U iets voorschrijven. [ɪk zal y its 'vo:rsxrɛivən]
Nehmen Sie dreimal täglich 1 Tablette/15 Tropfen vor/nach dem Essen.	Neemt U driemaal daags een tablet/vijftien druppels voor/na het eten. ['ne:mt y 'drima:l da:xs ən ta'blɛt/ 'vɛiftin 'drʌpəls vo:r/na: ət 'e:tən]
Nehmen Sie eine Tablette vor dem Schlafengehen.	Neemt U een tabletje/pilletje voor het slapen-gaan. ['ne:mt y ən ta'blɛt/'pɪləcə 'vo:r ət 'sla:pənxa:n]

Im Krankenhaus

In het ziekenhuis

Schwester, verständigen Sie bitte meine Familie. Hier ist die Anschrift.

Zuster, wilt U mijn familie waarschuwen? Hier is het adres.
[zʌstər, wɪlt y mɛin faˈmili ˈwaːrsxyːwən? ˈhiːr ɪs ət aˈdrɛs]

Wie lange muß ich hier bleiben?

Hoe lang moet ik hier blijven?
[hu ˈlaŋ mut ɪk ˈhiːr blɛivən]

Ich kann nicht einschlafen. Geben Sie mir bitte eine Schmerztablette/Schlaftablette.

Ik kan niet (in)slapen. Wilt U mij alstublieft een pijnstiller/slaappilletje geven?
[ɪk ˈkan nit ˈ(ɪn)slaːpən. ˈwɪlt y mə alstyˈblift ən ˈpɛinstɪlər/slaːˈpɪləcə xeːvən]

Wann darf ich aufstehen/ausgehen?

Wanneer mag ik opstaan?/er uit gaan?
[waˈneːr max ɪk ˈɔpstaːn/ɛr ˈœit xaːn]

Geben Sie mir bitte eine Bescheinigung über die Dauer des Krankenhausaufenthalts mit Diagnose.

Wilt U mij alstublieft een schriftelijke verklaring geven over de duur van het ziekenhuisverblijf met de diagnose.
[ˈwɪlt y mə alstyˈblift ən ˈsxrɪftələkə vərˈklaːrɪŋ xeːvən oːvər də ˈdyːr van ət ˈzikənhœisvərblɛif mɛt də diaxˈnoːsə]

Beim Zahnarzt

Bij de tandarts

Ich habe (starke) Zahnschmerzen.

Ik heb (erge) kiespijn.
[ɪk hɛp (ˈɛrxə) ˈkispɛin]

Dieser Zahn (oben/unten/vorn/hinten) tut weh.

Deze tand (boven/onder/voor/achter) doet pijn.
[deːze ˈtant (ˈboːvən/ˈɔndər/ˈvoːr/ˈaxtər) dut ˈpɛin]

Ich habe eine Füllung verloren.

Ik ben de vulling verloren.
[ɪk bən də ˈvʌlɪŋ vərˈloːrən]

Mir ist ein Zahn abgebrochen.

Mijn tand is afgebroken.
[mɛin ˈtant ɪs ˈafxəbroːkən]

 Können Sie ihn plombieren?

Kunt U hem vullen? [ˈkʌnt y əm ˈvʌlən]

Können Sie diese Prothese reparieren?

Kunt U deze prothese maken?
[kʌnt y ˈdeːzə proˈteːzə ˈmaːkən]

Ich muß ihn ziehen.	Ik moet hem trekken. [ɪk 'mut əm 'trɛkən]
Dieser Zahn muß eine Krone bekommen.	Deze tand moet een kroon hebben. [de:zə 'tɑnt mut ən 'kro:n hɛbən]
Ich behandle ihn nur provisorisch.	Ik behandel hem maar provisorisch [ɪk bə'hɑndəl əm ma:r provi'so:ris]
Bitte gut spülen.	Wilt U goed spoelen. [wɪlt y 'xut 'spu:lən]
Kommen Sie in zwei Tagen bitte nochmal zum Nachsehen.	Komt U over twee dagen nog even voor controle. ['kɔmt y o:vər 'twe: 'da:xən nɔx e:vən vo:r kon'tro:lə]
Suchen Sie dann zu Hause gleich Ihren Zahnarzt auf.	Gaat U dan thuis direct naar Uw tandarts. ['xa:t y dɑn 'tœis di'rɛkt na:r yw 'tɑntɑrts]

Wortliste Krankheiten

Abszeß	abces *n* [ɑp'sɛs]
Ader	ader ['a:dər]
Allergie	allergie [ɑlɛr'xi]
Anfall	aanval ['a:nvɑl]
ansteckend	besmettelijk [bə'smɛtələk]
Ansteckung	besmetting [bə'smɛtɪŋ]
Appetitlosigkeit	gebrek *n* aan eetlust [xə'brɛk a:n 'e:tləst]
Arm	arm [ɑrm]
Asthma	astma ['ɑstma:]
Atembeschwerden	ademhalingsmoeilijkheden ['a:dəmha:lɪŋzmuiləkhe:dən]
atmen	ademen ['a:dəmən]
Augen	ogen ['o:xən]
~ entzündung	oogontsteking ['o:xɔntste:kɪŋ]
Ausschlag	uitslag ['œitslɑx]
Bauch	buik [bœik]
Behandlung, ärztliche	behandeling door de dokter/arts [bə'hɑndəlɪŋ do:r də 'dɔktər/'ɑrts]
Bein	been [be:n]
Besuchszeit	bezoekuur *n* ['bəzuky:r]
Blähungen	een opgezette buik hebben [ən ɔpxə'zɛtə bœik hɛbən]
Blase	blaas [bla:s]

Blinddarm	blindedarm [blɪndə'darm]
~ entzündung	blindedarmontsteking
	[blɪndə'darmɔntste:kɪŋ]
Blut	bloed *n* [blut]
~ druck	bloeddruk ['blutdrək]
bluten	bloeden ['bludən]
Blut/probe	bloedproef ['blutpruf]
~ transfusion	bloedtransfusie ['blutrans'fysi]
~ ung	bloeding ['bludɪŋ]
~ vergiftung	bloedvergiftiging ['blutfərxɪftəxɪŋ]
Brechreiz	braakneiging ['bra:knɛixɪŋ]
Bruch	breuk [brø:k]
Knochen ~	botbreuk ['bɔdbrø:k]
Leisten ~	hernia ['hɛrnia:]
Brust	borst [bɔrst]
~ korb	borstkas ['bɔrstkas]
Chirurg	chirurg [ʃi'rʌrx]
Cholera	cholera ['xo:ləra:]
Darm	darm [darm]
desinfizieren	desinfecteren [dɛsɪnfɛk'te:rən]
Diagnose	diagnose [diax'no:zə]
Diät	dieet *n* [di'e:t]
Diphtherie	difterie [dɪftə'ri]
Drüse	klier [kli:r]
Durchfall	diarree [dia're:]
durchleuchten	doorlichten ['do:rlɪxtən]
Eiter	etter ['ɛtər]
eitern	etteren ['ɛtərən]
Ellbogen	elleboog ['ɛləbo:x]
Entzündung	ontsteking [ɔnt'ste:kɪŋ]
erbrechen, sich	overgeven ['o:vərxe:vən]
	braken ['bra:kən]
erkälten, sich	kou vatten ['kou vatən]
Erkältung	kou [kou]
	verkoudheid [vər'kouthɛit]
Facharzt	specialist [spe:ʃa:'lɪst]
Ferse	hiel [hil]
Fieber	koorts [ko:rts]
Finger	vinger ['vɪŋər]
Füllung (Zahn)	vulling ['vʌlɪŋ]
Fuß	voet [vut]
Gallenblase	galblaas ['xalbla:s]
gebrochen	gebroken [xə'bro:kən]

Gehirn	hersens ['hɛrsəns]
~ erschütterung	hersenschudding ['hɛrsənsxədɪŋ]
~ schlag	beroerte ['bru:rtə]
Gehör	gehoor *n* [xə'ho:r]
Gelbsucht	geelzucht ['xe:lzəxt]
Gelenk	gewricht *n* [xə'wrɪxt]
Handgelenk	handgewricht *n* ['hantxəwrɪxt]
Geschlechtskrankheit	geslachtsziekte [xə'slɑxtsiktə]
geschwollen	gezwollen [xə'zwɔlən]
Geschwulst	gezwel *n* [xə'zwɛl]
Geschwür	zweer [zwe:r]
Gesicht	gezicht *n* [xə'zɪxt]
Glieder	ledematen ['le:dəma:tən]
Grippe	griep [xrip]
Hals	hals [hɑls]
	nek [nɛk]
~ schmerzen	keelpijn ['ke:lpɛin]
Hand	hand [hant]
Haut	huid [hœit]
~ krankheit	huidziekte ['hœitsiktə]
heiser sein	schor zijn ['sxɔr zɛin]
	hees zijn ['he:s sɛin]
Herz	hart *n* [hɑrt]
~ anfall	hartaanval ['hɑrta:nval]
~ fehler	hartgebrek ['hɑrtxəbrɛk]
~ infarkt	hartinfarkt ['hɑrtɪnfarkt]
~ klopfen	hartkloppingen ['hɑrtklɔpɪŋən]
~ spezialist	hartspecialist ['hɑrtspeʃa:lɪst]
Heuschnupfen	hooikoorts ['ho:iko:rts]
Höhensonne	hoogtezon ['ho:xtəzɔn]
Hüfte	heup [hø:p]
Hühnerauge	eksteroog *n* ['ɛkstəro:x]
Husten	hoesten ['hustən]
impfen	inenten ['ɪnɛntən]
Infektion	infectie [in'fɛksi]
	ontsteking [ɔnt'ste:kɪŋ]
Ischias	ischias ['ɪsxias]
Karies	kariës ['ka:ries]
Keuchhusten	kinkhoest ['kɪŋkhust]
Kiefer	kaak [ka:k]
Kinderlähmung	kinderverlamming ['kɪndərvər'lamɪŋ]
Knie	knie [kni]
Knöchel	enkel ['ɛŋkəl]
	knokkel ['knɔkəl]

Knochen	been *n* [beːn]
	bot *n* [bɔt]
~ bruch	botbreuk ['bɔdbrøːk]
Kopf	hoofd *n* [hoːft]
~ schmerzen	hoofdpijn ['hoːftpɛin]
Krampf	kramp [krɑmp]
krank	ziek [zik]
Krankenschwester	(zieken)verpleegster
	[(zikə)vər'pleːxstər]
	zuster ['zʌstər]
Krankheit	ziekte ['ziktə]
Krebs	kanker ['kaŋkər]
Kreislaufstörung	storing in de bloedsomloop
	[stoːrɪŋ ɪn də 'blutsɔmloːp]
Krone	kroon [kroːn]
Kurzsichtigkeit	bijziendheid [bɛi'zinthɛit]
Lähmung	verlamming [vər'lamɪŋ]
Lebensmittelvergiftung	voedselvergiftiging ['vutsəlvərxɪftəxɪŋ]
Leber	lever ['leːvər]
Lunge	long [lɔŋ]
Lungenentzündung	longontsteking ['lɔŋɔntsteːkɪŋ]
Magen	maag [maːx]
~ schmerzen	maagpijn ['maːxpɛin]
Mandelentzündung	amandelontsteking
	[aː'mandəlɔnt'steːkɪŋ]
Mandeln	amandelen [aː'mandələn]
	toncillen [tɔn'silən]
Masern	mazelen ['maːzələn]
Menstruation	menstruatie [mɛnstry'aːtsi]
Migräne	migraine [mi'grɛːnə]
Mittelohrentzündung	middenoorontsteking
	[mɪdən'oːrɔntsteːkɪŋ]
Mumps	bof [bɔf]
Mund	mond [mɔnt]
Muskel	spier [spiːr]
Nachtschwester	nachtzuster ['naxtsəstər]
Narkose	narcose [nar'koːzə]
Nase	neus [nøːs]
Nasenbluten	neusbloeding ['nøːzbludɪŋ]
Nerven	zenuwen ['zeːnywən]
nervös	zenuwachtig ['zeːnywaxtəx]
	nerveus [nɛr'vøːs]
Niere	nier [niːr]
Nierenentzündung	nierontsteking ['niːrɔntsteːkɪŋ]

Ohnmacht	flauwte ['flͻutə]
	bewusteloosheid [bəwəstə'loːshɛit]
in ~ fallen	flauw vallen ['flͻu valən]
Ohr	oor *n* [oːr]
Operation	operatie [oːpə'raːtsi]
Plombe	vulling ['vʌlɪŋ]
Pocken	pokken ['pͻkən]
Puls	pols [pͻls]
Quetschung	kneuzing ['knøːzɪŋ]
Rezept	recept *n* [rə'sɛpt]
Rheuma	reuma ['røːmaː]
Rippe	rib [rɪp]
Röntgenaufnahme	röntgenopname ['røntʃənͻpnaːmə]
Röteln	rode hond [roːdə 'hͻnt]
Rücken	rug [rʌx]
Rückgrat	ruggegraat ['rʌxəxraːt]
Schädel	schedel ['sxeːdəl]
Scharlach	roodvonk ['roːtfͻŋk]
Schenkel	dij [dɛi]
Schienbein	scheen(been) *n* [sxeːn/'sxeːnbeːn]
Schiene	spalk [spalk]
Schlaflosigkeit	slapeloosheid [slaːpə'loːshɛit]
Schlaganfall	beroerte ['bruːrtə]
	attaque [a'tak]
Schlüsselbein	sleutelbeen *n* ['sløːtəlbeːn]
Schmerzen	pijn [pɛin] *sing*
Schnittwunde	snee [sneː]
Schnupfen	neusverkoudheid [nøːsfər'kouthɛit]
Schulter	schouder ['sxͻudər]
Schüttelfrost	(koude) rillingen *pl* [(kͻudə) 'rɪlɪŋən]
Schwangerschaft	zwangerschap ['zwaŋərsxap]
Schweiß	zweet *n* [zweːt]
Schwellung	zwelling ['zwɛlɪŋ]
Schwindel	duizeligheid ['dœizələxhɛit]
schwitzen	zweten ['zweːtən]
Sehnenzerrung	peesverrekking ['peːsfɛrɛkɪŋ]
Seitenstechen	steek in de zij [steːk ɪn də 'zɛi]
Sonnen/brand	zonnebrand ['zͻnəbrant]
~ stich	zonnesteek ['zͻnəsteːk]
Spritze	injectie [ɪn'jɛksi]
Station	afdeling ['avdeːlɪŋ]
Stich	steek [steːk]
Stirnhöhlenentzündung	voorhoofdsholteonsteking ['voːrhoːftshͻltəͻntsteːkɪŋ]

Stuhlgang	stoelgang ['stulxɑŋ]
Tetanus	tetanus ['te:tɑ:nəs]
Trommelfell	trommelvlies *n* ['trɔməlvlis]
Typhus	tyfus ['tifəs]
Übelkeit	misselijkheid ['mɪsələkhɛit]
Unterleib	onderlijf *n* ['ɔndərlɛif]
Untersuchung	onderzoek *n* ['ɔndərzuk]
	consultatie [kɔnsəl'tɑ:tsi]
Urin	urine [y'rinə]
verbinden	verbinden, verbond, verbonden [vər'bɪndən]
Verbrennung	verbranding [vər'brɑndɪŋ]
Verdauung	spijsvertering ['spɛisfərte:rɪŋ]
Verdauungsstörung	spijsverteringsstoornis ['spɛisfərte:rɪŋ'sto:rnɪs]
Vergiftung	vergiftiging [vər'xɪftəxɪŋ]
verletzen	bezeren [bə'ze:rən]
	verwonden [vər'wɔndən]
Verletzung	verwonding [vər'wɔndɪŋ]
Verordnung	voorschrift *n* ['vo:rsxrɪft]
Verrenkung	verstuiking [vər'stœikɪŋ]
verschreiben	voorschrijven, schreef voor, voorgeschreven ['vo:rsxrɛivən]
verstaucht	verstuikt [vər'stœikt]
Verstopfung	verstopping [vər'stɔpɪŋ]
weh tun	pijn doen, deed, gedaan ['pɛin dun]
Windpocken	waterpokken ['wɑ:tərpɔkən]
Wirbelsäule	wervelkolom ['wɛrvəlko:lɔm]
Wunde	wond [wɔnt]
Zahn	tand [tɑnt]
Backen ~	kies [kis]
~ fleisch	tandvlees *n* ['tɑntfle:s]
~ schmerzen	kiespijn ['kispɛin]
Zehe	teen [te:n]
ziehen (Zahn)	trekken, trok, getrokken ['trɛkən]
Zuckerkrankheit	suikerziekte ['sœikərziktə]
Zunge	tong [tɔŋ]

Wortliste Medikamente

Abführmittel	laxeermiddel *n* [lɑk'se:rmɪdəl]
Alkohol	alkohol ['ɑlko:hɔl]
Antibabypillen	anti-conceptiepillen [ɑntikɔn'sɛpsipɪlən]
Aspirin	aspirine [ɑspi'rinə]

Augentropfen	oogdruppels ['o:xdrəpəls]
äußerlich	uitwendig [œit'wɛndəx]
Beruhigungsmittel	kalmeringsmiddel [kal'me:rɪŋzmɪdəl]
Binde	verband *n* [vər'bant]
Brandsalbe	brandzalf ['brantsalf]
Damenbinden	damesverband *n* ['da:məsfərbant]
Desinfektionsmittel	desinfectiemiddel *n* [dɛsɪnfɛk'simɪdəl]
Einreibemittel	inwrijfmiddel *n* ['inwrɛivmɪdəl]
Elastikbinde	elastisch verband *n* [e:'lastis fər'bant]
vor dem Essen	vóór het eten ['vo:r ət 'e:tən]
nach dem Essen	na het eten ['na: ət 'e:tən]
Fieberthermometer	koortsthermometer ['ko:rtstɛrmo:'me:tər]
Gegengift	tegengif *n* ['te:xəxɪf]
Glyzerin	glycerine [xlisə'rinə]
Gurgelwasser	gorgelwater ['xɔrxəlwa:tər]
Heftpflaster	pleister ['plɛistər]
Hustensaft	hoestdrank ['huzdraŋk]
innerlich	inwendig [ɪn'wɛndəx]
Insektenmittel	insektenmiddel *n* [ɪn'sɛktəmɪdəl]
Jod(tinktur)	jodium (tinktuur) ['jodiəm (tɪnk'ty:r)]
Kamillentee	kamillethee [ka:'mɪləte:]
Kopfschmerztabletten	hoofdpijntabletten ['ho:ftpɛinta:blɛtən]
Kreislaufmittel	middel *n* voor de bloedsomloop ['mɪdəl vo:r də 'blutsɔmlo:p]
auf nüchternen Magen	op de nuchtere maag [ɔb də 'nʌxtərə ma:x]
Magentropfen	maagdruppels [ma:xdrəpəls]
Mittel	middel *n* ['mɪdəl]
Mullbinde	zwachtel ['zwaxtəl]
Ohrentropfen	oordruppels ['o:rdrəpəls]
Pfefferminze	pepermunt [pe:pər'mʌnt]
Pflaster	pleister ['plɛistər]
Pillen	pillen ['pɪlən]
Präservativ	voorbehoedmiddel *n* ['vo:rbəhutmɪdəl] condoom *n* [kɔn'do:m]
Puder	poeder ['pudər]
Salbe	zalf [zalf]
Schlaftabletten	slaaptabletten ['sla:pta:blɛtən]
Schmerztabletten	tabletten tegen de pijn [ta:'blɛtə te:xə də 'pɛin]
Schnellverband	noodverband *n* ['no:tfərbant]
Tablette	tablet [ta:'blɛt]
Traubenzucker	druivesuiker ['drœivəsœikər]

Tropfen *pl*	druppels ['drʌpəls]
Verbandszeug	verbandmiddelen [vər'bɑndmɪdələn]
Vitamintabletten	vitaminetabletten [vitɑ:'minəta:blɛtən]
Watte	watten ['wɑtən]
Zäpfchen	zetpil ['zɛtpɪl]

Wörterbuch Niederländisch — Deutsch

A

aan [ɑːn] *(räumlich)* an; **aan board gaan** [ɑːn 'boːrt xɑːn] an Bord gehen; **aan de achterkant** [ɑːn də 'ɑxtərkɑnt] hinten; **aan de andere kant** [ɑːn də ɑndərə 'kɑnt] jenseits; **aan de beurt zijn** [ɑːn də 'bøːrt sɛin] an der Reihe sein; **aan de overkant** [ɑːn də 'oːvərkɑnt] drüben; **aan tafel** [ɑːn 'tɑːfəl] bei Tisch

aanbevelen ['ɑːmbəveːlən] ⟨beval aan, aanbevolen⟩ empfehlen

aanbeveling ['ɑːmbəveːlɪŋ] Empfehlung

aanbieden ['ɑːmbidən] ⟨bood aan, aangeboden⟩ anbieten

aanbieding ['ɑːmbidɪŋ] *(Laden)* Angebot

aanblik ['ɑːmblɪk] Ansicht

aanbod ['ɑːmbɔt] *n* Angebot

aangelegenheid [ɑːŋxə'leːxənhɛit] Angelegenheit

aangenaam ['ɑːŋxənɑːm] angenehm; bequem

aangeven ['ɑːŋxeːvən] ⟨gaf aan, aangegeven⟩ reichen, geben; *(Post)* aufgeben

aangifte ['ɑːŋxɪftə] *(Zoll)* Angabe

aanhouden ['ɑːnhɔudən] ⟨hield aan, aangehouden⟩ anhalten

aankijken ['ɑːŋkɛikən] ⟨keek aan, aangekeken⟩ ansehen

aanklacht ['ɑːŋklɑxt] Klage, Anklage

aankleden ['ɑːŋkleːdən], **zich ~** s. anziehen

aankloppen ['ɑːŋklɔpən] anklopfen

aankomen ['ɑːŋkoːmən] ⟨kwam aan, aangekomen⟩ ankommen; eintreffen

aankomst ['ɑːŋkɔmst] Ankunft; *(Zug, Schiff)* Einfahrt

aanleiding ['ɑːnlɛidɪŋ] Anlaß, Gelegenheit

aanmelden ['ɑːmɛldən] anmelden

aanmerkelijk [ɑː'mɛrkələk] beträchtlich

aannemen ['ɑːneːmən] ⟨nam aan, aangenomen⟩ annehmen; *(Einladung)* zusagen

aanraken ['ɑːnrɑːkən] berühren

aanraking ['ɑːnrɑːkɪŋ] Berührung

aansluiting ['ɑːnslœitɪŋ] *(Zug)* Anschluß

aansteken ['ɑːnsteːkən] ⟨stak aan, aangestoken⟩ anzünden; *(Licht)* anmachen

aansteker ['ɑːnsteːkər] Feuerzeug

aantal ['ɑːntɑl] *n* Anzahl, Zahl

aantekening ['ɑːnteːkənɪŋ] Aufzeichnung

aantrekken ['ɑːntrɛkən] ⟨trok aan, aangetrokken⟩ *(Kleidungsstück)* anziehen

aanwezig [ɑːn'weːzəx] anwesend

aanzien ['ɑːnzin] ⟨zag aan, aangezien⟩ anschauen

aarde ['ɑːrdə] Erde

aardewerk ['ɑːrdəwɛrk] *n* Tonwaren *pl*

aardig ['ɑːrdəx] nett

aarzelen ['ɑːrzələn] zögern

absent [ɑp'sɛnt] abwesend

absoluut [ɑpso:'lyt] unbedingt

accelereren [ɑksələ're:rən] *(Auto)* beschleunigen

accoord! [ɑ'koːrt] einverstanden!

achter ['ɑxtər] hinter

achterlaten ['ɑxtərlɑːtən] ⟨liet achter, achtergelaten⟩ zurücklassen

achterlopen ['ɑxtərloːpən] ⟨liep achter, achtergelopen⟩ *(Uhr)* nachgehen

achternaam ['ɑxtərnɑːm] Familienname

achteruit [ɑxtər'œit] rückwärts

administratie [ɑtminiˈstrɑːtsi] Verwaltung

?

adres [aːˈdrɛs] *n* Adresse, Anschrift; Sitz *(einer Firma)*
adresseren [aːˈdrɛsəˌrən] adressieren
advertentie [atvərˈtɛnsi] Anzeige, Inserat
advocaat [atfoˈkaːt] Anwalt
af [af] fertig!
afbeelding [ˈavbeːldɪŋ] Bild, Abbildung
afdingen [ˈavdɪŋən]
⟨dong af, afgedongen⟩ feilschen
afhalen [ˈafhaːlən] abholen
afhandelen [ˈafhandələn] erledigen
afkorting [ˈafkɔrtɪŋ] Abkürzung
afladen [ˈaflaːdən]
⟨laadde af, afgeladen⟩ abladen
afmaken [ˈavmaːkən] beenden
afnemen [ˈafneːmən]
⟨nam af, afgenomen⟩ abnehmen
afscheid [ˈafsxɛit] *n* Abschied;
afscheid nemen [ˈafsxɛit neːmən]
s. verabschieden,
afslaan [ˈafslaːn]
⟨sloeg af, afgeslagen⟩ ab-, einbiegen
afsluiten [ˈafslœitən]
⟨sloot af, afgesloten⟩ abschließen
afspraak [ˈafspraːk] Verabredung, Termin
afspreken [ˈafspreːkən]
⟨sprak af, afgesproken⟩ s. verabreden
afstand [ˈafstant] Abstand; Entfernung; Strecke
afval [ˈafal] Abfall
afwezig [afˈweːzəx] abwesend
afwijzen [ˈafˌwɛizən]
⟨wees af, afgewezen⟩ ablehnen; zurückweisen
agentschap [aːˈxɛntsxap] Agentur
al [al] schon
algemeen [alxəˈmeːn] allgemein
alle [ˈalə] alle
alleen [aˈleːn] allein
allereerst [alərˈeːrst] zunächst
alles [ˈaləs] alles, das Ganze
als [als] *(zeitlich)* wenn; *(Bedingung)* wenn, falls; *(Vergleich)* wie;
zolang als [zoˈlaŋ als] solange (wie)

alsjeblieft [alsjəˈblift] bitte *(bei* je)
alsof [alˈzɔf] als ob
alstublieft [alstyˈblift] bitte *(bei u)*
altijd [ˈaltɛit] immer
ambassade [ambaˈsaːdə] *(dipl. Vertretung)* Botschaft
ambtelijk [ˈamtələk] amtlich
amusant [aːmyˈsant] unterhaltend
amusement [aːmysəˈmɛnt] *n (Vergnügen)* Unterhaltung
amuseren [aːmyˈzeːrən], **zich ~**
s. amüsieren
andere [ˈandərə] andere
anderhalf [andərˈhalf] anderthalb
anders [ˈandərs] anders; sonst
andersom [andərˈzɔm] *adv* in umgekehrter Richtung
angst [aŋst] Angst, Furcht
anjer [ˈanjər] *(Blume)* Nelke
annonce [aˈnɔ̃ːsə] *(Inserat)* Anzeige
annuleren [anyˈleːrən] *(Fahr-, Flugkarten)* abbestellen
ansichtkaart [ˈanzɪxtkaːrt] Ansichtskarte
antiek [anˈtik] antik
antiquiteiten [antikwiˈtɛitən] Antiquitäten
antwoord [ˈantwoːrt] *n* Antwort
antwoorden [ˈantwoːrdən] antworten; erwidern
apparaat [apaˈraːt] *n* Apparat
appel [ˈapəl] Apfel
arbeid [ˈarbɛit] Arbeit
argwaan [ˈarxwaːn] Verdacht
arm (1) [arm] arm
arm (2) [arm] Arm
armband [ˈarmbant] Armband
artikel [arˈtikəl] *n* Artikel
attentie [aˈtɛnsi] Höflichkeit
attest [aˈtɛst] *n* Bescheinigung
auto [ˈɔutoː/ˈoːtoː] Auto
automaat [ɔutoːˈmaːt] *(Waren)* Automat
automatisch [ɔutoːˈmaːtis] automatisch
autorijden [ˈɔutoː/ˈoːtoːˌrɛidən] Auto fahren
avond [ˈaːvont] Abend; **'s avonds** [ˈsaːvɔnts] abends, am Abend
avondeten [ˈaːvonteːtən] *n* Abendessen, Nachtessen

B

baai [ba:i] Bucht
baan [ba:n] *ugs (Arbeit)* Stelle
baanvak ['ba:nvak] *n* (Bahn-)
Strecke
bad [bat] *n* Bad
baden ['ba:dən] *(Wanne)* baden
badhokje ['bathɔkjə] *n* (Bade-)
Kabine
badplaats ['batpla:ts] Badeort;
Kurort
bagage [ba:xa:ʒə] Gepäck
bagagebiljet [ba:'xa:ʒe'biljɛt] *n*
Gepäckschein
bagagedepot [ba:'xa:ʒede:'po:] *n*
Gepäckaufbewahrung
bagagedrager [ba:'xa:ʒedra:xər]
Gepäckträger *(am Fahrrad)*
bak [bak] Gefäß; *ugs* Gefängnis,
Knast
bakken ['bakən]
⟨bakte, gebakken⟩ backen; braten
(in der Pfanne)
bal (1) [bal] Ball *(zum Spielen)*
bal (2) [bal] *n* Ball *(Fest)*
band (1) [bant] Band *n (aus Stoff)*
band (2) [bant] Band *m (Buch)*
bang [baŋ] ängstlich; ~ **zijn voor**
befürchten, s. fürchten vor
bank [baŋk] *(Geldinstitut; Sitzbank)* Bank
beantwoorden [bə'antwo:rdən]
beantworten
bed [bɛt] *n* Bett
bedanken [bə'daŋkən] danken
beddegoed ['bɛdəxut] *n* Bettwäsche
bedekken [bə'dɛkən] bedecken
bederven [bə'dɛrvən]
⟨bedierf, bedorven⟩ verderben
bediende [bə'dində] Angestell-
te(r)
bedienen [bə'dinən] bedienen
bediening [bə'diniŋ] Bedienung
bedoelen [bə'dulən] beabsichtigen; *(jdn/etw)* meinen
bedoeling [bə'duliŋ] Absicht
bedorven [bə'dɔrvən] verdorben
bedrag [bə'drax] *n* Betrag
bedriegen [bə'drixən] betrügen
⟨bedroog, bedrogen⟩ betrügen
bedrieger [bə'drixər] Schwindler,
Betrüger
bedrijfsleider [bə'drɛifslɛidər]
Geschäftsführer

bedrinken [bə'driŋkən]
⟨bedronk, bedronken⟩, zich ~
s. betrinken
bedrog [bə'drɔx] *n* Betrug
begeleiden [bəxə'lɛidən] begleiten
begin [bə'xin] *n* Anfang, Beginn
beginnen [bə'xinən]
⟨begon, is begonnen⟩ anfangen,
beginnen
begrijpen [bə'xrɛipən]
⟨begreep, begrepen⟩ verstehen,
begreifen
begroeten [bə'xrutən] begrüßen
behalve [bə'halvə] außer; **behalve
dat** [bə'halvə dat] außerdem
behandelen [bə'handələn] behandeln
behandeling [bə'handəliŋ] Behandlung
behoefte [bə'huftə] Bedürfnis
behouden [bə'houdən]
⟨behield, behouden⟩ erhalten,
bewahren
behulpzaam zijn
[bə'hʌlpsa:m zɛin] behilflich sein
beide ['bɛidə] beide
bekend [bə'kɛnt] bekannt
bekijken [bə'kɛikən]
⟨bekeek, bekeken⟩ anschauen;
betrachten
beklagen [bə'kla:xən] bedauern;
zich ~ over [zix bə'kla:xən 'o:vər]
s. beschweren über
bekoorlijk [bə'ko:rlək] entzük-
kend, reizend
bekwaam [bə'kwa:m] fähig, tüchtig
bel [bɛl] Glocke; Klingel
belangrijk [bə'laŋrɛik] bedeutend,
wichtig
belangstelling [bə'laŋstɛliŋ] Interesse
beledigen [bə'le:dəxən] beleidigen
belediging [bə'le:dəxiŋ] Beleidigung
beleefd [bə'le:ft] höflich
beleefdheid [bə'le:fthɛit] Höflichkeit
Belg [bɛlx] Belgier
België ['bɛlxijə] Belgien
Belgische ['bɛlxisə] Belgierin
bellen ['bɛlən] klingeln

belofte [bə'lɔftə] Versprechen
belonen [bə'lo:nən] belohnen
beloning [bə'lo:nɪŋ] Belohnung
beloven [bə'lo:vən] versprechen
bemanning [bə'manɪŋ] *(Schiff)* Mannschaft
bemerken [bə'mɛrkən] bemerken
bemiddelaar [bə'mɪdəla:r] Vermittler
beneden [bə'ne:dən] unten; unterhalb
benedenverdieping [bə'ne:dənvər'di:pɪŋ] Erdgeschoß
benzine [bɛn'zinə] Benzin
beoordelen [bə'o:rdə'le:lən] beurteilen
bereid [bə'rɛit] bereit
bereiden [bə'rɛidən] zubereiten
bereiken [bə'rɛikən] erreichen
berekenen [bə're:kənən] berechnen
berg [bɛrx] Berg
bergaf(waarts) [bɛrx'af(wa:rts)] bergab
bergop(waarts) [bɛrx'ɔp(wa:rts)] bergauf
bericht [bə'rɪxt] *n* Bericht; Nachricht; **bericht zenden** [bə'rɪxt sɛndən] benachrichtigen
beroemd [bə'rumt] berühmt
beroep [bə'rup] *n* Beruf
beschadigen [bə'sxa:dəxən] beschädigen
beschadiging [bə'sxa:dəxɪŋ] Beschädigung
beschermen [bə'sxɛrmən] beschützen
bescherming [bə'sxɛrmɪŋ] Schutz
beschrijven [bə'sxrɛivən] ⟨beschreef, beschreven⟩ beschreiben
beslissen [bə'slɪsən] entscheiden
beslist [bə'slɪst] bestimmt; unbedingt
besluit [bə'slœit] *n* Entschluß
besluiteloos [bə'slœitəlo:s] unentschlossen
besluiten [bə'slœitən] ⟨besloot, besloten⟩ beschließen; s. entschließen,
besmettelijk [bə'smɛtələk] *(Krankheit)* übertragbar
bespoedigen [bə'spudəxən] beschleunigen
bespreken [bə'spre:kən] ⟨besprak, besproken⟩ bespre-

chen; *(Hotel, Platz)* bestellen, vorbestellen; *(Platz)* belegen
bestaan [bə'sta:n] ⟨bestond, bestaan⟩ bestehen (**uit** aus); existieren
bestellen [bə'stɛlən] bestellen
bestelling [bə'stɛlɪŋ] Bestellung
bestuur [bə'sty:r] *n* Verwaltung
bestuurder [bə'sty:rdər] Fahrer
betaalbaar [bə'ta:lba:r] zahlbar
betalen [bə'ta:lən] bezahlen; zahlen; **contant betalen** [kɔn'tant bə'ta:lən] bar zahlen
betaling [bə'ta:lɪŋ] Zahlung
betekenen [bə'te:kənən] bedeuten
betekenis [bə'te:kənɪs] Bedeutung
beter ['be:tər] besser
betoverend [bə'to:vərənt] bezaubernd
betreden [bə'tre:dən] ⟨betrad, betreden⟩ betreten
betrekking [bə'trɛkɪŋ] *(Arbeit)* Stelle, Stellung; ~ **hebben op** [bə'trɛkɪŋ hɛbən ɔp] s. beziehen auf
betrokken [bə'trɔkən] *(Wetter)* trüb
betrouwbaar [bə'trouba:r] zuverlässig
bevallen [bə'valən] ⟨beviel, bevallen⟩ gefallen; niederkommen, entbinden
bevatten [bə'vatən] enthalten
bevestigen [bə'vɛstəxən] bestätigen
bevinden [bə'vɪndən] ⟨bevond, bevonden⟩, **zich** ~ s. befinden
bevoegd [bə'vuxt] berechtigt
bevorderen [bə'vɔrdərən] befördern
bevriend [bə'vrint] befreundet
bevrijden [bə'vrɛidən] lösen
bewaren [bə'wa:rən] aufbewahren; bewahren, erhalten
bewegen [bə'we:xən] ⟨bewoog, bewogen⟩ bewegen
beweging [bə'we:xɪŋ] Bewegung
beweren [bə'we:rən] behaupten
bewijs [bə'wɛis] *n* Beweis
bewijzen [bə'wɛizən] ⟨bewees, bewezen⟩ beweisen
bewolkt [bə'wɔlkt] bedeckt, bewölkt

bewonderen [bə'wɔndərən] bewundern
bewoner [bə'wo:nər] Bewohner
bewust [bə'vʌst] bewußt
bezet [bə'zɛt] besetzt
bezienswaardigheid [bəzins'wa:rdəxhɛit] Sehenswürdigkeit
bezig ['be:zəx] beschäftigt (**met** mit)
bezigheid ['be:zəxhɛit] Tätigkeit
bezit [bə'zɪt] n Besitz
bezitten [bə'zɪtən] ⟨bezat, bezeten⟩ besitzen
bezitter [bə'zɪtər] Besitzer
bezoek [bə'zuk] n Besuch
bezoeken [bə'zukən] ⟨bezocht, bezocht⟩ besuchen
bezorgd [bə'zɔrxt] besorgt
bezorgen [bə'zɔrxən] besorgen; verschaffen
bezwaar [bə'zwa:r] n Beschwerde, Einwand
bidden ['bɪdən] ⟨bad, gebeden⟩ beten
bieden ['bidən] ⟨bood, geboden⟩ bieten
bier [bi:r] n Bier
bij [bɛi] (nahe) bei; (Richtung) zu; **bij dit weer** [bɛi 'dɪt we:r] bei diesem Wetter; **bij gelegenheid** [bɛi xə'le:xənhɛit] gelegentlich; **bij het eten** [bɛi ət 'e:tən] beim Essen; **bij voorbaat** [bɛi 'vo:rba:t] im voraus; **bij zonsondergang** [bɛi zɔns'ɔndərxaŋ] bei Sonnenuntergang
bijeen [bɛi'e:n] beisammen
bijkomen ['bɛiko:mən] ⟨kwam bij, bijgekomen⟩ s. erholen
bijlage ['bɛila:xə] (Brief) Anlage
bijna ['bɛina:] beinahe, fast
bijten ['bɛitən] ⟨beet, gebeten⟩ beißen
bijtijds [bɛi'tɛits] rechtzeitig
bijvoorbeeld [bɛi'vo:rbe:lt] zum Beispiel
bijzonderheid [bi'zɔndərhɛit] Einzelheit
biljet [bil'jɛt] n (Geld-)Schein
billijk ['bɪlək] (richtig) gerecht
binden ['bɪndən] ⟨bond, gebonden⟩ binden
binnen ['bɪnən] drin(nen); innen; innerhalb; **binnen!** ['bɪnən] herein!

binnenband ['bɪnəbant] Schlauch
binnenkomen (1) ['bɪnəko:mən] ⟨kwam binnen, binnengekomen⟩ eintreten
binnenkomen (2) ['bɪnəko:mən] n Eintritt
binnenkort [bɪnə'kɔrt] demnächst
binnenplaats ['bɪnəpla:ts] (Platz) Hof
binnenste ['bɪnənstə] n das Innere
binnentreden ['bɪnətre:dən] ⟨trad binnen, binnengetreden⟩ betreten
bioscoop [biɔs'ko:p] Kino
bitter ['bɪtər] bitter
blad [blat] n Blatt
bladzij(de) ['blatsɛi(də)] (Buch-) Seite
blauw [blɔu] blau
bleek [ble:k] bleich
blij [blɛi] froh
blijkbaar ['blɛikba:r] anscheinend
blijken ['blɛikən] ⟨bleek, gebleken⟩ s. herausstellen
blijven ['blɛivən] ⟨bleef, gebleven⟩ bleiben; ~ **bij** ['blɛivə bɛi] bestehen auf; **blijven staan** [blɛivə 'sta:n] ⟨bleef staan, is blijven staan⟩ stehenbleiben; anhalten
blik [blɪk] Blick
blikje ['blɪkjə] n (Konserve) Büchse
blikopener ['blɪko:pənər] Büchsenöffner, Dosenöffner
bliksem ['blɪksəm] (Wetter) Blitz
blind [blɪnt] blind
bloeien ['blujən] blühen
bloem [blum] Blume; (Fein-)Mehl
bloembol ['blumbɔl] Blumenzwiebel
blond [blɔnt] blond
blussen ['blʌsən] auslöschen; löschen
bocht [bɔxt] Bucht; Kurve
bodem ['bo:dəm] Boden
boek [buk] n Buch
boeken ['bukən] (Platz) buchen
boeket [bu'kɛt] n (Blumen-)Strauß
boer [bu:r] (Landwirt) Bauer
boerderij [bu:rdə'rɛi] Bauernhof
boete ['butə] (Geld-)Strafe
bol [bɔl] (Blumen-)Zwiebel
bont (1) [bɔnt] bunt
bont (2) [bɔnt] n Pelz

?

boodschap ['bo:tsxɑp] Besorgung
boom [bo:m] Baum
boos [bo:s] böse; zornig
boot [bo:t] Boot; Kahn
bord [bɔrt] *n* Teller
borstel ['bɔrstəl] Bürste
borstelen ['bɔrstələn] bürsten
bos [bɔs] *n* Wald
boter ['bo:tər] Butter
botsing ['bɔtsɪŋ] Zusammenstoß
bouwen ['bouwən] bauen
boven ['bo:vən] oben; über
bovendien [bo:vən'din] außerdem
braden ['bra:dən]
⟨braadde, gebraden⟩ braten;
gebraden vlees [xə'bra:də vle:s]
Braten
brand [brɑnt] Brand
brandbaar ['brɑndba:r] feuergefährlich
brandblusser ['brɑndbləsər]
Feuerlöscher
branden ['brɑndən] brennen
brandmelder ['brɑndmɛldər]
Feuermelder
breed [bre:t] breit; weit
breekbaar ['bre:gba:r] zerbrechlich
breken ['bre:kən]
⟨brak, gebroken⟩ brechen; zerbrechen
brengen ['brɛŋən]
⟨bracht, gebracht⟩ bringen;
op de hoogte brengen
[ɔb də 'ho:xtə brɛŋən] unterrichten, informieren
brief [brif] Brief
briefkaart ['brifka:rt] Postkarte
briefwisseling ['brifwɪsəlɪŋ]
Briefwechsel
brievenbus ['brivəbəs] Briefkasten
bril [brɪl] Brille
broek [bruk] Hose

broer [bru:r] Bruder
bromfiets ['brɔmfits] Mofa;
Moped
brommer ['brɔmər] Mofa
bron [brɔn] Brunnen
brood [bro:t] *n* Brot; **een stuk
brood** [ən stʌk 'bro:t] ein Stück
Brot
broodje ['bro:cə] *n* Brötchen
brug [brʌx] Brücke
bruiloft ['brœiloft] *(Feier)* Hochzeit
bruin [brœin] braun
brutaal [bry'ta:l] unverschämt,
frech
buidel ['bœidəl] Beutel
buigen ['bœixən]
⟨boog, gebogen⟩ biegen
buis [bœis] Rohr
buiten ['bœitən] außen; draußen;
außerhalb; außer; **van buiten
kennen** [vɑn 'bœitə kɛnən] auswendig können
buitengaats [bœitə'xa:ts] auf hoher See
buitengewoon ['bœitəxə'wo:n]
außergewöhnlich
buitenland ['bœitəlɑnt] *n* Ausland
buitenlander ['bœitəlɑndər] Ausländer
buitenlands ['bœitəlɑnts] ausländisch
buitenwijk ['bœitəwɛik] Vorort,
Vorstadt
burcht [bʌrxt] Burg
bureau [by'ro:] *n (Dienststelle)*
Amt; Büro; Schreibtisch
bus (1) [bʌs] Büchse, Dose
bus (2) [bʌs] Omnibus, Bus
bushalte ['bʌshɑltə] Bushaltestelle
buur [by:r] Nachbar
buurt [by:rt] Stadtteil; Nähe
buurvrouw ['by:rvrouw] Nachbarin

?

C

cabine [ka'binə] (Schiffs-)Kabine
cadeau [ka:'do:] *n* Geschenk
café [ka:'fe:] *n* Lokal; Wirtshaus
camping ['kɛmpɪŋ] Camping; Zeltplatz
catalogus [ka:'ta:lo:xəs] Verzeichnis, Katalog
centraal [sɛn'tra:l] zentral
centraalstation [sɛn'tra:lsta'ʃɔn]
n Hauptbahnhof
centrum ['sɛntrəm] *n* Zentrum
chauffeur [ʃo:'fø:r] Chauffeur;
Fahrer
chef [ʃɛf] Chef
cheque [ʃɛk] Scheck
concert [kɔn'sɛrt] *n* Konzert
concurrentie [kɔŋky'rɛntsi]
(Handel) Wettbewerb
conducteur [kɔndək'tø:r] Schaffner

consideratie [kɔnsidə'ra:tsi]
Rücksicht
consulaat [kɔnsy'la:t] *n* Konsulat
consulteren [kɔnsəl'te:rən] konsultieren
contact [kɔn'takt] *n* Berührung;
Kontakt
controle [kɔn'tro:lə] *(Bahnhof)*
Sperre
controleren [kɔntro:'le:rən] kontrollieren
controleur [kɔntro:'lø:r] Kontrolleur
conversatie [kɔnvər'sa:tsi]
Unterhaltung, Gespräch
corpulent [kɔrpy'lɛnt] beleibt
correct [kɔ'rɛkt] korrekt
correspondentie
[kɔrɛspɔn'dɛntsi] Briefwechsel
cursus ['kʌrsəs] *(Unterricht)* Kurs

D

daad [da:t] Tat
daar [da:r] *(Ort)* da, dort; **daar beneden** [da:r bə'ne:dən] dort unten
daarboven [da:r'bo:vən] dort
oben
daarginds [da:r'xɪns] dort unten
daarheen ['da:r'he:n] dorthin
daarna [da:r'na:] danach
daarom ['da:rɔm] daher, deshalb
dag [dax] Tag
dagelijks ['da:xələks] täglich
dak [dak] *n* Dach
dal [dal] *n* Tal
dame ['da:mə] Dame
dan [dan] *(bei Vergleich)* als;
(Zeit) da; dann; **beter dan**
['be:tər dan] besser als; **meer dan**
['me:r dan] mehr als; **niets dan**
['nits dan] nichts als
dancing ['dɛnsɪŋ] *n* Tanzlokal
dankbaar ['daŋkba:r] dankbar
danken ['daŋkən] danken
dans [dans] Tanz

dansen ['dansən] tanzen
dat (1) [dat] daß
dat (2) [dat] *n* jenes
datum ['da:təm] Datum
declareren [de:kla:'re:rən] verzollen
deel [de:l] *n* Teil; *(Buch)* Band *m*
deelnemen ['de:lne:mən]
⟨nam deel, deelgenomen⟩ teilnehmen (**aan** an)
deelneming ['de:lne:mɪŋ] Beileid
deelstaat ['de:lsta:t] (Bundes-)
Land
defect [də'fɛkt] *n* Defekt
definitief [de:fini'tif] endgültig
deftig ['dɛftəx] vornehm
dek [dɛk] *n* Deck
deken ['de:kən] (Bett-)Decke
delen ['de:lən] teilen
denken ['dɛŋkən]
⟨dacht, gedacht⟩ denken (**aan** an)
deponeren [depo'ne:rən] hinterlegen

?

derde ['dɛrdə] dritte
desondanks ['dɛsɔn'daŋks] trotzdem
destijds [dɛs'tɛits] damals
detail [de:'tai] *n* Einzelheit
deur [dø:r] Tür
deviezen [də'vizən] Devisen
deze ['de:zə] dieser, diese; **om deze reden** [ɔm 'de:zə 're:dən] aus diesem Grund
dezelfde [də'sɛlfdə] derselbe
dicht [dɪxt] dicht; geschlossen, zu
dichtbij [dɪxt'bɛi] dicht dabei, nahe
dichtdoen ['dɪxtdun] ⟨deed dicht, dichtgedaan⟩ zumachen
dichterbij komen [dɪxtər'bɛi ko:mən] ⟨kwam, gekomen⟩ s. nähern
die [di] jener, jene
dief [dif] Dieb
diefstal ['difstal] Diebstahl
dienen ['dinən] dienen
dienst [dinst] Dienst; Gefälligkeit
diep [dip] tief
dier [di:r] *n* Tier
dijk [dɛik] Deich
dik [dɪk] dick
dikte ['dɪktə] Dicke
dikwijls ['dɪkwəls] häufig, oft
ding [dɪŋ] *n* Ding, Gegenstand
direct [di'rɛkt] sofort, unmittelbar, direkt
directeur [dirɛk'tø:r] Direktor
directie [di'rɛksi] Direktion
dit [dɪt] dieses; **bij dit weer** [bɛi 'dɪt we:r] bei diesem Wetter
dochter ['dɔxtər] Tochter
doek [duk] Tuch
doel [dul] *n* Tor *(auf dem Spielfeld);* Ziel; Zweck
doelloos ['dulo:s] zwecklos
doelmatig [dul'ma:təx] zweckmäßig
doelpunt ['dulpənt] *n* Tor *(Gewinnpunkt)*
doen [dun] ⟨deed, gedaan⟩ machen, tun; **open doen** ['o:pə dun] ⟨deed open, opengedaan⟩ aufmachen; **pijn doen** ['pɛin dun] schmerzen
dokter ['dɔktər] *(Arzt)* Doktor
dokument [do:ky'mɛnt] *n* Dokument
dom (1) [dɔm] blöd(e), dumm
dom (2) [dɔm] Dom

dominee ['do:mine:] Pfarrer *(protestantisch)*
donker ['dɔŋkər] dunkel
dood (1) [do:t] Tod
dood (2) [do:t] tot
door [do:r] durch; *(Passiv)* von; **door de week** [do:r də 'we:k] wochentags
doorbrengen ['do:rbrɛŋən] ⟨bracht door, doorgebracht⟩ *(Zeit)* verbringen
doorgang ['do:rxaŋ] Durchgang
doorreis ['do:rɛis] Durchreise
doorreisvisum ['do:rɛisvizəm] *n* Durchreisevisum
doortocht ['do:rtɔxt] Durchfahrt
doos [do:s] Dose; Schachtel
dorp [dɔrp] *n* Dorf
dorst [dɔrst] Durst
dorstig ['dɔrstəx] durstig
douane [du'a:nə] Zoll
douanekantoor [du'a:nəkanto:r] *n* Zollamt
douanier [dua:'nje:] Zollbeamter
douche [duʃ] Dusche
doven ['do:vən] auslöschen
dozijn [do:'zɛin] *n* Dutzend
draad [dra:t] Draht; Faden
draaien ['dra:jən] drehen; wenden
dragen ['dra:xən] ⟨droeg, gedragen⟩ tragen
drank [draŋk] Getränk
drijven ['drɛivən] ⟨dreef, gedreven⟩ treiben
dringend ['drɪŋənt] dringend
drinkbaar ['drɪŋkba:r] trinkbar
drinken ['drɪŋkən] ⟨dronk, gedronken⟩ trinken
drogen ['dro:xən] trocknen
dromen ['dro:mən] träumen
dronken ['drɔŋkən] betrunken
droog [dro:x] trocken; *(Wein, positiv)* herb
droom [dro:m] Traum
druiven ['drœivən] Trauben
druk [drʌk] lebhaft, beschäftigt
drukken ['drʌkən] drücken
druppel ['drʌpəl] Tropfen
dubbel ['dʌbəl] doppelt
duidelijk ['dœidələk] deutlich
duiken ['dœikən] ⟨dook, gedoken⟩ tauchen
duin [dœin] Düne
duister ['dœistər] finster
Duits ['dœits] deutsch
Duitse ['dœitsə] Deutsche

Duitser ['dœitsər] Deutscher
Duitsland ['dœitslɑnt] Deutschland
duizend ['dœizənt] tausend
dun [dʌn] dünn
duren ['dyrən] dauern
durven ['dʌrvən] wagen

dus [dʌs] also; deshalb
duur (1) [dy:r] Dauer
duur (2) [dy:r] teuer
dwang [dwɑŋ] Zwang
dwars [dwɑrs] quer
dwingen ['dwɪŋən]
⟨dwong, gedwongen⟩ zwingen

E

eb [ɛp] Ebbe
echt [ɛxt] echt
echter ['ɛxtər] jedoch
echtgenoot ['extxəno:t] Ehemann
echtgenote ['extxəno:tə] Ehefrau
echtpaar ['extpɑ:r] *n* Ehepaar
een [ən] *art* ein; **een andere keer**
[ən 'ɑndərə ke:r] ein andermal;
een beetje [ən 'be:cə] ein bißchen; **een hoop** [ən 'ho:p] eine
Menge; **een paar** [ən 'pɑ:r] ein
paar/Paar . . .; **een tijdlang**
[ən 'tɛitlɑŋ] eine Zeitlang
één [e:n] *Zahlwort* eins; **één derde**
['e:n 'dɛrdə] ein Drittel; **één keer**
[əŋ 'ke:r] einmal
eenmaal ['e:mɑ:l] einmal
eenvoudig [e:n'vɔudəx] einfach
eer [e:r] Ehre
eerbied ['e:rbit] Achtung
eerder ['e:rdər] eher, früher; vielmehr
eergisteren [e:r'xɪstərən] vorgestern
eerst [e:rst] vorher, zuerst
eerste ['e:rstə] erste; **eerste hulp**
[e:rstə 'hʌlp] Erste Hilfe; **eerste
klas** [e:rstə 'klas] erstklassig
eetbaar ['e:tbɑ:r] eßbar
eetzaal ['e:tsɑ:l] Speisesaal
eeuw [e:w] Jahrhundert
effect [ɛ'fɛkt] *n* Wirkung
effectief [ɛfɛk'tif] wirksam
ei [ɛi] ⟨eieren⟩ *n* Ei
eigen ['ɛixən] eigen
eigenaar ['ɛixənɑ:r] Besitzer,
Eigentümer
eigenschap ['ɛixənsxap] Eigenschaft
eiland ['ɛilɑnt] *n* Insel
einde ['ɛində] *n* Ende

eindelijk ['ɛindələk] endlich
eindigen ['ɛindəxən]
⟨eindigde, is geëindigd⟩ abschließen, beendigen; beenden; enden
eindstation ['ɛintstɑ'ʃjɔn] *n* Endstation
eis [ɛis] Forderung
eisen ['ɛisən] ⟨eiste, geëist⟩ fordern, verlangen
elftal ['ɛlftɑl] *n (Fußball)* Mannschaft
elkaar [əl'kɑ:r] einander; **bij elkaar** [bɛi 'ɛlkɑ:r] beisammen
elk(e) [ɛlk/'ɛlkə] jeder; **elke dag**
['ɛlkə dax] alle Tage; **elke keer**
[ɛlkə 'ke:r] jedesmal; **elk uur**
[ɛlk 'y:r] stündlich
employé [ãmplwa:'je:] Angestell-
te(r)
en [ɛn] und; **en . . . en** [ɛn . . . ɛn]
sowohl . . . als auch; **en zo voort(s)**
[ɛn zo: 'vo:rt(s)] und so weiter
Engeland ['ɛŋəlɑnt] England
Engels ['ɛŋəls] englisch
Engelse ['ɛŋəlsə] Engländerin
Engelsman ['ɛŋəlsman] Engländer
enig ['e:nəx] einzig
enige ['e:nəxə] einige
enkel ['ɛŋkəl] einzig
enkele ['ɛŋkələ] einige
enthousiast [ãntu'ʒast] begeistert
(over von)
entreekaartje [ã'tre:kɑ:rcə] *n*
Eintrittskarte
envelop(pe) [ãvə'lɔp(ə)] Briefumschlag
erg [ɛrx] *adj* schlimm; *adv* sehr
ergens ['ɛrxəns] irgendwo; **ergens
anders** ['ɛrgəns 'andərs] anderswo

ergensheen [ɛrxəns'he:n] irgendwohin
ergeren ['ɛrxərən] ärgern; **zich ~
over** s. ärgern über
er is/er zijn [ɛr 'ɪs/ɛr 'zɛin] es gibt
erkennen [ɛr'kɛnən] anerkennen;
(einsehen) erkennen
ernstig ['ɛrnstəx] ernst; *(Krankheit)* schwer
ertegen [ɛr'te:xən] dagegen
ervaren [ɛr'va:rən] *adj* erfahren
ervaring [ɛr'va:rɪŋ] Erfahrung
erven ['ɛrvən] erben
ervoor [ɛr'vo:r] dafür
etage [e:'ta:ʒə] Stock(werk)
etalage [e:ta:'la:ʒə] Schaufenster
eten (1) ['e:tən] *n* Essen

eten (2) ['e:tən] ⟨at, gegeten⟩
essen
Europa [ø'ro:pa] Europa
Europeaan [ø:ro:pe:'ja:n] Europäer
Europees [ø:ro:'pe:s] europäisch
Europese [ø:ro:'pe:sə] Europäerin
eventueel [e:vɛnty'e:l] eventuell
examen [ɛk'sa:mən] *n* Prüfung,
Examen
examineren [ɛksa:mi'ne:rən]
(Examen) prüfen
export ['ɛkspɔrt] Ausfuhr
expositie [ɛkspo:zi'tsi] Ausstellung
expres [ɛks'prɛs] extra, absichtlich
extra . . . ['ɛkstra] Sonder . . .

F

fabriek [fa:'brik] Fabrik; Werk
familie [fa'mili] Familie *(Verwandtschaft);* **familie van**
[fa:'mili van] verwandt mit
fantastisch [fan'tastis] wunderbar
fatsoenlijk [fat'sunlək] *(Mensch)*
ordentlich
feestdag ['fe:sdax] Feiertag
feit ['fɛit] *n* Tatsache; *pl* Tatbestand
feliciteren [fe:lisi'te:rən] gratulieren
fiets [fits] (Fahr-)Rad
fijn [fɛin] fein
file ['filə] (Auto-)Schlange
filiaal [fili'a:l] *n* Filiale
film ['fɪlm] Film
firma ['fɪrma:] Firma
flat [flɛt] Wohnung
fles [flɛs] Flasche
flink [flɪŋk] tüchtig
flits [flɪts] *(Foto)* Blitz
florijn [flo:'rɛin] Gulden
fluitje ['flœicə] *n* Pfeife

fluweel [fly'we:l] *n* Samt
fontein [fɔn'tɛin] Springbrunnen
fooi [fo:i] Trinkgeld
formulier [fɔrmy'li:r] *n* Formular;
een ~ invullen
[ən fɔrmy'li:r 'ɪnvələn] ein Formular ausfüllen
foto ['fo:to:] *(Foto)* Bild
fotograferen [fo:to:xra:'fe:rən]
fotografieren
fototoestel ['fo:to:tustɛl] *n*
Fotoapparat
fout (1) [fout] falsch
fout (2) [fout] Fehler
fraai [fra:i] schön; nett
Française [frã'sɛ:zə] Französin
frankeren [fraŋ'ke:rən] frankieren
Frankrijk ['fraŋkrɛik] Frankreich
Frans [frans] französisch
Franse ['fransə] Französin
Fransman ['fransman] Franzose
fris [frɪs] frisch, kühl
fruit [frœit] *n* Obst
funktioneren [fʌŋkʃo:'ne:rən]
funktionieren

G

gaan [xɑːn] ⟨ging, gegaan⟩ gehen; **aan boord gaan** [ɑːn 'boːrt xɑːn] an Bord gehen; **naar bed gaan** [naːr 'bɛt xɑːn] zu Bett gehen; **gaan liggen** [xɑːn 'lɪxən] s. hinlegen; **gaan wandelen** [xɑːn 'wandələn] spazierengehen; **gaan zitten** [xɑːn 'zɪtən] s. (hin)setzen

gaar ['xɑːr] *(gekocht)* gar

gadeslaan ['xɑːdəslɑːn] ⟨sloeg gade, gadegeslagen⟩ beobachten

galerie [xɑːləˈri] (Kunst-)Galerie

gang [xɑŋ] *(Durchgang; Essen; Flur)* Gang

garage [xɑːˈraːʒə] Garage; *(Auto)* (Reparatur-)Werkstatt

garantie [xɑːˈrɑntsi] Garantie; Kaution; Sicherheit

gast [xɑst] Gast

gastheer ['xɑsthɛːr] Gastgeber

gastvrijheid [xɑst'frɛihɛit] Gastfreundschaft

gastvrouw ['xɑstfrɑu] Gastgeberin

gat [xɑt] *n* Loch

gauw [xɑu] bald

gebed [xəˈbɛt] *n* Gebet

gebergte [xəˈbɛrxtə] *n* Gebirge

gebeuren [xəˈbøːrən] s. ereignen, geschehen, passieren

gebeurtenis [xəˈbøːrtənɪs] Ereignis; Vorfall

geboorte [xəˈboːrtə] Geburt

geboortedatum [xəˈboːrtədɑtəm] Geburtsdatum

geboorteplaats [xəˈboːrtəplɑːts] Geburtsort

geboren [xəˈboːrən] geboren

gebouw [xəˈbɑuw] *n* Gebäude

gebraden vlees [xəˈbrɑːdə vleːs] *n* Braten

gebrek [xəˈbrɛk] *n* Mangel, Fehler

gebruik [xəˈbrœik] *n* Gebrauch, Verwendung

gebruikelijk [xəˈbrœikələk] gebräuchlich, üblich

gebruiken [xəˈbrœikən] anwenden, benutzen, gebrauchen, verwenden

gedachte [xəˈdɑxtə] Gedanke

gedenkteken [xəˈdɛŋkteːkən] *n* Denkmal

gedrag [xəˈdrɑx] *n* Benehmen

geduld [xəˈdʌlt] *n* Geduld

geduldig [xəˈdʌldəx] geduldig

gedurende [xəˈdyrəndə] *prp* während

geel [xeːl] gelb

geen [xeːn] kein; **geen (flauw) idee** [xəːn ('flɑu) iˈdeː] keine Ahnung!

geestelijke ['xeːstələkə] Geistlicher

geestig ['xeːstəx] geistreich

geheel [xəˈheːl] *(gesamt)* ganz

geheim [xəˈhɛim] geheim

gehuwd [xəˈhyːwt] verheiratet (**met** mit)

geïllumineerd [xəilymiˈneːrt] *(festlich)* beleuchtet

geïllustreerd blad [xəilysˈtreːrd 'blɑt] *n* Illustrierte

gek [xɛk] verrückt

gekleurd [xəˈkløːrt] farbig

geld [xɛlt] *n* Geld; **contant geld** [kɔntɑnt 'xɛlt] Bargeld

geldbeurs ['xɛltbøːrs] Geldbeutel

geldboete ['xɛltbutə] Geldstrafe

gelden ['xɛldən] ⟨gold, gegolden⟩ gelten

geldig ['xɛldəx] gültig

geldigheid ['xɛldəxhɛit] Gültigkeit

geldstuk ['xɛltstək] *n* Geldstück

geldwissel ['xɛltwɪsəl] Geldwechsel

geleden [xəˈleːdən] *(in der Vergangenheit)* vor; **twee dagen geleden** [twe: dɑːxən xəˈleːdən] vor zwei Tagen

gelegenheid [xəˈleːxənhɛit] Gelegenheit

gelijk [xəˈlɛik] *adj* gleich; **gelijk hebben** [xəˈlɛik hɛbən] recht haben

gelijken [xəˈlɛikən] ⟨geleek, geleken⟩ gleichen

gelijksoortig [xəlɛikˈsoːrtəx] ähnlich

gelijktijdig [xəlɛikˈtɛidəx] gleichzeitig

gelijkwaardig [xəlɛikˈwaːrdəx] gleichwertig

?

geloof [xə'lo:f] n Glaube
geloven [xə'lo:vən] glauben
geluid [xə'lœit] n Geräusch
geluk [xə'lʌk] n Glück
gelukkig [xə'lʌkəx] glücklich
gelukwens [xə'lʌkwɛns] Glückwunsch
gelukwensen [xə'lʌkwɛnsən] ⟨wenste geluk, gelukgewenst⟩ gratulieren
gemakkelijk [xə'makələk] leicht, einfach
gemak(zucht) [xə'mak(səxt)] Bequemlichkeit
gemeen [xə'me:n] gemein
gemeenschappelijk [xə'me:n'sxapələk] gemeinsam
gemeubileerde woning [xəmø:bi'le:rdə 'wo:nɪŋ] möblierte Wohnung
gemiddeld [xə'mɪdəlt] durchschnittlich
geneesmiddel [xə'ne:smɪdəl] n Heilmittel
genezen [xə'ne:zən] ⟨genas, genezen⟩ genesen, heilen
genieten [xə'nitən] ⟨genoot, genoten⟩ genießen
genoeg [xə'nux] genug; ~ **zijn** (aus)reichen
genoegen [xə'nuxən] n Vergnügen
genot [xə'nɔt] n Genuß
geopend [xə'o:pənt] geöffnet
gerecht [xə'rɛxt] n (Essen; Justiz) Gericht
gerechtigd [xə'rɛxtəxt] berechtigt
gerechtshof [xə'rɛxtshɔf] n (Justiz) Gericht
gereed [xə're:t] bereit; fertig
gereedschap [xə're:tsxap] n Werkzeug
geregeld [xə're:xəlt] regelmäßig
gerieflijkheid [xə'rifləkhɛit] Bequemlichkeit
gering [xə'rɪŋ] gering
geschenk [xə'sxɛŋk] n Geschenk
geschiedenis [xə'sxidənɪs] Geschichte
geschikt [xə'sxɪkt] (geeignet) richtig
gesloten [xə'slo:tən] geschlossen
gesprek [xə'sprɛk] n Gespräch
getal [xə'tal] n Zahl
getijden [xə'tɛidən] Gezeiten
getrouwd [xə'trouwt] verheiratet

getuige [xə'tœixə] Zeuge
getuigenis [xə'tœixənɪs] Zeugnis
geur [xø:r] Geruch
gevaar [xə'va:r] Gefahr
gevaarlijk [xə'va:rlək] gefährlich
geval [xə'val] n Fall; Vorfall; **in ~ van nood** [ɪŋ xə'val van no:t] im Notfall
geven ['xe:vən] ⟨gaf, gegeven⟩ geben
gevoel [xə'vul] n Gefühl
gewaarworden [xə'wa:rwɔrdən] ⟨werd gewaar, gewaargeworden⟩ merken
geweldig [xə'wɛldəx] gewaltig
gewend [xə'wɛnt] gewohnt
gewicht [xə'wɪxt] n Gewicht
gewoonlijk [xə'wo:nlək] gewöhnlich, üblich
gewoonte [xə'wo:ntə] Gewohnheit
gewoontjes [xə'wo:ncəs] gewöhnlich, ordinär
gezang [xə'zaŋ] n Gesang
gezicht [xə'zɪxt] n Gesicht
gezin [xə'zɪn] n Familie (Eltern u. Kinder)
gezond [xə'zɔnt] gesund
gezondheid [xə'zɔnthɛit] Gesundheit
gids [xɪts] Fremdenführer
gieten ['xitən] ⟨goot, gegoten⟩ gießen
gif(t) [xɪf(t)] n Gift
giftig ['xɪftəx] giftig
ginds [xɪnts] drüben
gisteren ['xɪstərən] gestern
glanzen ['xlanzən] glänzen
glas [xlas] n Glas
gloeilamp ['xluilamp] Glühbirne
goal [go:l] Tor (Gewinnpunkt)
God [xɔt] Gott
goed [xut] gut
goedkeuring ['xutkø:rɪŋ] Beifall, Billigung; Genehmigung
goedkoop [xut'ko:p] billig
golfbaan ['xɔlfba:n] Golfplatz
gooien ['xo:jən] werfen
gordijn [xɔr'dɛin] n Vorhang
goud [xout] n Gold
graag [xra:x] gern; **graag gedaan** [xra:x xə'da:n] (Antwort auf Dank) bitte; **graag willen** [xra:x 'wilən] (wünschen) mögen
grammofoonplaat [xramo:'fo:npla:t] Schallplatte

grap [xrap] Spaß; Witz
grapje ['xrapjə] n Scherz
grappig ['xrapəx] lustig
gras [xras] n Gras
gratis ['xra:tɪs] frei, gratis, umsonst
grauw [xrɔu] grau
greep [xre:p] (Hand-)Griff
grendel ['xrɛndəl] Riegel
grens [xrɛns] Grenze
grijpen ['xrɛipən]
⟨greep, gegrepen⟩ (er)greifen
grijs [xrɛis] grau
groeien ['xrujən] wachsen
groen ['xrun] grün
groente ['xruntə] Gemüse
groep [xrup] Gruppe

groeten ['xrutən] grüßen
grond [xrɔnt] Boden, Grund
grondwet ['xrɔntwɛt] (pol) Verfassung
groot [xro:t] groß
grootheid ['xro:thɛit] (geistige) Größe
grootmoeder ['xro:tmudər] Großmutter
groots [xro:ts] großartig
grootte ['xro:tə] Größe
grootvader ['xro:tfadər] Großvater
gulden ['xʌldən] Gulden
gunst [xʌnst] Gefälligkeit
gunstig ['xʌnstəx] günstig

H

haak [ha:k] Haken
haan [ha:n] Hahn (Tier)
haar (1) [ha:r] n Haar(e)
haar (2) [ha:r] pers prn dat sing
ihr; acc sing sie
haar (3) ['ha:r] poss prn (betont)
ihr
haast (1) [ha:st] beinahe
haast (2) [ha:st] Eile
haasten ['ha:stən] zich ~ s. beeilen
haastig ['ha:stəx] eilig
half [half] halb
hals [hals] Hals
halte ['haltə] Haltestelle
hamer ['ha:mər] Hammer
hand [hant] Hand; met de ~ gemaakt [mɛt də 'hant xə'ma:kt]
handgemacht
handbagage ['handba:xa:ʒə]
Handgepäck
handdoek ['handuk] Handtuch
handelen ['handələn] handeln
handig ['handəx] geschickt
handschoen ['hantsxun] Handschuh
handtas ['hantas] Handtasche
handtekening ['hantə:kənɪŋ] Unterschrift
handvat ['hantfat] n (Hand-)Griff
hangen ['haŋən] ⟨hing, gehangen⟩
(auf)hängen
hangklok ['haŋklɔk] Wanduhr
hapje ['hapjə] Imbiß; Leckerbissen

hard [hart] hart; **hard spreken**
[hart 'spre:kən] laut sprechen
hardheid ['harthɛit] Härte
hart [hart] n Herz
hartelijk ['hartələk] herzlich
hartelijkheid ['hartələkhɛit]
Herzlichkeit
haven ['ha:vən] Hafen
havenhoofd ['ha:vənho:ft] n Mole
hebben ['hɛbən] ⟨had, gehad⟩ haben; **dorst hebben** ['dɔrst hɛbən]
Durst haben; **gelijk hebben**
[xə'lɛik hɛbən] recht haben; **haast
hebben** ['ha:st hɛbən] es eilig haben; **het koud hebben**
[ət 'kout hɛbən] frieren; **honger
hebben** ['hɔŋər hɛbən] Hunger
haben; **liever hebben**
['livər hɛbən] lieber haben; **nodig
hebben** ['no:dəx hɛbən] benötigen, brauchen; **ongelijk hebben**
[ɔŋxə'lɛik hɛbən] unrecht haben
heden ['he:dən] heute
heel [he:l] (vollständig) ganz
heer [he:r] Herr
heerlijk ['he:rlək] herrlich
heet [he:t] heiß
heilig ['hɛiləx] heilig
hek [hɛk] n Gitter, Zaun
helaas [he:'la:s] leider
helder ['hɛldər] klar; sauber
helemaal [he:lə'ma:l] adv ganz;
vollständig; **helemaal niet**
[he:lə'ma:l nit] gar nicht

helft [hɛlft] Hälfte
helling ['hɛlɪŋ] (Ab-)Hang
helpen ['hɛlpən] ⟨hielp, geholpen⟩ helfen
hem [hɛm/əm] ihm; ihn
hemel ['he:məl] Himmel
hen [hɛn] acc pl (Person) sie
herfst [hɛrfst] Herbst
herhalen [hɛr'ha:lən] wiederholen
herinneren [hɛr'ɪnərən] erinnern (aan an)
herinnering [hɛr'ɪnərɪŋ] Andenken
herkennen [hɛr'kɛnən] erkennen
het (1) [ət] art der, die, das; **het minst** [ət 'mɪnst] das wenigste
het (2) [hɛt/ət] pers prn es; **het is jammer** [ət ɪs 'jamər] es ist schade; **het vriest** [ət 'vrist] es friert
het eens worden [ət 'e:ns wɔrdən] s. verständigen,
het eens zijn [ət 'e:ns sɛin] einig sein
heten ['he:tən] ⟨heette, geheten⟩ heißen
hetzelfde [hət'sɛlfdə] dasselbe
heuvel ['hø:vəl] Hügel
hier [hi:r] hier
hierheen ['hi:rhe:n] hierher
hij [hɛi] (betont) er
hinderen ['hɪndərən] hindern
hinderlijk ['hɪndərlək] lästig
hitte ['hɪtə] Hitze
hoe [hu] (Frage) wie
hoed [hut] Hut m
hoeden ['hudən], **zich ~ voor** s. hüten vor
hoek [huk] Ecke, Winkel
hoeveel [hu've:l] wieviel
hoewel [hu'wɛl] obgleich, obwohl
hoezo [hu'zo:] wieso
hof [hɔf] n (auch königl.) Hof
hoffelijk ['hɔfələk] höflich; galant
Holland ['hɔlant] Holland
Hollander ['hɔlandər] Holländer
Hollands ['hɔlants] holländisch
Hollandse ['hɔlantsə] Holländerin
hond [hɔnt] Hund
honderd ['hɔndərt] hunderthundertmal
honger ['hɔŋər] Hunger
hongerig ['hɔŋərəx] hungrig

honorarium [ho:no:'ra:riəm] n Honorar
hoofd [ho:ft] n Kopf (beim Menschen)
hoofddoek ['ho:vduk] Kopftuch
hoofdkussen ['ho:ftkəsən] n Kopfkissen
hoofdpijn ['ho:ftpɛin] Kopfschmerzen pl
hoofdstad ['ho:ftstat] Hauptstadt
hoofdstraat ['ho:ftstra:t] Hauptstraße
hoofdzakelijk ['ho:ftsa:kələk] hauptsächlich
hoog [ho:x] hoch
hoogseizoen ['ho:xsɛizun] n Hochsaison
hoogstens ['ho:xstəns] höchstens
hoogte ['ho:xtə] Höhe; **op de ~ brengen** [ɔb də 'ho:xtə brɛngən] informieren
hoogtepunt ['ho:xtəpənt] n Höhepunkt
hoorn [ho:rn] (tele) Hörer
hopen ['ho:pən] hoffen
horen ['ho:rən] hören; gehören
horloge [hɔr'lo:ʒə] n (Armband-)Uhr
hotel [ho:'tɛl] n Gasthaus, Gasthof; Hotel
houdbaar ['houdba:r] haltbar
houden ['houdən] ⟨hield, gehouden⟩ behalten; (fest)halten; dauern, halten; **houden van** ['houdə van] mögen, gern haben; lieben
hout [hout] n Holz
huid [hœit] Haut
huif [hœif] Haube; Plane
huilen ['hœilən] weinen
huis [hœis] n Haus
huisdeur ['hœizdø:r] Haustür
hulp [hʌlp] Hilfe
humeur [hy'mø:r] n Laune
hun (1) [hʌn] pers prn (betont) ihnen
hun (2) [hʌn] poss prn pl ihr
huren ['hy:rən] mieten
hut [hʌt] Hütte; (Schiffs-)Kabine
huur [hy:r] Miete
huwelijk ['hywələk] n Ehe; Heirat

?

I

idee [i'de:] *n* Idee
identiteitsbewijs
[idɛnti'tɛitsbəwɛis] *n* Personal-
ausweis
idioot [idi'o:t] blöd(e)
ie [i] *(unbetont)* er
ieder(e) ['idər(ə)] *adj* jeder
iemand ['imant] jemand
iets [its] etwas; **zo maar iets**
['zo: ma:r its] irgend etwas
ijs [ɛis] *n (auch* Speise-)Eis
ijverig ['ɛivərəx] fleißig
ijzel ['ɛizəl] Glatteis
ijzer ['ɛizər] *n* Eisen
ik [ɪk] ich; **ik ben misselijk**
[ɪg bɛn 'mɪsələk] mir ist übel
in [ɪn] in *dat;* **in de namiddag**
[ɪn də na:'mɪdax] nachmittags;
in de openlucht [ɪn də o:pə'lʌxt]
im Freien; **in geen geval**
[ɪŋ 'xe:n xə'val] keinesfalls, auf
keinen Fall; **in het algemeen**
['ɪn ət alxə'me:n] im allgemeinen;
in het bijzonder [ɪn ət bi'zɔndər]
besonders; **in het openbaar**
[ɪn ət o:pən'ba:r] öffentlich; **in ie-
der/elk geval** [ɪn idər/ɛlk xə'val]
auf alle Fälle; **in orde!** [ɪn 'ɔrdə]
einverstanden!; **in plaats van**
[ɪm pla:ts 'fan] (an)statt; **in staat
zijn** [ɪn 'sta:t sɛin] imstande sein;
in volle zee [ɪn 'vɔlə 'ze:] auf hoher See
inbegrepen ['ɪmbəxre:pən] inbegriffen
incident [ɪnsi'dɛnt] *n* Zwischenfall
inderdaad [ɪndər'da:t] in der Tat
indien [ɪn'din] falls, wenn
indruk ['ɪndrək] Eindruck
ineens [ɪn'e:ns] auf einmal
informatie [ɪnfɔr'ma:tsi] Auskunft
informatiebureau
[ɪnfɔr'ma:tsiby'ro:] *n* Auskunftsstelle
informeren [ɪnfɔr'me:rən]
⟨informeerde, geïnformeerd⟩
informieren; ~ **naar**
[ɪnfɔr'me:rə na:r] s. erkundigen
nach
ingang ['ɪŋxaŋ] Eingang
inhalen ['ɪnha:lən] *(schneller ge-*

hen, fahren) überholen
inhoud ['ɪnhɔut] Inhalt
inhouden ['ɪnhɔudən]
⟨hield in, ingehouden⟩ enthalten;
einbehalten
inkopen ['ɪŋko:pən]
⟨kocht in, ingekocht⟩ einkaufen
inlichten ['ɪnlɪxtən] benachrichtigen, informieren, verständigen,
inlichting ['ɪnlɪxtɪŋ] Auskunft, Erkundigung; **inlichtingen inwinnen** ['ɪnlɪxtɪŋən 'ɪnwɪnən] Auskunft einholen
inpolderen ['ɪmpɔldərən] eindeichen
inreizen ['ɪnrɛizən] *n* Einreise
inrit ['ɪnrɪt] Einfahrt
inschepen ['ɪnsxe:pən], zich ~
s. einschiffen
inslapen ['ɪnsla:pən]
⟨sliep in, ingeslapen⟩ einschlafen
insluiten ['ɪnslœitən]
⟨sloot in, ingesloten⟩ einschließen
inspannen ['ɪnspanən], zich ~
s. bemühen, s. Mühe geben
inspanning ['ɪnspanɪŋ] Anstrengung
installatie [ɪnsta'la:tsi] *(el)* Anlage
instantie [ɪn'stantsi] Behörde
instappen ['ɪnstapən] einsteigen
instemming ['ɪnstɛmɪŋ] Beifall;
Einverständnis
instituut [ɪnsti'tyt] *n* Institut
integendeel [ɪn'te:xənde:l] im Gegenteil
interessant [ɪntɛrɛ'sant] interessant
interesse [ɪntə'rɛsə] *n* Interesse
interesseren [ɪntɛrɛse:'rən], zich
~ **voor** s. interessieren für
intussen [ɪn'tʌsən] inzwischen
invoer ['ɪnvu:r] Einfuhr
invoerrechten ['ɪnvu:rɛxtən] Zollgebühren
invullen ['ɪnvələn] *(Formular)* ausfüllen
inwendige [ɪn'wɛndəxə] *n* das Innere,
inwikkelen ['ɪnwɪkələn] einwik-
keln

inwilligen ['ınwıləxən] einwilligen; genehmigen; gewähren
inwoner ['ınwo:nər] Einwohner
inzet ['ınzɛt] Einsatz

Italiaan [ıtal'ja:n] Italiener
Italiaans [ıtal'ja:ns] italienisch
Italiaanse [ıtal'ja:nsə] Italienerin
Italië [i'ta:liə] Italien

J

ja [ja] ja
jaar [ja:r] *n* Jahr; 5 ~ **geleden** [vɛif ja:r xə'le:dən] vor 5 Jahren
jaarbeurs ['ja:rbø:rs] *(Ausstellung)* Messe
jaargetijde ['ja:rxətɛidə] *n* Jahreszeit
jaarlijks ['ja:rləks] jährlich
jam [ʒɛm] Marmelade
jammer genoeg ['jamər xənux] unglücklicherweise
jas [jas] Mantel
je (1) [jə] *poss prn (unbetont)* dein
je (2) [jə] *pers prn (unbetont)* du; dir; dich

jeugd ['jø:xt] Jugend
jij [jɛi] *(betont)* du
jong [jɔŋ] jung
jongen ['jɔŋən] Junge
jou [jɔu] *(betont)* dir; dich
journalist [ʒu:rna'lıst] Journalist
jouw [jɔu] *(betont)* dein
juffrouw ['jʌfrɔu] Fräulein
juist [jœist] *(Gegensatz zu falsch)* richtig; *(zeitlich)* gerade
jullie (1) ['jʌli] *poss prn* euer
jullie (2) ['jʌli] *pers prn pl* ihr; euch
jurk [jʌrk] Kleid
jus [ʒy] Soße
juwelier [jywə'li:r] Juwelier

K

kaars [ka:rs] Kerze
kaart [ka:rt] (Land-, Post-, Speise-) Karte
kaartje ['ka:rcə] *n* (Eintritts-, Fahr-)Karte
kaas [ka:s] Käse
kabel ['ka:bəl] Seil
kachel ['kaxəl] Ofen
kadetje [ka:'dɛcə] *n* Brötchen
kajuit [ka:'jœit] Kajüte
kalmeren [kal'me:rən] s. beruhigen
kalmte ['kalmtə] *(seelisch)* Ruhe
kamer ['ka:mər] Zimmer, Raum
kampeerterrein [kam'pe:rtɛrɛin] *n* Campingplatz, Zeltplatz
kamperen [kam'pe:rən] zelten
kanaal [ka:'na:l] *n* Kanal
kant (1) [kant] Seite; **de andere ~ op** [də andərə 'kant ɔp] in umgekehrter Richtung
kant (2) [kant] *(Gewebe)* Spitze

kantoor [kan'to:r] *n (Dienststelle)* Amt; Büro
kapel [ka:'pɛl] *(auch* Musik-)Kapelle
kapitein [ka:pi'tɛin] Kapitän
kapot [ka:'pɔt] kaputt; außer Betrieb
kapotscheuren [ka:'pɔtsxø:rən] zerreißen
kas [kas] Kasse
kasteel [kas'te:l] *n* Schloß *(Gebäude)*
katoen [ka:'tun] Baumwolle
keel [ke:l] *(Kehle)* Hals
keer [ke:r] Mal; **twee ~** ['twe: 'ke:r] zweimal
keet [ke:t] Hütte; Bude
kelner ['kɛlnər] Kellner
kennen ['kɛnən] kennen; können
kennis ['kɛnəs] Kenntnis, Wissen; Bekannter
keramiek [ke:ra:'mik] Keramik

keren ['ke:ren] wenden
kerk [kɛrk] Kirche
kerkhof ['kɛrkhɔf] n Friedhof
kerktoren ['kɛrkto:rən] Kirchturm
Kerstavond ['kɛrsta:vɔnt] Weihnachtsabend
Kerstmis ['kɛrstmɪs] Weihnachten
ketting ['kɛtɪŋ] Kette
keuken ['kø:kən] Küche
keus [kø:s] Auswahl
kiezen ['kizən] ⟨koos, gekozen⟩ *(auch pol, tele)* wählen
kijken ['kɛikən] ⟨keek, gekeken⟩ schauen, zuschauen
kil [kɪl] kühl
kilo(gram) ['kilo:(xram)] Kilo(gramm)
kilometer ['kilo:me:tər] Kilometer
kind ['kɪnt] ⟨kinderen⟩ n Kind
kist [kɪst] Kiste
klaar [kla:r] klar; bereit
klaarblijkelijk [kla:r'blɛikələk] *adv* offenbar
klacht [klaxt] Beschwerde, Klage
klank ['klaŋk] Klang
klant [klant] Kunde
klap [klap] Schlag
klas [klas] Klasse
kleding ['kle:dɪŋ] Kleidung
kleerborstel ['kle:rbɔrstəl] Kleiderbürste
kleerhanger ['kle:rhaŋər] Kleiderbügel
kleermaker ['kle:rma:ker] Schneider
klei [klɛi] Ton *(Bodenart)*
klein [klɛin] klein
kleindochter ['klɛindɔxtər] Enkelin
kleingeld ['klɛinxɛlt] n Kleingeld
kleinkind ['klɛinkɪntnzo:n] n Enkel
klemtoon ['klɛmto:n] Ton, Betonung
kleur [klø:r] Farbe
klimmen ['klɪmən] ⟨klom, geklommen⟩ klettern
klok [klɔk] Glocke; (Wand-)Uhr
klooster ['klo:stər] n (Mönchs-)Kloster
kloppen ['klɔpən] klopfen
knap [knap] klug
knoop [kno:p] Knoten
knop [knɔp] Knopf
koe [ku] ⟨koeien⟩ Kuh
koel [kul] kühl
koers [ku:rs] *(auch* Wechsel-)Kurs

koffer ['kɔfər] Kiste; Koffer
koffie ['kɔfi] Kaffee
kok [kɔk] Koch
koken ['ko:kən] *(Wasser; Essen)* kochen
komen ['ko:mən] ⟨kwam, gekomen⟩ kommen; **te weten komen** [tə 'we:tə ko:mən] erfahren
kompas [kɔm'pas] n Kompaß
koning ['ko:nɪŋ] König
koningin [ko:nɪ'ɣɪn] Königin
kook(toe)stel ['ko:k(tu)stɛl] n Kocher
kool [ko:l] Kohle
koop [ko:p] Kauf
koorts [ko:rts] Fieber
kop [kɔp] Kopf *(beim Tier)*
kopen ['ko:pən] ⟨kocht, gekocht⟩ kaufen
koper ['ko:pər] Käufer
kopje ['kɔpjə] n Tasse
korf [kɔrf] Korb
kort [kɔrt] kurz
korting ['kɔrtɪŋ] Rabatt
kost [kɔst] Verpflegung
kostbaar ['kɔstba:r] kostspielig; kostbar
kosteloos ['kɔstəlo:s] kostenlos
kosten (1) ['kɔstən] *pl* Ausgaben; Kosten, Spesen; Gebühren
kosten (2) ['kɔstən] kosten
kostuum [kɔs'tym] n Anzug
kou [kou] Erkältung
koud [kout] kalt
kraan [kra:n] (Wasser-)Hahn
kracht [kraxt] Kraft
krachtig ['kraxtəx] kräftig
krant [krant] Zeitung
krantenkiosk [krantəki'ɔsk] Zeitungskiosk
krantenverkoper ['krantəvər'ko:pər] Zeitungsverkäufer
krediet [krə'dit] n Kredit
krijgen ['krɛixən] ⟨kreeg, gekregen⟩ bekommen, erhalten
kroeg [krux] Kneipe
kruidnagel ['krœitna:xəl] *(Gewürz)* Nelke
kruier ['krœiər] Gepäckträger
kruin [krœin] Gipfel
kruispunt ['krœispənt] n (Straßen-)Kreuzung
kruit [krœit] n *(mil)* Pulver

kunnen ['kʌnən] ⟨kon, gekund⟩ können
kunst [kʌnst] Kunst
kunstenaar ['kʌnstəna:r] Künstler
kunstenares [kənstəna:'rɛs] Künstlerin
kurketrekker ['kʌrkətrɛkər] Korkenzieher

kus [kʌs] Kuß
kussen (1) ['kʌsən] n Kissen
kussen (2) ['kʌsən] küssen
kust [kʌst] Küste, Meeresufer
kwaad doen [kwa: dun] schaden
kwaliteit [kwa:li'tɛit] Qualität
kwitantie [kwi'tantsi] Quittung
kwiteren [kwi'te:rən] quittieren

L

laag [la:x] nieder, niedrig; tief
laat [la:t] spät
laatste ['la:tstə] letzte
lachen ['laxən] ⟨lachte, gelachen⟩ lachen
ladder ['ladər] Leiter *f*
lamp [lamp] *(el)* Birne; Lampe
land [lant] n Land
landen ['landən] landen
landgenoot ['lantxəno:t] Landsmann
landgoed ['lantxut] n Landgut
landhuis ['lanthœis] n Landhaus
landing ['landɪŋ] Landung
landschap ['lantsxap] n Landschaft
landwinning ['lantwɪnɪŋ] Landgewinnung
lang [laŋ] lang
langs gaan ['laŋs xa:n] vorbeigehen
langzaam ['laŋza:m] langsam
lappen ['lapən] flicken
lastig ['lastəx] lästig; schwierig; **lastig vallen** ['lastəx falən] belästigen
laten ['la:tən] ⟨liet, gelaten⟩ lassen; **laten afhalen** ['la:tən 'afha:lən] abholen lassen; **laten liggen** [la:tə 'lɪxən] liegenlassen; **laten maken** [la:tə 'ma:kən] machen lassen; **laten schrikken** [la:tə 'sxrɪkən] erschrecken
later ['la:tər] nachher, später
lawaai [la:'wa:i] n Lärm
leeftijd ['le:ftɛit] Alter
leeg [le:x] leer
leem [le:m] n Ton, Lehm
leer [le:r] n Leder
leggen ['lɛxən] legen
leiden ['lɛidən] führen
leider ['lɛidər] Leiter *m*

leiding ['lɛidɪŋ] *(el, tele, Gas, Wasser)* Leitung
leidster ['lɛitstər] Leiterin
lelijk ['le:lək] häßlich
lenen ['le:nən] leihen
lengte ['lɛŋtə] Länge
lente ['lɛntə] Frühling
lepel ['le:pəl] Löffel
leraar ['le:ra:r] Lehrer
lerares [le:ra:'rɛs] Lehrerin
leren ['le:rən] lehren; lernen; **leren kennen** [le:rə 'kɛnən] kennenlernen
lesuur ['lɛsy:r] (Unterrichts-)Stunde
letten ['lɛtən] achtgeben (**op** auf); **let op!** [lɛt 'ɔp] Achtung!
leugen ['lø:xən] Lüge
leven (1) ['le:vən] n Leben
leven (2) ['le:vən] leben
levend ['le:vənt] lebend
levendig ['le:vəndəx] lebhaft
levensmiddelen ['le:vənsmɪdələn] n pl Lebensmittel
leveren ['le:vərən] liefern
lezen ['le:zən] ⟨las, gelezen⟩ lesen
lichaam ['lɪxa:m] n Körper
licht (1) [lɪxt] hell; *(Gewicht)* leicht; **lichte maaltijd** [lɪxtə 'ma:ltɛit] Imbiß
licht (2) [lɪxt] n Licht
lichtblauw ['lɪxt'blɔu] hellblau
lied [lit] n Lied
lief [lif] lieb
liefde ['livdə] Liebe
liefhebben ['lifhɛbən] ⟨had lief, liefgehad⟩ liebhaben
lieveling ['li:vəlɪŋ] Liebling
liever ['li:vər] eher, lieber, vielmehr
lift [lɪft] Aufzug, Fahrstuhl, Lift
liggen ['lɪxən] ⟨lag, gelegen⟩ liegen

?

ligging ['lɪxɪŋ] Lage *(eines Ortes)*
ligstoel ['lɪxstul] Liegestuhl
lijken ['lɛikən] ⟨leek, geleken⟩
scheinen; ~ **op** gleichen
lijn [lɛin] Linie
lijst [lɛist] Liste, Verzeichnis
linker ['lɪŋkər] *(adj)* link
links ['lɪŋks] links
lint [lɪnt] *n* Band *(aus Stoff)*
lip [lɪp] Lippe
liter ['litər] Liter
loge ['lo:ʒə] *(Theater)* Loge
loket [lo:'kɛt] *n* Kasse; *(Bahnhof, Bank)* Schalter
loochenen ['lo:xənən] leugnen
loon [lo:n] *n (Geld)* Verdienst
lopen ['lo:pən] ⟨liep, gelopen⟩
(zu Fuß) gehen; laufen

losmaken ['lɔsma:kən] lösen
lossen ['lɔsən] abladen
loven ['lo:vən] loben
lucht [lʌxt] Luft
luchten ['lʌxtən] lüften
lucifer ['lysifɛr] Streichholz
lucifersdoosje ['lysifɛrsdo:ʃə] *n*
Streichholzschachtel
lui [lœi] faul
luid [lœit] laut
luiden ['lœidən] läuten
luidspreker ['lœitspre:kər] Laut-sprecher
luisteren ['lœistərən] hören; zuhö-ren (**naar iemand** jdm)
lunch [lʌnʃ] Mittagessen
luxe ['lyksə] Luxus
luxueus [lyksy'ø:s] luxuriös

M

maal [ma:l] Mal
maaltijd ['ma:ltɛit] Mahlzeit
maan [ma:n] Mond
maand [ma:nt] Monat
maandelijks ['ma:ndələks] *adv*
monatlich
maar [ma:r] aber; sondern; bloß,
nur; **blijf maar kalm**
[blɛif ma:r 'kalm] bleib nur ruhig
maat [ma:t] Maß; *(Kleidung, Schuhe)* Größe
mager ['ma:xər] mager
maken ['ma:kən] *(herstellen)* ma-chen; **bekend maken**
[bə'kɛnt ma:kən] bekanntmachen;
mogelijk maken
['mo:xələk ma:kən] ermöglichen;
open maken ['o:pə ma:kən] auf-machen; **wakker maken**
['wakər ma:kən] aufwecken; **zich ongerust maken**
[zɪx ɔnxə'rʌst ma:kən] s. beunru-higen; **zich verstaanbaar maken**
[zɪx vər'sta:nba:r ma:kən]
s. *(sprachlich)* verständigen;
gebruik maken van
[xə'brœik ma:kən van] *(Verkehrs-mittel)* benutzen

makkelijk ['makələk] bequem;
einfach
man [man] Mann
mand [mant] Korb
manier [ma:'ni:r] Art, Weise
manifestatie [ma:nifɛs'ta:tsi]
Veranstaltung
mannelijk ['manələk] männlich
mantel ['mantəl] Mantel
map [map] (Akten-)Mappe
marchanderen [marʃand'e:rən]
feilschen
mark [mark] Mark *f*
markt [markt] Markt
marmelade [marmə'la:də] Mar-melade
matig ['ma:təx] mäßig
me [mə] *(unbetont)* mir; mich
mededelen ['me:dəde:lən] mittei-len
mededeling ['me:dəde:lɪŋ] Mittei-lung
medelijden ['me:dəlɛidən] *n* Mit-leid; **medelijden hebben met**
['me:dəlɛidə hɛbən mɛt] bedauern
meebrengen ['me:brɛŋən]
⟨bracht mee, meegebracht⟩ mit-bringen

?

meedogenloos [me:'do:xənlo:s] rücksichtslos

meel [me:l] *n* Mehl

meenemen ['me:ne:mən] ⟨nam mee, meegenomen⟩ mitnehmen

meer (1) [me:r] mehr

meer (2) [me:r] *n* See *m*

meeuw ['me:w] Möwe

meisje ['mɛiʃə] *n* Mädchen

melden ['mɛldən] melden

melk [mɛlk] Milch

men [mɛn] man

meneer [mə'ne:r] *(Anrede)* Herr

menen ['me:nən] meinen

menigte [me:'nəxtə] Menge

mening ['me:nɪŋ] Ansicht, Meinung; **van ~ zijn** der Meinung sein

mens [mɛns] Mensch; *pl* Leute

menselijk ['mɛnsələk] menschlich

menu [mə'ny] *n* Menü

merk [mɛrk] *n* (Handels-)Marke

merken ['mɛrkən] merken

mes [mɛs] *n* Messer

met [mɛt] mit; **met de hand gemaakt** [mɛt də 'hant xə'ma:kt] handgemacht; **met opzet** [mɛt 'opsɛt] absichtlich

meteen [mət'e:n] sofort, gleich, direkt

meten ['me:tən] ⟨mat, gemeten⟩ messen

meter ['me:tər] Meter

meubel [mø'bəl] *n* Möbel

meubileren [mø:bi'le:rən] möblieren

mevrouw [mə'vrɔu] *(Anrede; vor Namen)* Frau

middag ['mɪdɑx] Mittag; Nachmittag; **'s middags** ['smɪdɑxs] nachmittags

middageten ['mɪdɑxe:tən] *n* Mittagessen

middel ['mɪdəl] *n* Mittel

midden ['mɪdən] *n* Mitte

middernacht [mɪdər'nɑxt] Mitternacht

mij [mɛi] *(betont)* mir; mich

mijn [mɛin] *(betont)* mein

mijnerzijds ['mɛinərzɛits] meinerseits

mild [mɪlt] mild

milieu [mil'jø:] *n* Umwelt; Milieu

minder ['mɪndər] geringer; weniger

minstens ['mɪnstəns] mindestens, wenigstens

minuut [mi'nyt] Minute

mis [mɪs] *(rel)* Messe

misbruik ['mɪsbrœik] *n* Mißbrauch

misbruiken [mɪs'brœikən] mißbrauchen

misdaad ['mɪzda:t] Verbrechen

misschien [mɪ'sxin] vielleicht

mist [mɪst] Nebel

misverstaan ['mɪsvərsta:n] ⟨verstond mis, misverstaan⟩ mißverstehen

misverstand ['mɪsvərstɑnt] *n* Mißverständnis

m'n [mən] *(unbetont)* mein

modder ['modər] Schlamm

mode ['mo:də] Mode

modern [mo:'dɛrn] modern

moe [mu] müde

moeder ['mudər] Mutter

moeilijk ['muilək] schwer, schwierig

moeilijkheid ['muiləkhɛit] Schwierigkeit

moeite ['muitə] Beschwerde, Mühe

moeten ['mutən] ⟨moest, gemoeten⟩ müssen; sollen

mogelijk ['mo:xələk] möglich

mogelijkheid ['mo:xələkhɛit] Möglichkeit

mogen ['mo:xən] ⟨mocht, gemogen⟩ dürfen

molen ['mo:lən] Mühle

moment [momɛnt] *n* Moment

momenteel [mo:mɛn'te:l] zur Zeit

mond [mont] Mund

monden ['mondən] *(Straße)* einmünden

monument [mo:ny'mɛnt] *n* Denkmal

mooi [mo:i] hübsch; schön

mop [mop] Witz

morgen (1) ['mɔrxən] Morgen; Vormittag

morgen (2) ['mɔrxən] morgen

morgenavond [mɔrxə'na:vont] morgen abend

motor ['mo:tor] Motor; Motorrad

motorboot ['mo:torbo:t] Motorboot

motorfiets ['mo:torfits] Motorrad

mouw [mɔuw] Ärmel

mug [mʌx] Mücke
munt ['mʌnt] Münze
museum [my'se:jʌm] *n* Museum

muts [mʌts] Mütze
muur [my:r] Mauer; Wand
muziek [my'zik] Musik

N

na [na:] *(zeitlich)* nach
naaister ['na:istər] Schneiderin
naald ['na:lt] Nadel
naam [na:m] Name
naar [na:r] an, auf, in, nach, zu;
　naar believen [na:r bə'livən] nach
　Belieben; **naar beneden**
　[na:r bə'ne:dən] abwärts; **naar**
　beneden gaan
　[na:r bə'ne:də xa:n] hinunterge-
　hen; **naar binnen** [na:r 'bınən] ins
　Haus; **naar binnen gaan**
　[na:r 'bınə xa:n] hineingehen;
　naar boven [na:r 'bo:vən] nach
　oben; **naar buiten gaan**
　[na:r 'bœitən xa:n] hinausgehen;
　naar het postkantoor
　[na:r ət 'pɔstkanto:r] auf die Post;
　naar het schijnt [na:r ət 'sxɛint]
　anscheinend; **naar mijn mening**
　[na:r 'mɛin me:nıŋ] meiner Mei-
　nung nach; **naar voren**
　[na:r 'vo:rən] nach vorn
naast [na:st] neben
nabij [na:'bɛi] nahenahe bei
nabijheid [na:'bɛihɛit] Nähe
nacht [naxt] Nacht
nachtclub ['naxtkləp] Nachtlokal
nadeel ['na:de:l] *n* Nachteil; Schaden
nadere gegevens
　[na:dərə xə'xe:vəns] nähere An-
　gaben
naderen ['na:dərən] s. nähern
naderhand [na:dər'hant] nachher
nagel ['na:xəl] (Finger-)Nagel
najaar ['na:ja:r] *n* Herbst
nalatig [na:'la:təx] nachlässig
namiddag [na:'mıdax] Nachmittag
narekenen ['na:re:kənən] nachprüfen, nachrechnen
nasturen ['na:styrən] nachsenden

nat [nat] naß
natie ['na:tsi] Nation
nationaliteit [na:co:na:li'tɛit]
　Staatsangehörigkeit
natuur [na:'ty:r] Natur
natuurlijk [na:'ty:rlək] natürlich
natuurpark [na:'ty:rpark] *n* Naturpark
natuurreservaat [na:'ty:resɛrva:t]
　n Naturschutzgebiet
nauw [nou] eng
nauwelijks ['nouwələks] kaum
nauwgezet [nouxə'zɛt] gewissenhaft
nauwkeurig [nou'kø:rəx] genau;
pünktlich
nauwkeurigheid [nɔu'kø:rəxhɛit]
　Genauigkeit
navolgen ['na:vɔlxən] befolgen;
nachahmen
nazenden ['na:zɛndən] ⟨zond na,
nagezonden⟩ nachsenden
Nederland ['ne:dərlant] Niederlande
Nederlander ['ne:dərlandər]
　Niederländer
Nederlands ['ne:dərlants] niederländisch
Nederlandse ['ne:dərlantsə]
　Niederländerin
nee [ne:] nein
neef [ne:f] Cousin; Neffe
neerleggen ['ne:rlɛxən] hinlegen
neerzetten ['ne:rzɛtən] stellen
nemen ['ne:mən] ⟨nam, genomen⟩
　nehmen; *(Foto)* aufnehmen;
　neemt U mij niet kwalijk
　[ne:mt y mɛi nit 'kwa:lək] ich bitte
　um Entschuldigung
nergens ['nɛrxəns] nirgends
net (1) [nɛt] *n* Netz
net (2) [nɛt] ordentlich; gerade,
eben

?

nicht [nɪxt] Cousine; Nichte
niemand ['nimɑnt] keiner; niemand
niet [nit] nicht; **helemaal niet** [he:lə'ma:l nit] durchaus nicht, gar nicht; **niet alleen ... maar ook** [nit ɑ'le:n ... ma:r 'o:k] nicht nur ... sondern auch; **niet graag** [nit 'xra:x] nicht gern, ungern; **niet in staat** [nit ɪn 'sta:t] unfähig, außerstande; **niet wel** [nit 'wɛl] unwohl
niets [nits] nichts
nietsontziend ['ni:tsɔntsint] rücksichtslos
nietwaar? [nit'wa:r] nicht wahr?
nieuw [ni:w] neu
nieuwigheid ['ni:wəxhɛit] Neuheit
nieuwjaarsdag [ni:w'ja:rz'dɑx] Neujahr
nieuws [ni:ws] n Neuigkeit; Nachrichten
nieuwsgierig [ni:ws'xi:rəx] neugierig
nieuwtje ['ni:wcə] n Neuigkeit
noch ... noch [nɔx ... nɔx] weder ... noch
nodig ['no:dəx] nötig
noemen ['numən] nennen

nog [nɔx] noch; **nog niet** ['nɔx nit] noch nicht
non [nɔn] Nonne
noodweer ['no:twe:r] n Unwetter
noodzakelijk [no:t'sa:kələk] notwendig
noodzakelijkheid [no:t'sa:kələkhɛit] Notwendigkeit
nooit [no:it] nie
noordelijk ['no:rdələk] nördlich
noorden ['no:rdən] n Norden
noordoosten [no:rt'o:stən] n Nordosten
noordwesten [no:rt'wɛstən] n Nordwesten
Noordzee [no:rt'se:] Nordsee
noteren [no:'te:rən] notieren
notitieblok [no:'titiblɔk] n Notizblock
noviteit [novi'tɛit] Neuheit
nu [ny] jetzt, nun; **tot nu toe** [tɔt 'ny tu] bis jetzt
nul [nʌl] Null
nummer ['nʌmər] n Nummer
nummeren ['nʌmərən] numerieren
nutteloos ['nʌtəlo:s] nutzlos, unnütz
nuttig ['nʌtəx] nützlich

O

observeren [ɔpsɛr've:rən] beobachten
oceaan [o:se'a:n] Ozean
ochtend ['ɔxtənt] Morgen; Vormittag
oefenen ['ufənən] üben
oefening ['ufənɪŋ] Übung
oester ['ustər] Auster
oever ['uvər] *(Fluß)* Ufer
of [ɔf] ob; oder; **min of meer** ['mɪn ɔf me:r] mehr oder weniger; **of ... of** [ɔf ... ɔf] entweder ... oder
officieel [ɔfi'sje:l] amtlich; offiziell
ofschoon [ɔf'sxo:n] obgleich
ogenblik ['o:xəmblɪk] n Augenblick
olie ['o:li] Öl

om [ɔm] *prp (räumlich; zeitlich)* um; *(zeitlich)* gegen; *(Grund)* aus; **~ ... heen** [ɔm ... 'he:n] um ... herum; **om het uur** ['ɔm ət 'y:r] alle zwei Stunden; **om middernacht** [ɔm mɪdər'nɑxt] um Mitternacht
omarmen [ɔm'ɑrmən] umarmen
omdat [ɔm'dɑt] da, weil
omgaan ['ɔmxa:n] ⟨ging om, omgegaan⟩ *(Personen)* verkehren
omgekeerd ['ɔmxəke:rt] umgekehrt
omgeving [ɔm'xe:vɪŋ] Umgebung
omkeren ['ɔmke:rən] umkehren
omleiding ['ɔmlɛidɪŋ] Umleitung
omrekening ['ɔmre:kənɪŋ] Umrechnung

omruilen ['ɔmrœilən] umtauschen
omstandigheid [ɔm'standəxhɛit]
Umstand
omstreeks [ɔm'stre:ks] *(zeitlich)*
um
omtrek ['ɔmtrɛk] Umriß; Umfang
omweg ['ɔmwɛx] Umweg
omwisselen ['ɔmwɪsələn] umtauschen
onaangenaam [ɔn'a:ŋxəna:m]
unerfreulich
onbehagelijk [ɔmbə'ha:xələk]
ungemütlich
onbehoorlijk [ɔmbə'ho:rlək]
unanständig
onbekend [ɔmbə'kɛnt] unbekannt
onbekwaam [ɔmbə'kwa:m] unfähig
onbelangrijk [ɔmbə'laŋrɛik]
unwichtig
onbeleefd [ɔmbə'le:ft] unhöflich
onbepaald [ɔmbə'pa:lt] unbestimmt
ondankbaar [ɔn'daŋkba:r]
undankbar
ondanks ['ɔndaŋks] trotz
onder ['ɔndər] unter; unterhalb;
  onder de zeespiegel
  ['ɔndər də 'ze:spixəl] unter dem
  Meeresspiegel; **onder andere**
  [ɔndər 'andərə] unter anderem;
  onder voorbehoud
  [ɔndər 'vo:rbəhout] mit Vorbehalt
onderbreken [ɔndər'bre:kən]
  ⟨onderbrak, onderbroken⟩ unterbrechen
ondergoed ['ɔndərxut] *n* Unterwäsche
onderhouden [ɔndər'houdən],
  zich ~ s. unterhalten
onderhoudend [ɔndər'houdənt]
unterhaltend
onderneming [ɔndər'ne:mɪŋ]
Unternehmen
onderpand ['ɔndərpant] *n* Kaution
onderscheiden [ɔndər'sxɛidən]
  ⟨onderscheed, onderscheden⟩
  unterscheiden; **zich ~ van** s. unterscheiden von
onderscheiding [ɔndər'sxɛidɪŋ]
Orden; Auszeichnung
ondersteuning [ɔndər'stø:nɪŋ]
Unterstützung
ondertekenen [ɔndər'te:kənən]
unterschreiben

ondervinding [ɔndər'vɪndɪŋ]
Erfahrung
onderweg [ɔndər'wɛx] unterwegs
onderwerp ['ɔndərwɛrp] *n*
(Gesprächs-)Gegenstand
onderwijzen [ɔndər'wɛizən]
lehren, unterrichten
onderwijzer [ɔndər'wɛizər]
(Grundschul-)Lehrer
onderwijzeres ['ɔndərwɛizə'rɛs]
(Grundschul-)Lehrerin
onderzoek ['ɔndərzuk] *n* (Quali-
täts-)Prüfung; Untersuchung
onecht [ɔ'nɛxt] unecht
onervaren [ɔnɛr'va:rən] unerfahren
onfatsoenlijk [ɔnfat'sunlək]
unanständig
ongaarne ['ɔŋxa:rnə] nicht gern
ongehuwd [ɔŋxə'hy:wt] ledig
ongeldig [ɔŋ'xɛldəx] ungültig
ongelooflijk [ɔŋx'lo:flək] unglaublich
ongeluk ['ɔŋxələk] *n* Unfall;
Unglück
ongelukkig [ɔŋxə'lʌkəx] unglücklich; unglücklicherweise
ongemakkelijk [ɔŋxə'makələk]
unbequem
ongerust [ɔŋxə'rʌst] besorgt; **zich
  ~ maken** s. beunruhigen
ongeschikt [ɔŋxə'sxɪkt] ungeeignet
ongetrouwd [ɔŋxə'trout] ledig
ongetwijfeld [ɔŋxə'twɛifəlt] zweifellos
ongeveer [ɔŋxə've:r] etwa,
ungefähr
ongewenst [ɔŋxə'wɛnst] unerwünscht
ongewoon [ɔŋxə'wo:n]
ungewöhnlich
ongezellig [ɔŋxə'zɛləx] ungemütlich
ongezond [ɔŋxə'zɔnt] ungesund
ongunstig [ɔŋ'xʌnstəx] ungünstig
onjuist [ɔn'jœist] unrichtig
onkosten ['ɔŋkɔstən] Spesen;
Unkosten
onlangs ['ɔnlaŋs] kürzlich, neulich
onmogelijk [ɔ'mo:xələk] unmöglich
onnauwkeurig [ɔnɔuw'kø:rəx]
ungenau
onnodig [ɔ'no:dəx] unnötig

onontbeerlijk [ɔnɔnd'be:rlək] unentbehrlich

onpraktisch [ɔm'praktis] unpraktisch

onrecht ['ɔnrɛxt] *n* Unrecht

onrechtvaardig [ɔnrɛxt'va:rdəx] ungerecht

onrechtvaardigheid [ɔnrɛxt'va:rdəxhɛit] Ungerechtigkeit

onregelmatig [ɔnre:xəl'ma:təx] unregelmäßig

onrustig [ɔn'rʌstəx] unruhig

ons (1) [ɔns] *pers prn* uns

ons (2) [ɔns] *poss prn n* unser

onschadelijk [ɔn'sxa:dələk] unschädlich

onschuldig [ɔn'sxʌldəx] unschuldig

ontbijt [ɔnt'bɛit] *n* Frühstück

ontbreken [ɔnt'bre:kən] ⟨ontbrak, ontbroken⟩ fehlen

ontdekken [ɔnt'dɛkən] entdecken

ontevreden [ɔntə'vre:dən] unzufrieden

onthaal [ɔnt'ha:l] *n* Aufnahme, Empfang

onthouden [ɔnt'houdən] ⟨onthield, onthouden⟩ s. etw merken

ontkennen [ɔnt'kɛnən] leugnen

ontmoeten [ɔnt'mutən] begegnen

ontroerd [ɔnt'ru:rt] *(Gefühl)* bewegt

ontspannen [ɔnt'spanən] s. erholen

ontvangen [ɔnt'faŋən] ⟨ontving, ontvangen⟩ empfangen

ontvanger [ɔnt'faŋər] *(Post)* Empfänger

ontvangst [ɔnt'faŋst] Aufnahme; Empfang; Erhalt

ontvangstbevestiging [ɔnt'faŋstbəvɛstəxɪŋ] Empfangsbestätigung

ontwerp [ɔnt'wɛrp] *n* Entwurf

ontwikkelen [ɔnt'wɪkələn] bilden; entwickeln

ontwikkeling [ɔnt'wɪkəlɪŋ] Entwicklung

onverdragelijk [ɔnvər'dra:xələk] unerträglich

onvermijdelijk [ɔnvər'mɛidələk] unvermeidlich

onverwacht [ɔnvər'waxt] unerwartet

onvoldoende [ɔnvɔl'dundə] ungenügend

onvolledig [ɔnvɔl'le:dəx] unvollständig

onvoorzichtig [ɔnvo:r'zɪxtəx] unvorsichtig

onvriendelijk [ɔn'vrindələk] unfreundlich

onwaarschijnlijk [ɔnwa:r'sxɛinlək] unwahrscheinlich

onweer ['ɔnwe:r] *n* Gewitter

onwel [ɔn'wɛl] unwohl

onze ['ɔnzə] unser

onzeker [ɔn'ze:kər] ungewiß, unsicher

oog [o:x] *n* Auge

ooit [o:it] jemals

ook [o:k] auch; **ook niet** ['o:k nit] auch nicht; **niet alleen . . . maar ook** [nit a'le:n . . . ma:r 'o:k] nicht nur . . . sondern auch

oom [o:m] Onkel

oomzegger ['o:mzɛxər] Neffe *(eines Mannes)*

oomzegster ['o:mzɛxstər] Nichte *(eines Mannes)*

oor [o:r] *n* Ohr

oordeel ['o:rde:l] *n* Urteil

oordelen ['o:rde:lən] urteilen

oorlog ['o:rlɔx] Krieg

oorring ['o:rɪŋ] Ohrring

oorzaak ['o:rza:k] Ursache

oosten ['o:stən] *n* Osten

Oostenrijk ['o:stərɛik] Österreich

Oostenrijker ['o:stərɛikər] Österreicher

Oostenrijkse ['o:stərɛiksə] Österreicherin

op (1) [ɔp] *(ausgegangen)* alle

op (2) [ɔp] *prp* auf; **op vakantie gaan** [ɔp va:'kantsi xa:n] in Ferien fahren; **op doorreis** [ɔp 'do:rɛis] auf der Durchreise; **op één of andere manier** [ɔp 'e:n ɔf andərə ma'ni:r] irgendwie; **op korte termijn** [ɔp kɔrtə tɛr'mɛin] kurzfristig; **op reis** [ɔp 'rɛis] auf Reisen; **op straat** [ɔp 'stra:t] auf der Straße; **op werkdagen** [ɔp 'wɛrgda:xən] werktags, wochentags; **op zondag** [ɔp 'sɔndax] am Sonntag

opbellen ['ɔbɛlən] anrufen

opeens [ɔp'e:ns] auf einmal

open ['o:pən] auf, offen

openen ['o:pənən] öffnen
opera ['o:pəra] Oper
ophangen ['ɔphaŋən]
⟨hing op, opgehangen⟩ aufhängen
ophouden ['ɔphɔudən]
⟨hield op, opgehouden⟩ *(Person)* aufhalten; aufhören
opladen ['ɔpla:xən] aufladen
oplettend [ɔp'lɛtənt] aufmerksam
oplichten ['ɔplɪxtən] betrügen
opmerken ['ɔpmɛrkən] bemerken, sagen
opname ['ɔpna:mə] *(Foto)* Aufnahme
oponthoud ['ɔpɔnthɔut] *n (Zug)* Aufenthalt
oppassen ['ɔpasən] achtgeben, aufpassen **(op** auf); **pas op!** [pas 'ɔp] Achtung!
oppompen ['ɔpɔmpən] aufpumpen
oprapen ['ɔpra:pən] aufsammeln
opschuiven ['ɔpsxœivən]
⟨schoof op, opgeschoven⟩ aufschieben
opstaan ['ɔpsta:n]
⟨stond op, opgestaan⟩ aufstehen
opstijgen ['ɔpstɛixən]
⟨steeg op, opgestegen⟩ hinaufgehen
optellen ['ɔptɛlən] zusammenrechnen
optrekken ['ɔptrɛkən] *(Auto)* beschleunigen
opvoeding ['ɔpfudɪŋ] Erziehung
opvolgen ['ɔpvɔlxən] befolgen
opzeggen ['ɔpsɛxən] *(Zimmer)* abbestellen
opzettelijk [ɔp'sɛtələk] absichtlich
opzichter ['ɔpsɪxtər] Aufseher, Wächter
orde ['ɔrdə] Ordnung; *(rel)* Orden
ordelijk ['ɔrdələk] *(geordnet)* ordentlich
ordinair [ɔrdi'nɛ:r] gemein, ordinär
orkest [ɔr'kɛst] *n* (Musik-)Kapelle
oud [ɔut] alt
ouders ['ɔudərs] Eltern
ouderwets [ɔudər'wɛts] unmodern
oven ['o:vən] (Back-)Ofen
over ['o:vər] über; **~ een week** [o:vər ən'we:k in einer Woche
overal [o:vər'al] überall

overblijven ['o:vərblɛivən]
⟨bleef over, overgebleven⟩ übrigbleiben
overbodig [o:vər'bo:dəx] überflüssig
overboeken ['o:vərbukən] überweisen
overboeking ['o:vərbukɪŋ] Überweisung
overbrengen ['o:vərbrɛŋən]
⟨bracht over, overgebracht⟩ überbringen
overdag [o:vər'dax] bei Tag
overdraagbaar [o:vər'dra:xba:r] übertragbar
overdreven [o:vər'dre:vən] übertrieben
overeenkomen [o:vər'e:nko:mən]
⟨kwam overeen, overeengekomen⟩ vereinbaren
overeenkomstig
[o:vəre:ŋ'kɔmstəx] ähnlich
overgang ['o:vərxaŋ] Übergang
overhalen ['o:vərha:lən]
⟨haalde over, overgehaald⟩ überreden
overhandigen [o:vər'handəxən] übergeben; *(Geld)* herausgeben
overhemd ['o:vərhɛmt] *n* Hemd
over(ig) ['o:vər(əx)] übrig
overigens ['o:vərəxəns] übrigens
overmaken ['o:vərma:kən] überweisen
overmorgen [o:vər'mɔrxən] übermorgen
overnachten [o:vər'naxtən] übernachten
overreden [o:vər're:dən] überreden
overschot ['o:vərsxɔt] *n* Rest
overschrijden [o:vər'sxrɛidən]
⟨overschreed, overschreden⟩ überschreiten
overstappen ['o:vərstapən] umsteigen
overtocht ['o:vərtɔxt] Überfahrt
overtuigen [o:vər'tœixən] überzeugen
overuur ['o:vəry:r] Überstunde
overval ['o:vərval] Überfall
overvol ['o:vərvɔl] überfüllt
overzee [o:vər'ze:] Übersee
overzees [o:vər'ze:s] überseeisch
overzetten ['o:vərzɛtən] *(Schiff)* übersetzen
overzicht ['o:vərzɪxt] *n* Übersicht

?

P

paar [pɑːr] *n* Paar
paard [pɑːrt] *n* Pferd
paartje ['pɑːrcə] *n* Pärchen
pad [pɑt] *n* Pfad
pak [pɑk] *n* Anzug
pakje ['pɑkjə] *n* Päckchen; Schachtel *(Zigaretten)*
pakken ['pɑkən] packen
pakket [pɑ'kɛt] *n* Paket
paktouwtje ['pɑktɔucə] *n* Bindfaden
pan [pɑn] (Koch-)Topf
pand [pɑnt] *n* Pfand; Haus, Gebäude
papier [pɑː'piːr] *n* Papier
paraplu [pɑːrɑː'ply] (Regen-)Schirm
parasol [pɑːrɑː'sɔl] Sonnenschirm
pardon! [pɑr'dɔ̃ː] Verzeihung!
parfum [pɑr'fʌ̃ː] *n* Parfüm
park [pɑrk] *n* Park
parkeerplaats [pɑr'keːrplɑːts] Parkplatz
parkeren [pɑr'keːrən] parken
particulier [pɑrtiky'liːr] privat
pas (1) [pɑs] *adv* erst
pas (2) [pɑs] Schritt
Pasen ['pɑːsən] Ostern
paspoort ['pɑspoːrt] *n* Paß *(Ausweis)*
passage [pɑ'sɑːʒə] Durchgang
passagier [pɑsɑ'ʒiːr] Fahrgast; Passagier
passen ['pɑsən] passen
passeren [pɑ'seːrən] passieren; *(mit dem Auto)* überholen
pastoor [pɑs'toːr] *(katholisch)* Pfarrer
patroon [pɑː'troːn] *n* Muster
peer [peːr] Birne
percentage [pɛrsɛn'tɑːʒə] *n* Prozentsatz
per [pɛr] pro; per; je; **per dag** [pɛr 'dɑx] täglich; **per maand** [pɛr 'mɑːnt] monatlich; **per uur** [pɛr 'yːr] stündlich; **per vergissing** [pɛr vər'xɪsɪŋ] aus Versehen
periferie [peːrifeː'riː] Peripherie
personalia [pɛrsoː'nɑːliɑː] *n* Personalien *pl*
personeel [pɛrsoː'neːl] *n* Personal
personeelslid [pɛrsoː'neːlslɪt] ⟨-leden⟩ *n* Angestellte(r)

persoon [pɛr'soːn] Person
persoonlijk [pɛr'soːnlək] persönlich
pick-up [pɪk'ʌp] Plattenspieler, Tonabnehmer
pier [piːr] Mole
pijn [pɛin] Schmerz; **pijn doen** ['pɛin dun] weh tun
pijnlijk ['pɛinlək] schmerzhaft
pijp [pɛip] Rohr; (Tabaks-)Pfeife
Pinksteren ['pɪŋkstərən] Pfingsten
plaat [plɑːt] (Schall-)Platte
plaats [plɑːts] Ort, Stelle; Platz; **in ~ van** [ɪm 'plɑːts 'fɑn] (an)statt
plaatsbewijs ['plɑːtsbəwɛis] *n* Fahrkarte; Eintrittskarte
plaatsen ['plɑːtsən] setzen
plaatsje ['plɑːcə] *n* Ortschaft
plaatsvinden ['plɑːtsfɪndən] ⟨vond plaats, plaatsgevonden⟩ stattfinden
plafond [plɑː'fɔn] *n* (Zimmer-)Decke
plak [plɑk] Tafel *(Schokolade)*
plakje ['plɑkjə] *n* (Wurst, Käse) Scheibe
plan [plɑn] *n* Plan; Vorsatz; **van plan zijn** [vɑn 'plɑn zɛin] beabsichtigen
plant [plɑnt] Pflanze
plantsoen [plɑnt'sun] *n* (Grün-)Anlage
plat [plɑt] eben, flach
platenspeler ['plɑːtənspeːlər] Plattenspieler
plattegrond [plɑtə'xrɔnt] (Stadt-)Plan
platteland [plɑtə'lɑnt] *n* Land *(Gegensatz zur Stadt)*
plechtig ['plɛxtəx] feierlich
plein [plɛin] *n* Platz *(in der Stadt)*
plezier [plə'ziːr] *n* Spaß, Vergnügen; **iemand een ~ doen** ['imɑnt ən plə'ziːr dun] jdm einen Gefallen tun
plicht [plɪxt] Pflicht
plotseling ['plɔtsəlɪŋ] plötzlich
plukken ['plʌkən] pflücken
poeder (1) ['pudər] *n* Puder
poeder (2) ['pudər] Pulver
poetsen ['putsən] putzen
poging ['poːxɪŋ] Versuch

polder ['pɔldər] Polder
politie [po:'litsi] Polizei
politieagent [po:'litsia:xɛnt] Polizist
politieagente [po:'litsia:xɛntə] Polizistin
politiepost [po:'litsipɔst] Polizeiwache
pompstation ['pɔmpsta:ʃɔn] Tankstelle
pond [pɔnt] *n (Gewicht)* Pfund
pont [pɔnt] Fähre
poort [po:rt] *(Einfahrt)* Tor
porselein [pɔrsə'lɛin] *n* Porzellan
portaal [pɔr'ta:l] *n* Portal
portefeuille [pɔrtə'fœjə] Brieftasche
portemonnee [pɔrtəmɔ'ne:] Geldbeutel, Portemonnaie
portier (1) [pɔr'ti:r] Pförtner; Portier
portier (2) [pɔr'ti:r] *n (Auto)* Tür
porto ['pɔrto:] *n* Porto
positie [po:'zitsi] Stellung
post [pɔst] Post; **op de ~ doen** [ɔp də 'pɔs dun] *(Briefe)* einwerfen
postbode ['pɔstbo:də] Briefträger
posten ['pɔstən] *(Briefe)* einwerfen
postkantoor ['pɔstkanto:r] *n* Post(amt)
postpapier ['pɔstpa:pi:r] *n* Briefpapier
postzegel ['pɔstse:xəl] Briefmarke
pot [pɔt] Topf
potlood ['pɔtlo:t] *n* Bleistift

prachtig ['praxtəx] prächtig
praktisch ['praktis] praktisch
praten [pra:tən] reden
precies [prə'sis] genau; gewissenhaft
predikant [pre:di'kant] *(protestantisch)* Pfarrer
preek [pre:k] Predigt
priester ['pristər] Priester
prijs [prɛis] Preis
prima ['prima:] erstklassig
privé [pri've:] privat
proberen [pro:'be:rən] probieren, versuchen
procent [pro:'sɛnt] *n* Prozent
procureur [pro:ky'rø:r] Anwalt
produceren [pro:dy'se:rən] erzeugen
produkt [pro:'dʌkt] *n* Erzeugnis, Produkt
proef [pruf] Probe
proeven ['pruvən] *(Speisen)* probieren, versuchen
programma [pro:'xrama:] *n* Programm
prospektus [prɔs'pɛktəs] Prospekt
protesteren [pro:tɛs'te:rən] protestieren
publiceren [pybli'se:rən] bekanntmachen
publiek [py'blik] öffentlich
pullover [pu'lo:vər] Pullover
punaise [py'nɛ:zə] Reißnagel, Heftzwecke
punt (1) [pʌnt] *n* Punkt
punt (2) [pʌnt] Spitze
put [pʌt] Brunnen

R

raad [ra:t] Rat; **raad geven** ['ra:t xe:vən] raten, Rat geben; **om raad vragen** [ɔm 'ra:t fra:xən] um Rat fragen
raam [ra:m] *n* Fenster
rad [rat] *n* Rad
raden ['ra:dən] ⟨raadde/ried, geraden⟩ (er)raten
radio [ra:dio:] Radio
radiotoestel ['ra:dio:tustɛl] *n* Radioapparat

rails [re:ls] Gleis
rand [rant] Rand
rapport [ra'pɔrt] *n (Bescheinigung)* Zeugnis
receptie [rə'sɛpsi] *(Hotel)* Empfang
recht (1) ['rɛxt] *adj* gerade
recht (2) [rɛxt] *n* Recht
rechtbank ['rɛxtbaŋk] *(Justiz)* Gericht
rechten ['rɛxtən] Gebühren

rechter (1) ['rɛxtər] *adj* recht
rechter (2) ['rɛxtər] Richter
rechts [rɛxts] rechts; **rechts af-slaan** [rɛxts 'afsla:n] nach rechts einbiegen
rechtstreeks [rɛxt'stre:ks] direkt
rechtuit [rɛxt'œit] geradeaus
rechtvaardig [rɛxt'va:rdəx] gerecht
rechtzetten ['rɛxtsɛtən] richtigstellen
reclame [rə'kla:mə] Reklame
reclameren [re:kla:'me:rən] reklamieren
rectificeren [rɛktifi'se:rən] berichtigen
rector ['rɛktɔr] *(Gymnasium)* Direktor
reçu [rə'sy] *n* Gepäckschein
redden ['rɛdən] retten
reden ['re:dən] Anlaß, Grund
reductie [rə'dʌksi] Ermäßigung
regelen ['re:xələn] regeln
regeling ['re:xəlɪŋ] Ordnung
regelmatig [re:xəl'ma:təx] regelmäßig
regen ['re:xən] Regen
regenen ['re:xənən] regnen
regenjas ['re:xənjas] Regenmantel
reiken ['rɛikən] reichen, geben
reis [rɛis] Reise; **tijdens de reis** ['tɛidəns də 'rɛis] auf der Reise
reisbureau ['rɛisbyro:] *n* Reisebüro
reisdoel ['rɛizdul] *n* Reiseziel
reisroute ['rɛisrutə] Reiseroute
reizen ['rɛizən] reisen
reiziger ['rɛizəxər] Reisende(r)
rekenen ['re:kənən] rechnen
rekening ['re:kənɪŋ] Rechnung
rennen ['rɛnən] rennen
reparatie [re:pa:'ra:tsi] Reparatur
reparatieinrichting [re:pa:'ra:tsiinrɪxtɪŋ] Reparaturwerkstatt
reserveren [re:zɛr've:rən] (vor)bestellen; buchen; reservieren
reservoir [rezɛr'vwa:r] *n* Behälter
respect [rɛs'pɛkt] *n* Achtung
rest [rɛst] Rest
restaurant [rɛsto:'rant] *n* Gast-

haus, Gasthof; Restaurant
restauratiewagen [rɛsto:'ra:tsiwa:xən] Speisewagen
resultaat [re:zəl'ta:t] *n* Ergebnis
reuk [rø:k] Geruch
reviseren [re:vi'ze:rən] *(neu machen)* überholen
revue [rə'vy] *(Vorstellung)* Revue
richten ['rɪxtən] richten; **zich tot iemand ~ s.** an jdn wenden
richting ['rɪxtɪŋ] Richtung
riem [rim] Riemen
riet [rit] *n* Schilf
rij [rɛi] Reihe; (Menschen-)Schlange; **in de ~ staan** [ɪn də 'rɛi staan] Schlange stehen
rijden ['rɛidən] ⟨reed, gereden⟩ fahren; reiten
rijk [rɛik] reich
rijkdom ['rɛikdɔm] Reichtum
rijp [rɛip] reif
rijstrook ['rɛistro:k] *(Verkehr)* Spur
ring [rɪŋ] Ring
risico ['risiko:] *n* Risiko
rit [rɪt] Fahrt
ritssluiting ['rɪtslœitɪŋ] Reißverschluß
rivier [ri'vi:r] Fluß
roeien ['rujən] rudern
roepen ['rupən] ⟨riep, geroepen⟩ rufen
roken ['ro:kən] rauchen
rommel ['rɔməl] Unordnung
rond [rɔnt] rund
rondrit ['rɔntrɪt] *(Bus)* Rundfahrt; *(Boot)* Rundfahrt
rood [ro:t] rot
rook [ro:k] Rauch
rot [rɔt] faul, verdorben
route ['rutə] Route
ruiken ['rœikən] ⟨rook, geroken⟩ riechen
ruilen ['rœilən] tauschen, umtauschen
ruimte ['rœimtə] *(Platz)* Raum
ruit [rœit] (Fenster-)Scheibe
rust ['rʌst] Ruhe
rusten ['rʌstən] (aus)ruhen
rustig ['rʌstəx] ruhig
ruzie ['ryzi] Streit; **ruzie maken** ['ryzi ma:kən] s. zanken

?

S

's avonds ['sa:vɔnts] abends, am Abend
's middags ['smɪdɑxs] nachmittags
's morgens ['smɔrxəns] morgens, vormittags
's nachts ['snɑxts] nachts, bei Nacht
's ochtends ['sɔxtənts] am Morgen, vormittags
's zondags ['sɔndɑxs] am Sonntag
saai [sa:i] langweilig
salaris [sa:'la:rɪs] n Gehalt, Besoldung
samen ['sa:mən] zusammen
schaal [sxa:l] Schüssel, Schale; Skala, Maßstab
schaap [sxa:p] n Schaf
schaar [sxa:r] Schere
schade ['sxa:də] Schaden
schadelijk ['sxa:dələk] schädlich
schaden ['sxa:dən] schaden
schadevergoeding ['sxa:dəvər'xudɪŋ] Schadenersatz
schaduw ['sxa:dyw] Schatten
schakelaar [sxa:kə'la:r] (el) Schalter
schakering [sxa:'ke:rɪŋ] (Farbe) Ton
schatten ['sxatən] (taxieren) schätzen
schattig ['sxatəx] entzückend
scheerapparaat ['sxe:rapa:ra:t] n Rasierapparat
scheren ['sxe:rən] ⟨schoor, geschoren⟩ rasieren
scheiden ['sxɛidən] ⟨scheidde, gescheiden⟩ trennen
schemering ['sxe:mərɪŋ] Dämmerung
schenken ['sxɛŋkən] ⟨schonk, geschonken⟩ schenken
scherp [sxɛrp] (Messer; Essen) scharf
scherts [sxɛrts] Spaß
scheuren ['sxø:rən] reißen, zerreißen
schieten ['sxitən] ⟨schoot, geschoten⟩ schießen
schijfje ['sxɛifjə] n (Wurst, Käse) Scheibe

schijn [sxɛin] (An-)Schein
schijnen ['sxɛinən] ⟨scheen, geschenen⟩ scheinen
schilder ['sxɪldər] Maler
schilderachtig ['sxɪldəraxtəx] malerisch
schilderen ['sxɪldərən] malen
schilderij [sxɪldə'rɛi] n Bild, Gemälde
schilderkunst ['sxɪldərkənst] Malerei
schip [sxɪp] n (auch Kirchen-) Schiff
schitteren ['sxɪtərən] glänzen
schitterend ['sxɪtərənt] glänzend, leuchtend
schoen [sxun] Schuh
schoenborstel ['sxunbɔrstəl] Schuhbürste
schoen(en)winkel ['sxun(ə)wɪŋkəl] Schuhgeschäft
schoenmaker ['sxuma:kər] Schuhmacher, Schuster
schoensmeer ['sxunsme:r] Schuhcreme
schoenveter ['sxunve:tər] Schuhband, Schnürsenkel
schok [sxɔk] Stoß, Schubs; Schock
school [sxo:l] Schule
schoon [sxo:n] sauber; (Wäsche) frisch
schoonheid ['sxo:nhɛit] Schönheit
schoonmaken ['sxo:ma:kən] putzen, reinigen
schoonzus(ter) ['sxo:nzəs(tər)] Schwägerin
schot [sxɔt] n Schuß
schotel ['sxo:təl] Schüssel; Platte; (Essen) Gericht
schouder ['sxɔudər] Schulter
schreeuwen ['sxre:wən] schreien
schrift [sxrɪft] n Heft; (Hand-) Schrift
schriftelijk ['sxrɪftələk] schriftlich
schrijven ['sxrɛivən] ⟨schreef, geschreven⟩ schreiben
schrikken ['sxrɪkən] ⟨schrok, geschrokken⟩ (erschrokken sein) erschrecken
schroef [sxruf] Schraube
schuit [sxœit] Kahn

schuld [sxʌlt] Schuld
schuldig ['sxʌldəx] schuldig
seconde [sə'kɔndə] Sekunde
sedert ['se:dərt] *prp/conj* seit
seizoen [sɛi'zun] *n* Saison
serveerster [sɛr've:rstər] Kellnerin
shag [ʃɛk] Tabak *(zum Zigarettendrehen)*
sieraad ['si:ra:t] *n* Schmuck
sigaar [si'xa:r] Zigarre
sigaret [sixa:'rɛt] Zigarette
signaal [si'nja:l] *n* Signal
simpel ['sɪmpəl] einfach, simpel
sinds [sɪnts] *prp/conj* seit; **sinds wanneer?** [sɪnts wa'ne:r'] seit wann?
sindsdien [sɪnts'din] seitdem
slaan [sla:n] ⟨sloeg, geslagen⟩ *(auch Uhr)* schlagen
slaap [sla:p] Schlaf
slaapkamer ['sla:pka:mər] Schlafzimmer
slaapmiddel ['sla:pmɪdəl] *n* Schlafmittel
slaapwagen ['sla:pwa:xən] Schlafwagen
slag [slax] Schlag
slang [slaŋ] *(Tier)* Schlange; (Wasser-)Schlauch
slank [slaŋk] schlank
slapen ['sla:pən] ⟨sliep, geslapen⟩ schlafen
slecht [slɛxt] schlecht; schlimm; übel
slechts [slɛxts] nur
sleutel ['slø:təl] Schlüssel
slik [slɪk] *n* Schlamm
slim [slɪm] schlau
slok [slɔk] Schluck
slordig ['slɔrdəx] nachlässig
slot (1) [slɔt] *n (Gebäude)* Schloß; (Tür-)Schloß
slot (2) [slɔt] *n (Ende)* Schluß
sluis [slœis] ⟨sluizen⟩ Schleuse
sluiten ['slœitən] ⟨sloot, gesloten⟩ (zu)schließen, verschließen
sluw [slyw] schlau
smaak [sma:k] Geschmack
smakelijk ['sma:kələk] schmackhaft; **smakelijk eten!** ['sma:kələk 'e:tən] Mahlzeit!; Guten Appetit!
smaken ['sma:kən] schmecken
smal [smal] schmal
smerig ['sme:rəx] schmutzig

snee [sne:] Scheibe *(Brot)*
sneeuw [sne:w] Schnee
sneeuwen ['sne:wən] schneien
snel [snɛl] schnell, rasch
snelheid ['snɛlhɛit] Schnelligkeit; Geschwindigkeit
snijden ['snɛidən] ⟨sneed, gesneden⟩ schneiden
snoer [snu:r] *n* Schnur
som [sɔm] Summe
somber ['sɔmbər] finster
soms [sɔms] manchmal
soort [so:rt] Art, Sorte
souvenir [suvə'ni:r] *n* Andenken
Spaans [spa:ns] spanisch
Spaanse ['spa:nsə] Spanierin
Spanjaard ['spanja:rt] Spanier
Spanje ['spanjə] Spanien
sparen ['spa:rən] sparen
speciaal [spe:'ʃa:l] speziell
speciale [spe:'ʃa:lə] Sonder ...
speelgoed ['spe:lxut] *n* Spielzeug
speelplein ['spe:lplɛin] *n* Spielplatz
spel [spɛl] *n* Spiel
speld [spɛlt] Stecknadel
spelen ['spe:lən] spielen
spellen ['spɛlən] buchstabieren
spiegel ['spixəl] Spiegel
spijker ['spɛikər] *(Stift)* Nagel
spijskaart ['spɛiska:rt] Speisekarte
spijt [spɛit] Bedauern
spijten ['spɛitən] ⟨speet, gespeten⟩ bedauern; **het spijt me** [ət 'spɛit mə] es tut mit leid
spiritus ['spiritəs] (Brenn-)Spiritus
spiritusstel(letje) ['spiritə'stɛl(əcə)] *n* Spirituskocher
spits ['spɪts] Spitze
spoedig ['spudəx] bald
spoor [spo:r] *n* Spur; Gleis
sport [spɔrt] Sport
sportveld ['spɔrtfɛlt] *n* Sportplatz
spreken ['spre:kən] ⟨sprak, gesproken⟩ sprechen, reden
springen ['sprɪŋən] ⟨sprong, gesprongen⟩ springen
sprong [sprɔŋ] Sprung, Satz
staal [sta:l] *n* Muster, Probe
staan [sta:n] ⟨stond, gestaan⟩ stehen; **in de rij staan** [ɪn də 'rɛi sta:n] Schlange stehen; **staan op** ['sta:n ɔp] bestehen auf

staat [sta:t] Staat; Zustand; **in ~ zijn** [ɪn 'sta:t sɛin] imstande sein
stad [stat] ⟨steden⟩ Stadt
standplaats ['stantpla:ts] Sitz *(einer Firma)*
stap [stap] Schritt
stapel ['sta:pəl] Stapel, Stoß
start [start] Start
statiegeld ['sta:tsixɛlt] n (Flaschen-)Pfand
steeg [ste:x] Gasse
steen [ste:n] Stein
steil [stɛil] steil
steken ['ste:kən] ⟨stak, gestoken⟩ stechen
stekker ['stɛkər] Stecker
stelen ['ste:lən] ⟨stal, gestolen⟩ stehlen
stem [stɛm] Stimme
stempel ['stɛmpəl] n Stempel
ster [stɛr] Stern
sterk [stɛrk] *(kräftig)* stark
sterkte ['stɛrktə] Stärke
sterven ['stɛrvən] ⟨stierf, gestorven⟩ sterben
stevig ['ste:vəx] fest, hart
stijgen ['stɛixən] ⟨steeg, gestegen⟩ steigen
stil [stɪl] still, ruhig
stilstaan ['stɪlsta:n] ⟨stond stil, stilgestaan⟩ halten, stehenbleiben
stilte ['stɪltə] Ruhe, Stille
stinken ['stɪŋkən] ⟨stonk, gestonken⟩ stinken
stipt [stɪpt] pünktlich
stoel [stul] Stuhl
stof (1) [stɔf] n Staub
stof (2) [stɔf] Stoff
stofrest ['stɔfrɛst] Stoffrest
stok [stɔk] Stock
stoken ['sto:kən] heizen
stomen ['sto:mən] *(chemisch)* reinigen

stomerij [sto:mə'rɛi] Reinigung *(Geschäft)*
stookolie ['sto:ko:li] Heizöl
stoomboot ['sto:mbo:t] Dampfer
stoot [sto:t] Stoß, Schubs
stop! [stɔp] halt!
stopcontact ['stɔpkɔntakt] n Steckdose
stoppen ['stɔpən] halten, stehenbleiben
storen ['sto:rən] stören
storing ['sto:rɪŋ] Störung
storm [stɔrm] Sturm
stoten ['sto:tən] ⟨stootte, gestoten⟩ stoßen
straal [stra:l] Strahl
straat [stra:t] Straße *(innerorts)*; **op straat** [ɔp 'stra:t] auf der Straße
straatweg ['stra:twɛx] ⟨-wegen⟩ Landstraße
straf [straf] Strafe
strand [strant] n Strand
streek [stre:k] Gegend
streng [strɛŋ] streng
strijken ['strɛikən] ⟨streek, gestreken⟩ bügeln
strijkijzer ['strɛikɛizər] n Bügeleisen
stromen ['stro:mən] fließen
strook [stro:k] *(Formular, Scheck)* Abschnitt
stroom [stro:m] *(auch el)* Strom
stroomafwaarts [stro:m'afwa:rts] flußabwärts
student [sty'dɛnt] Student
studente [sty'dɛntə] Studentin
studeren [sty'de:rən] studieren
studie ['stydi] Studium
stuk (1) [stʌk] kaputt
stuk (2) [stʌk] n Stück
sturen [styrən] schicken
succes [syk'sɛs] n Erfolg
suiker ['sœikər] Zucker

T

taal [ta:l] Sprache
tabak [ta:ˈbak] Tabak
tafel [ˈta:fəl] Tisch; **aan ~**
[a:n ˈta:fəl] bei Tisch
talrijk [ˈtalrɛik] zahlreich
tamelijk [ˈta:mələk] ziemlich
tand [tant] Zahn
tandenborstel [ˈtandəbɔrstəl]
Zahnbürste
tandenstoker [ˈtandəsto:kər]
Zahnstocher
tandpasta [ˈtantpasta:] Zahnpaste
tang [taŋ] Zange
tank [tɛŋk] Behälter
tanken [ˈtɛŋkən] tanken
tante [ˈtantə] Tante
tantezegger [ˈtantəzɛxər] Neffe
(einer Frau)
tantezegster [ˈtantəzɛxstər]
Nichte *(einer Frau)*
tas [tas] (Hand-)Tasche; (Akten-)
Mappe
taxi [ˈtaksi] Taxi
te [tə] *(mit adj)* zu; **te erg** [tə ˈɛrx]
zu sehr; **te laat komen**
[tə ˈla:t ko:mən] s. verspäten,
zu spät kommen; **te voet** [te vut]
zu Fuß; **te weten komen**
[tə ˈwe:tə ko:mən] erfahren
team [ti:m] *n (Sport)* Mannschaft
tearoom [ˈti:ru:m] Café
teer [te:r] zart, weich
tegel [ˈte:xəl] Kachel
tegen [ˈte:xən] gegen
tegendeel [ˈte:xənde:l] *n* Gegenteil
tegenover [te:xənˈo:vər] *adv/prp*
gegenüber
tegenovergesteld
[te:xənˈo:vərxəstɛlt] entgegengesetzt
tegenwaarde [ˈte:xənwa:rdə]
Gegenwert
tegenwoordig [te:xənˈwo:rdəx]
heutzutage, heute
teken [ˈte:kən] *n* Zeichen
tekenen [ˈte:kənən] zeichnen
telefoneren [te:ləfo:ˈne:rən] telefonieren

telefoon [te:ləˈfo:n] Telefon
telefoonboek [te:ləˈfo:nbuk] *n*
Telefonbuch
telefooncel [te:ləˈfo:nsɛl] Telefonzelle
telefoongesprek
[te:ləˈfo:ŋxəsprɛk] *n* Telefongespräch
telefoongids [te:ləˈfo:ŋxits] Telefonbuch
telefoonlijst [te:ləˈfo:nlɛist] Telefonverzeichnis
telefoontje [teləˈfo:ncə] *n* Anruf
telegraferen [te:ləxra:ˈfe:rən]
telegrafieren
telegram [te:ləˈxram] *n* Telegramm
teleurgesteld [tə'lø:rxəstɛlt] enttäuscht
televisie [te:ləˈvizi] Fernsehen
tellen [ˈtɛlən] zählen
ten: ten derde [tən ˈdɛrdə] drittens; **ten eerste** [tən ˈe:rstə] erstens; **ten gunste (van)**
[tɛn ˈxʌnstə (van)] zugunsten
(von); **ten noorden van**
[tɛn ˈno:rdən van] nördlich von;
ten tweede [tən ˈtwe:də]
zweitens; **ten westen van**
[tɛn ˈwɛstə van] westlich von;
ten zuiden van [tɛn ˈzœidən van]
südlich von
tennisbaan [ˈtɛnəsba:n] Tennisplatz
tenslotte [tɛnˈslotə] zuletzt
tent [tɛnt] Zelt
tentoonstelling [tɛnto:nstɛlɪŋ]
Ausstellung
ter: ter inzage [tɛr ˈɪnza:xə] zur
Ansicht; **ter verzending afgeven**
[tɛr vərˈzɛndɪŋ ˈafxe:vən] *(Gepäck,
Post)* aufgeben
termijn [tɛrˈmɛin] Termin
terrein [tɛˈrɛin] *n* Gelände
terug [təˈrʌx] zurück
terugbetalen [ˈtrʌxbəta:lən]
zurückzahlen
terugbrengen [ˈtrʌxbrɛŋən]
⟨bracht terug, teruggebracht⟩
zurückbringen

teruggeven ['trʌxe:vən]
⟨gaf terug, teruggegeven⟩ wiedergeben, zurückgeben
terugkeer [tə'rʌxke:r] Rückkehr
terugkeren ['trʌxke:rən] zurückkehren
terugkomen ['trʌxko:mən]
⟨kwam terug, teruggekomen⟩
wiederkommen
terugkrijgen ['trʌxkrɛixən]
⟨kreeg terug, teruggekregen⟩
wiederbekommen
terugreis [tə'rʌxrɛis] Rückfahrt
terugtrekken ['trʌxtrɛkən]
⟨trok terug, teruggetrokken⟩,
zich ~ s. zurückziehen
terugzien ['trʌxsin]
⟨zag terug, teruggezien⟩ wiedersehen
terwijl [tər'wɛil] *conj* während
teveel [tə've:l] zuviel
tevergeefs [təvər'xe:fs] umsonst,
vergebens
tevreden [tə'vre:dən] zufrieden
thee [te:] Tee
thema ['te:ma] *n* (Gesprächs-)Ge-
genstand, Thema
thuis [tœis] daheim
thuisreis ['tœisrɛis] Heimreise
tijd [tɛit] Zeit; **uit de** ~
[œid də 'tɛit] unmodern
tijdelijk ['tɛidələk] vorübergehend
tijdens ['tɛidəns] *prp* während
tijdig ['tɛidəx] rechtzeitig
tijdschrift ['tɛitsxrɪft] *n* Zeitschrift
tillen ['tɪlən] heben
tint [tɪnt] (Farb-)Ton
toch [tɔx] doch
tocht [tɔxt] Luftzug
tochtje ['tɔxcə] *n* Ausflug, Tour,
Fahrt
toedekken ['tudɛkən] zudecken
toegang ['tuxaŋ] Zugang
toegestaan ['tuxəsta:n] zulässig
toekijken ['tukɛikən]
⟨keek toe, toegekeken⟩ ansehen
toekomst ['tukɔmst] Zukunft
toekomstig [tu'kɔmstəx] zukünftig
toelating ['tula:tɪŋ] Annahme
toen [tun] als; da; dann; damals
toenemen ['tune:mən]
⟨nam toe, toegenomen⟩ zunehmen
toepassen ['tupasən] *(Gesetz)* anwenden

toerist [tu'rɪst] Tourist
toeriste [tu'rɪstə] Touristin
toertje ['tu:rcə] *n* Tour
toeschouwer ['tusxɔuwər] Zuschauer
toeslag ['tuslax] *(zum Fahrpreis)*
Zuschlag
toestaan ['tusta:n]
⟨stond toe, toegestaan⟩ erlauben,
zulassen; genehmigen; gewähren
toestand ['tustant] Verfassung,
Zustand; Lage
toestel ['tustɛl] *n* Apparat
toestemmen ['tustɛmən] zustimmen
toetsen ['tutsən] *(Qualität)* prüfen
toeval ['tuval] *n* Zufall
toevallig [tu'valəx] zufällig
toezeggen ['tuzɛxən]
⟨zei toe, toegezegd⟩ zusagen
toezenden ['tuzɛndən]
⟨zond toe, toegezonden⟩ übersenden
toilet [twa:'lɛt] *n* Toilette
toiletpapier [twa:'lɛtpa:pi:r] *n*
Toilettenpapier
tolk [tɔlk] Dolmetscher
toneelstuk [to:'ne:lstʌk] *n* (Thea-
ter-)Stück
tonen ['to:nən] (vor)zeigen
tong [tɔŋ] Zunge
toon [to:n] *(Klang)* Ton
top [tɔp] Gipfel, Spitze
toren ['to:rən] Turm
tot [tɔt] bis; **tot ziens!** [tɔt 'sins]
auf Wiedersehen!; **van tijd tot tijd**
[van 'tɛit tɔt 'tɛit] von Zeit zu Zeit
touw [tɔuw] *n* Seil
traject [tra'jɛkt] *n* Strecke
tram [trɛm] Straßenbahn
tramconducteur
['trɛmkɔndəktø:r] Straßenbahnschaffner
transpireren [transpi're:rən]
schwitzen
transporteren [transpɔr'te:rən]
transportieren
trap [trap] Treppe
treden ['tre:dən] ⟨trad, getreden⟩
treten
treffen ['trɛfən] ⟨trof, getroffen⟩
treffen
trein [trɛin] Zug
trekken ['trɛkən] ⟨trok, getrokken⟩
ziehen; wandern

triest [trist] trüb
trouwen ['trɔuwən] heiraten
trouwring ['trɔurɪŋ] Ehering
trui [trœi] Pullover
tuin [tœin] Garten
tulp [tʌlp] Tulpe
tunnel ['tʌnəl] Tunnel
tussen ['tʌsən] zwischen, unter;
  tussen de middag

[tʌsə də 'mɪdɑx] mittags
tussenlanding ['tʌsəlɑndɪŋ] Zwischenlandung
tweede ['twe:də] zweite
twijfel ['twɛifəl] Zweifel
twijfelachtig [twɛifə'lɑxtəx]
  zweifelhaft
twijfelen ['twɛifələn] zweifeln
  (**aan**)

U

u [y] Sie
ui [œi] Zwiebel
uit [œit] *(Herkunft)* aus; **uit Am-**
  sterdam [œit ɑmstər'dɑm] aus
  Amsterdam
uitdoen ['œitdun] ⟨deed uit, uit-
  gedaan⟩ *(Licht)* ausmachen
uitdrukkelijk [œi'drʌkələk] ausdrücklich
uitdrukking ['œidrəkɪŋ] Ausdruck
uiteindelijk [œi'tɛindələk] am Ende
uiterlijk ['œitərlək] äußerlich
uitgaan ['œitxa:n]
  ⟨ging uit, uitgegaan⟩ ausgehen
uitgang ['œitxɑŋ] Ausgang
uitgaven ['œitxa:vən] *pl* Ausgaben
uitgeput ['œitxepət] erschöpft
uitgesloten ['œitxəslo:tən] ausgeschlossen
uitgeven ['œitxe:vən]
  ⟨gaf uit, uitgegeven⟩ ausgeben
uitkleden ['œitkle:dən], **zich ~**
  s. ausziehen
uitkomen ['œitko:mən]
  ⟨kwam uit, uitgekomen⟩ *(Straße)*
  münden
uitleggen ['œitlɛxən] erklären
uitlopen ['œitlo:pən]
  ⟨liep uit, uitgelopen⟩ *(Straße,*
  Fluß) münden
uitnodigen ['œitno:dəxən] einladen; auffordern
uitnodiging ['œitno:dəxɪŋ] Einladung
uitoefenen ['œitufənən] ausüben
uitpakken ['œitpɑkən] auspacken
uitrusten ['œitrəstən] s. ausruhen
uitscheiden ['œitsxɛidən]
  ⟨scheed uit, uitgescheiden⟩ aufhören

uitslag ['œitslɑx] Ergebnis
uitspraak ['œitspra:k] Aussprache
uitspreken ['œitspre:kən]
  ⟨sprak uit, uitgesproken⟩ aussprechen
uitstapje ['œitstɑpjə] *n* Ausflug,
  Tour
uitstappen ['œitstɑpən] aussteigen
uitstekend [œit'ste:kənt] ausgezeichnet
uitstel ['œitstɛl] *n* Aufschub
uitstellen ['œitstɛlən] aufschieben
uitstrekken ['œitstrɛkən], **zich ~**
  s. erstrecken, reichen
uittrekken ['œitrɛkən]
  ⟨trok uit, uitgetrokken⟩ *(Klei-*
  dungsstück) ausziehen
uitverkoop ['œitfərko:p] Ausverkauf
uitvinden ['œitfɪndən]
  ⟨vond uit, uitgevonden⟩ erfinden
uitvoer ['œitfu:r] Ausfuhr
uitvoeren ['œitfuren] ausführen;
  erledigen
uitvoering ['œitfurɪŋ] Aufführung
uitwisselen ['œitwɪsələn] austauschen
uitwisseling ['œitwɪsəlɪŋ] Austausch
uitzending ['œitsɛndɪŋ] *(Radio,*
  Fernsehen) Sendung
uitzicht ['œitsɪxt] *n* Aussicht
uitzien ['œitsin]
  ⟨zag uit, uitgezien⟩ aussehen
uitzoeken ['œitsukən]
  ⟨zocht uit, uitgezocht⟩ aussuchen
uitzondering ['œitsondərɪŋ] Ausnahme
uniek [y'nik] einzigartig
uur [y:r] *n* Stunde; **om het ~**
  ['ɔm ət 'y:r] alle zwei Stunden

V

vaak [va:k] oft, häufig
vaart [va:rt] *(Schiff)* Fahrt
vaat [va:t] Abwasch, Geschirr
vader ['va:dər] Vater
vaderland ['va:dərlɑnt] *n* Heimat, Vaterland
vakantie [va:'kɑntsi] Ferien; Urlaub
val [vɑl] Sturz
valhelm ['vɑlhɛlm] Schutzhelm
vallen ['vɑlən] ⟨viel, gevallen⟩ fallen, stürzen
vals [vɑls] *(betrügerisch)* falsch
valuta [va:'lyta:] *pl* Währung
van [vɑn] aus; von; **van betekenis** [vɑn bə'te:kənıs] bedeutend; **van buiten** [vɑn 'bœitən] von außen; äußerlich; **van geboorte** [vɑn xə'bo:rtə] gebürtig; von Geburt; **van mening zijn** [vɑn 'me:nıŋ zɛin] der Meinung sein; **van mijn kant** [vɑn 'mɛin kɑnt] meinerseits; **van tevoren** [vɑn tə'vo:rən] vorher; **van tijd tot tijd** [vɑn 'tɛit tɔt 'tɛit] von Zeit zu Zeit
vanavond [vɑn'a:vɔnt] heute abend
vandaag [vɑn'da:x] heute
vangen ['vɑŋən] ⟨ving, gevangen⟩ fangen
vannacht [vɑ'nɑxt] heute nacht
vanzelf [vɑn'zɛlf] von selbst
vanzelfsprekend [vɑn'zɛlfspre:kənt] selbstverständlich
varen ['va:rən] ⟨voer, gevaren⟩ *(Schiff)* fahren
vast [vɑst] *(dauernd)* fest
vastbesloten [vɑstbə'slo:tən] entschlossen
vastzetten ['vɑstsɛtən] festsetzen
vat [vɑt] *n* Gefäß; Griff
veel [ve:l] viel; **veel geluk** [ve:l xə'lʌk] viel Glück!; **veel waard zijn** [ve:l 'wa:rt sɛin] viel wert sein
veer (1) [ve:r] *n* Fähre
veer (2) [ve:r] *(auch elastisch)* Feder
veertien dagen [ve:rtin da:xən] vierzehn Tage

veilig ['vɛiləx] sicher, geschützt
veiligheid ['vɛiləxhɛit] Sicherheit, Schutz
veiligheidsspeld ['vɛiləxhɛitspɛlt] Sicherheitsnadel
venster ['vɛnstər] *n* Fenster
ventileren [vɛnti'le:rən] lüften
veraf ['vɛraf] entfernt
veranderen [vər'ɑndərən] (ver)ändern
verandering [vər'ɑndərıŋ] Veränderung
verantwoordelijk [vərɑnt'wo:rdələk] verantwortlich
verbazen [vər'ba:zən], **zich ~ over** s. wundern über
verbeteren [vər'be:tərən] berichtigen; verbessern
verbieden [vər'bidən] ⟨verbood, verboden⟩ verbieten
verbinden [vər'bındən] ⟨verbond, verbonden⟩ *(auch tele, med)* verbinden
verbinding [vər'bındıŋ] *(Zug)* Anschluß; *(Zug, tele)* Verbindung
verblijf [vər'blɛif] *n* Aufenthalt
verblijven [vər'blɛivən] ⟨verbleef, verbleven⟩ s. aufhalten
verbod [vər'bɔt] *n* Verbot
verboden! [vər'bo:dən] verboten!; **verboden toegang!** [vər'bo:də 'tu:xɑŋ] Eintritt verboten!
verbranden [vər'brɑndən] verbrennen
verbruik [vər'brœik] *n* Verbrauch
verbruiken [vər'brœikən] verbrauchen
verdedigen [vər'de:dəxən] verteidigen
verdelen [vər'de:lən] verteilen
verdeling [vər'de:lıŋ] Verteilung
verdenking [vər'dɛŋkıŋ] Verdacht
verder ['vɛrdər] sonst; **verder niets** [vɛrdər 'nits] sonst nichts
verdienen [vər'dinən] verdienen
verdienste [vər'dinstə] *(Geld)* Verdienst *m*
verdienste(lijkheid) [vər'dinstə(ləkhɛit)] Verdienst *n*
verdieping [vər'dipıŋ] Stock(werk)

verdrag [vər'drɑx] *n* Vertrag
verdragen [vər'drɑ:xən]
⟨verdroeg, verdragen⟩ ertragen
verdrietig [vər'dritəx] traurig
verdwalen [vər'dwɑ:lən] s. verirren,
verdwijnen [vər'dwɛinən]
⟨verdween, verdwenen⟩ verschwinden
vereniging [vər'e:nəxɪŋ] Verein
verf [vɛrf] Farbe *(zum Anstrei-
chen)*
verfrissing [vər'frɪsɪŋ] Erfrischung
vergelijk [vɛrxə'lɛik] *n (jur)* Vergleich
vergelijken [vɛrxə'lɛikən]
⟨vergeleek, vergeleken⟩ vergleichen
vergelijking [vərxə'lɛikɪŋ] Vergleich
vergeten [vər'xe:tən]
⟨vergat, vergeten⟩ vergessen
vergeven [vər'xe:vən]
⟨vergaf, vergeven⟩ verzeihen
vergeving [vər'xe:vɪŋ] Verzeihung
vergissen [vər'xɪsən], **zich ~**
s. irren, s. täuschen
vergissing [vər'xɪsɪŋ] Irrtum
vergoeden [vər'xudən] *(Schaden)*
ersetzen
vergoeding [vər'xudɪŋ] (Schaden-)
Ersatz
vergunning [vər'xʌnɪŋ] Erlaubnis
verheimelijken [vər'hɛiməlakən]
verheimlichen
verheugd [vər'hø:xt] erfreut (**over**
über)
verheugen [vər'hø:xən], **zich ~
op/over** s. freuen auf/über
verhinderen [vər'hɪndərən] verhindern
verhogen [vər'ho:xən] *(Preise)* erhöhen, heraufsetzen
verhuizen [vər'hœizən] ausziehen;
umziehen
verhuren [vər'hy:r] vermieten
verjaardag [vər'jɑ:rdɑx] Geburtstag
verkeer [vər'ke:r] *n* Verkehr
verkeren [vər'ke:rən] *(Verkehrs-
mittel)* verkehren
verkiezen [vər'kizən]
⟨verkoos, verkozen⟩ vorziehen,
lieber haben
verkiezing [vər'kizɪŋ] Wahl

verklaren [vər'klɑ:rən] angeben,
erklären; bescheinigen
verklaring [vər'klɑ:rɪŋ] Angabe;
Bescheinigung
verkleden [vər'kle:dən], **zich ~**
s. umziehen
verkoop ['vɛrko:p/vər'ko:p] Verkauf
verkoopster [vər'ko:pstər] Verkäuferin
verkopen [vər'ko:pən]
⟨verkocht, verkocht⟩ verkaufen
verkoper [vər'ko:pər] Verkäufer
verkoudheid [vər'kouthɛit] Erkältung
verkrijgbaar [vər'krɛixbɑ:r] erhältlich
verkrijgen [vər'krɛixən]
⟨verkreeg, verkregen⟩ erlangen
verlagen [vər'lɑ:xən] *(Preise)* herabsetzen
verlangen [vər'lɑŋən] verlangen
verlaten [vər'lɑ:tən]
⟨verliet, verlaten⟩ verlassen
verleden (1) [vər'le:dən] vergan-
gen; **verleden week**
[vər'le:dən we:k] letzte Woche;
verleden tijd [vər'le:dən tɛit]
Vergangenheit
verleden (2) [vər'le:dən] *n* Vergangenheit
verlengen [vər'lɛŋən] verlängern
verlicht [vər'lɪxt] *(festlich)* beleuchtet
verlies [vər'lis] *n* Verlust
verliezen [vər'lizən]
⟨verloor, verloren⟩ verlieren
verlof [vər'lɔf] *n* Erlaubnis
verloofde [vər'lo:vdə] Verlobte(r)
verloven [vər'lo:vən], **zich ~ met**
s. verloben mit
vermageren [vər'mɑ:xərən] abnehmen
vermijden [vər'mɛidən]
⟨vermeed, vermeden⟩ vermeiden
vermoeden (1) [vər'mudən] vermuten
vermoeden (2) [vər'mudən] *n*
Vermutung; Ahnung
vermoeid [vər'muit] müde
vermoeiend [vər'mujənt] anstrengend
vernemen [vər'ne:mən]
⟨vernam, vernomen⟩ erfahren
vernieuwen [vər'niwən] erneuern

veronderstelling [vərɔndər'stɛlɪŋ]
Annahme, Vermutung
verongelukken [vər'ɔŋxələkən]
verunglücken
verontschuldigen
[vərɔnt'sxʌldəxən] entschuldigen
verontschuldiging
[vərɔnt'sxʌldəxɪŋ] Entschuldigung
veroorloven [vər'o:rlo:vən] erlauben
veroorzaken [vər'o:rza:kən] verursachen
verpakken [vər'pakən] verpacken
verpakking [vər'pakɪŋ] Verpak-
kung
verpleegster [vər'ple:xstər] Krankenschwester
verplicht [vər'plɪxt] verpflichtet
verplichting [vər'plɪxtɪŋ] Verpflichtung
verrast [və'rast] überrascht
verrekenen [və're:kənən], **zich ~**
s. verrechnen
verruilen [və'rœilən] vertauschen
verrukt [vər'rʌkt] entzückt
vers [vɛrs] *(Lebensmittel)* frisch
verschaffen [vər'sxafən] beschaffen, verschaffen
verschijnen [vər'sxɛinən]
⟨verscheen, verschenen⟩ erscheinen
verschil [vər'sxɪl] *n* Unterschied
verschillend [vər'sxɪlənt] verschieden
verschrikkelijk [vər'sxrɪkələk]
fürchterlich, schrecklich
verschuiven [vər'sxœivən]
⟨verschoof, verschoven⟩ *(zeitlich)* verschieben
versnelling [vər'snɛlɪŋ] *(Auto)*
Gang
verstaan [vər'sta:n]
⟨verstond, verstaan⟩ *(akustisch)*
verstehen
verstaanbaar [vər'sta:nba:r] ver-
ständlich
verstand [vər'stant] *n* Verstand
verstandig [vər'standəx] klug,
vernünftig
verstellen [vər'stɛlən] flicken
verstoppen [vər'stɔpən] verstek-
ken
verstrekken [vər'strɛkən] verschaffen; **gegevens ~**
[xə'xe:vəns fər'strɛkən] Angaben
machen

vertalen [vər'ta:lən] übersetzen
vertegenwoordiger
[vərte:xə'wo:rdəxər] Vertreter
vertellen [vər'tɛlən] erzählen
verteren [vər'te:rən] verzehren
vertragen [vər'tra:xən] verzögern
vertraging [vər'tra:xɪŋ] Aufschub;
Verspätung; *(Zug)* Aufenthalt
vertrek [vər'trɛk] *n* Abfahrt; Abreise; Ausreise; Raum, Zimmer
vertrekken [vər'trɛkən]
⟨vertrok, vertrokken⟩ abreisen,
abfahren (**naar** nach; **van** von)
vertrouwen (1) [vər'trɔuwən]
vertrauen (**op** auf)
vertrouwen (2) [vər'trɔuwən] *n*
Vertrauen
vertwijfeld [vər'twɛifəlt] verzweifelt
vervangen [vər'vaŋən]
⟨verving, vervangen⟩ ersetzen
vervelend [vər've:lənt] langweilig
vervoeren [vər'vurən] *(Fracht
etc.)* befördern
vervolgen [vər'vɔlxən] fortsetzen
verwaarlozen [vər'wa:rlo:zən]
vernachlässigen
verwachten [vər'waxtən] erwarten
verwant [vər'want] verwandt
verwarmen [vər'warmən] wärmen
verwarming [vər'warmɪŋ] Heizung
verweg [vɛr'wɛx] weit (entfernt)
verwerven [vər'wɛrvən]
⟨verwierf, verworven⟩ erlangen
verwezenlijken [vər'we:zələkən]
verwirklichen
verwisselen [vər'wɪsələn] vertauschen, verwechseln
verwoesten [vər'wustən] zerstören
verwonding [vər'wɔndɪŋ] Verletzung
verzamelen [vər'za:mələn] *(Briefmarken etc.)* sammeln
verzameling [vər'za:məlɪŋ]
Sammlung
verzekeren [vər'ze:kərən] versichern
verzekering [vər'ze:kərɪŋ] Versicherung
verzenden [vər'zɛndən]
⟨verzond, verzonden⟩ versenden;
befördern

?

verzoek [vər'zuk] *n* Bitte
verzoeken [vər'zukən]
⟨verzocht, verzocht⟩ bitten (**om**
um)
verzuimen [vər'zœimən] verpassen, versäumen
vet [vɛt] fett
viadukt [via'dʌkt] *n* Unterführung
vierkant ['vi:rkant] viereckig
villa ['vila:] Villa
vinden ['vɪndən]
⟨vond, gevonden⟩ finden
vinger ['vɪŋər] Finger
vingernagel ['vɪŋərna:xəl] Fingernagel
vingertop ['vɪŋərtɔp] Fingerspitze
vis [vɪs] Fisch
vishandelaar ['vɪshandəla:r] Fischhändler
visie ['vizi] Sicht
visite [vi'sitə] Besuch
vissen ['vɪsən] fischen
visser ['vɪsər] Fischer
visum ['vizəm] ⟨visa⟩ *n* Sichtvermerk, Visum
visvangst ['vɪsfaŋst] Fischfang
Vlaams [vla:ms] flämisch
vlak [vlak] flach, eben
vlakte ['vlaktə] Ebene
vlam [vlam] Flamme
Vlaming ['vla:mɪŋ] Flame
vlees ['vle:s] *n* Fleisch
vlek [vlɛk] Fleck(en)
vlekkenmiddel ['vlɛkəmɪdəl] *n* Fleckenmittel
vlieg [vlix] Fliege
vliegen ['vlixən] ⟨vloog, gevlogen⟩ fliegen
vliegtuig ['vlixtœix] *n* Flugzeug
vlijtig [vlɛitəx] fleißig
vloed [vlut] Flut
vloeibaar ['vluiba:r] flüssig
vloer [vlu:r] (Fuß-)Boden
vlug [vlʌx] *adv* rasch, schnell
vochtig ['vɔxtəx] feucht
voeding ['vudɪŋ] Nahrung
voedingsmiddelen
['vudɪŋsmɪdələn] *n pl* Nahrungsmittel
voedzaam ['vutsa:m] nahrhaft
voelen ['vulən] fühlen
voet [vut] Fuß; **te ~** [tə 'vut] zu Fuß
voetbal ['vudbal] Fußball
voetbalelftal ['vudbal'ɛlftal] *n* Fußballmannschaft

voetganger Fußgänger
vogel ['vo:xəl] Vogel
vol [vɔl] voll; **in volle zee**
[ɪn 'vɔlə 'ze:] auf hoher See; **vol vertrouwen** [vɔl vər'trouwən] vertrauensvoll
volgen ['vɔlxən] folgen
volgende ['vɔlxəndə] nächste
volk [vɔlk] *n* Volk
volkomen [vɔl'ko:mən] vollkommen
volledig [vɔ'le:dəx] vollständig
volmaakt [vɔl'ma:kt] vollkommen
volmacht ['vɔlmaxt] Vollmacht
voltooien [vɔl'to:jən] vollenden
vonk [vɔŋk] Funke
voor [vo:r] für; *(räumlich; zeitlich)* vor; **wat voor (een)...?**
['wat vo:r (ən)] was für ein/eine...?; **voor niets** [vo:r 'nits] umsonst
vóór [vo:r] bevor
vooraan ['vo:ra:n] vorn
vooral [vo:'ral] vor allem
voorbeeld ['vo:rbe:lt] *n* Beispiel
voorbereiden ['vo:rbərɛidən] vorbereiten
voorbij [vo:r'bɛi] vorüber
voorbijgaan [vo:r'bɛixa:n] ⟨ging voorbij, voorbijgegaan⟩ vorübergehen; vorbeigehen; *(Zeit)* vergehen
voordat ['vo:rdat] bevor
voordeel ['vo:rde:l] *n* Vorteil, Vorzug
voordelig [vo:r'de:ləx] vorteilhaft
voorgerecht ['vo:rxərɛxt] *n* Vorspeise
voorgevoel ['vo:rxəvul] *n* Ahnung
voorjaar ['vo:rja:r] *n* Frühling
voorkeur ['vo:rkø:r] Vorzug
voorlaatste ['vo:r'la:tstə] vorletzte
voorlopen ['vo:rlo:pən]
⟨liep voor, voorgelopen⟩ *(Uhr)* vorgehen
voorlopig [vo:r'lo:pəx] vorläufig
voornaam (1) ['vo:rna:m] Vorname
voornaam (2) [vo:r'na:m] vornehm
voornemen ['vo:rne:mən] *n* Vorsatz
voorraad ['vo:ra:t] Vorrat
voorschrift ['vo:rsxrɪft] *n* Vorschrift

voorschrijven ['voːrsxrɛivən] ⟨schreef voor, voorgeschreven⟩ verschreiben, verordnen

voorstad ['voːrstat] ⟨voorsteden⟩ Vorort, Vorstadt

voorstel ['voːrstɛl] *n* Vorschlag

voorstellen ['voːrstɛlən] vorschlagen; vorstellen, bekannt machen

voorstelling ['voːrstɛlɪŋ] *(Begriff; Theater)* Vorstellung

voort [voːrt] fort, weiter; **en zo ~** und so weiter

voortbrengen ['voːrtbrɛŋən] ⟨bracht voort, voortgebracht⟩ erzeugen

voortzetten ['voːrtsɛtən] fortsetzen

vooruit [voːˈrœit] vorwärts

vooruitgang [voːrˈœitxaŋ] Fortschritt

voorval ['voːrval] *n* Vorfall

voorverkoop ['voːrvərkoːp] Vorverkauf

voorwaarde ['voːrwaːrdə] Bedingung

voorwaarts ['voːrwaːrts] vorwärts

voorwendsel ['voːrwɛntsəl] *n* Vorwand

voorwerp ['voːrwɛrp] *n* Ding, Gegenstand; **bureau voor gevonden voorwerpen** [byˈroː voːr xəˈvɔndə ˈvoːrwɛrpən] Fundbüro

voorzichtig [voːrˈzɪxtəx] vorsichtig; **voorzichtig!** [voːrˈzɪxtəx] Vorsicht!

voorzichtigheid [voːrˈzɪxtəxhɛit] Vorsicht

voorzien [voːrˈzin] ⟨voorzag, voorzien⟩ versorgen **(van** mit)

vordering ['vɔrdərɪŋ] *(finanzielle)* Forderung

vork [vɔrk] Gabel

vorm [vɔrm] Form

vormen ['vɔrmən] bilden

vraag [vraːx] Frage

vracht [vraxt] Fracht

vrachtauto ['vraxtoːtoː] Lastwagen

vragen ['vraːxən] ⟨vroeg, gevraagd⟩ fragen; auffordern

vrede ['vreːdə] Friede

vreemd [vreːmt] fremd; eigen(artig)

vreemdeling ['vreːmdəlɪŋ] Fremde(r)

vrees [vreːs] Furcht

vreselijk ['vreːsələk] fürchterlich

vreugde ['vrøːxdə] Freude

vrezen ['vreːzən] (be)fürchten

vriend [vrint] Freund

vriendelijk ['vrindələk] freundlich, liebenswürdig

vriendelijkheid ['vrindələkhɛit] Freundlichkeit, Liebenswürdigkeit

vriendin [vrinˈdɪn] Freundin

vriendje ['vrincə] *n (fester)* Freund

vriendschap ['vrintsxap] Freundschaft

vriezen ['vrizən] ⟨vroor, gevroren⟩ frieren

vrij [vrɛi] frei

vrijblijvend [vrɛiˈblɛivənt] unverbindlich

vrijgezel [vrɛixəˈzɛl] Junggeselle

vroeg [vrux] früh

vroeger ['vruxər] früher, damals

vrolijk ['vroːlək] lustig

vrouw [vrɔu] Frau

vuil (1) [vœil] *n* Schmutz

vuil (2) [vœil] schmutzig

vuilnis ['vœilnɪs] *n* Abfall

vullen ['vʌlən] füllen

vuur [vyːr] *n* Feuer

vuurtoren ['vyːrtoːrən] Leuchtturm

W

waar (1) [waːr] wahr *(Gegensatz zu falsch)*
waar (2) [waːr] Ware
waar (3) [waːr] wo
waard [waːrt] Wirt
waarde ['waːrdə] Wert
waardebon ['waːrdəbɔn] Gutschein
waardeloos ['waːrdəloːs] wertlos
waarderen [waːr'deːrən] *(gut finden)* schätzen
waarheen [waːr'heːn] wohin
waarheid ['waːrhɛit] Wahrheit
waarom [waːˈrɔm] warum, weshalb; wozu
waarschijnlijk [waːrˈsxɛinlək] wahrscheinlich
waarschijnlijkheid [waːrˈsxɛinləkhɛit] Wahrscheinlichkeit
waarschuwen ['waːrsxywən] warnen (**voor** vor)
waarvandaan [waːrvanˈdaːn] woher
waarvoor [waːrˈvoːr] wofür
wachten ['waxtən] warten
wachtkamer ['waxtkaːmər] Wartesaal
wad [wat] *n* Watt
wagen ['waːxən] Wagen
wakker ['wakər] wach; **wakker worden** ['wakər wɔrdən] aufwachen
wand [want] Wand
wandeling ['wandəlɪŋ] Spaziergang
wandklok ['wantklɔk] Wanduhr
wanneer [waˈneːr] wann; *(zeitlich)* wenn
wanorde ['wanɔrdə] Unordnung
want [want] denn
wantrouwen ['wantrɔuwən] mißtrauen
warenhuis ['waːrənhœis] *n* ‹-huizen› Warenhaus
warm [warm] warm
warmte ['warmtə] Wärme; Hitze
wasecht [was'ɛxt] waschecht
wasgoed ['wasxut] *n* Wäsche *(zum Waschen)*
wassen ['wasən] ‹waste, gewassen› waschen

wasserij [wasəˈrɛi] Wäscherei
wat [wat] was; **wat betreft** [wad bə'trɛft] betreffend; **wat is er gebeurd?** [wat ɪz ɛr xə'bøːrt] was ist geschehen?; **wat jammer!** [wat 'jamər] wie schade!; **wat mij betreft** [wat 'mɛi bətrɛft] meinetwegen; **wat zegt u?** [wat 'sɛxt y] wie bitte?
water ['waːtər] *n* Wasser
watten ['watən] *pl* Watte
W. C. [weːˈseː] Toilette
we [wə] *(unbetont)* wir
wedden ['wɛdən] wetten
weddenschap ['wɛdənsxap] Wette
wedstrijd ['wɛtstrɛit] Wettbewerb
weefsel ['weːfsəl] *n* Gewebe
weegschaal ['weːxsxaːl] Waage
week (1) [weːk] weich, zart
week (2) [weːk] Woche
weelde ['weːldə] Luxus
weelderig ['weːldərəx] luxuriös
weer (1) [weːr] *n* Wetter
weer (2) [weːr] wieder
weerbericht ['weːrbərɪxt] *n* Wetterbericht
weg (1) [wɛx] fort, weg
weg (2) [wɛx] Straße *(innerorts)*; Weg
wegdragen ['wɛxdraːxən] ‹droeg weg, weggedragen› forttragen
wegen ['weːxən] ‹woog, gewogen› wiegen
wegens ['weːxəns] wegen
weggaan ['wɛxaːn] ‹ging weg, weggegaan› weggehen
wegnemen ['wɛxneːmən] ‹nam weg, weggenomen› wegnehmen
wegomlegging ['wɛxɔmlɛxɪŋ] Umleitung
wegreizen ['wɛxrɛizən] verreisen
wegrijden ['wɛxrɛidən] ‹reed weg, weggereden› abfahren (**van** von)
wegslepen ['wɛxsleːpən] abschleppen
wegsturen ['wɛxstyrən] wegschicken

wei(de) [wɛi/'wɛidə] Wiese
weigeren ['wɛixərən] ablehnen;
s. weigern,
weinig ['wɛinəx] wenig
wekelijks ['we:kələks] wöchentlich
wekken ['wɛkən] wecken
wekker ['wɛkər] Wecker
wel [wɛl] wohl, vermutlich
welgesteld [wɛlxə'stɛlt] wohlhabend
welkom ['wɛlkɔm] willkommen
welwillend [wɛl'wilənt] wohlwollend
welzijn ['wɛlzɛin] n Wohlbefinden
wenken ['wɛŋkən] winken
wennen ['wɛnən s. gewöhnen (**aan**
an)
wens [wɛns] Wunsch
wensen ['wɛnsən] wünschen
wereld ['we:rəlt] Welt
werk [wɛrk] n Arbeit; Werk
werkelijk ['wɛrkələk] wirklich
werkelijkheid ['wɛrkələkhɛit]
Wirklichkeit
werken ['wɛrkən] arbeiten
werking ['wɛrkiŋ] Wirkung
werkplaats ['wɛrkplɑ:ts] Werkstatt
werkzaam ['wɛrksɑ:m] wirksam
werpen ['wɛrpən]
⟨wierp, geworpen⟩ werfen
westelijk ['wɛstələk] westlich
westen ['wɛstən] n Westen
weten ['we:tən] ⟨wist, geweten⟩
wissen; **te ~ komen**
[tə 'we:tə ko:mən] erfahren
wie [wi] wer
wiel [wil] n Rad
wij [wɛi] *(betont)* wir
wijk [wɛjk'statsde:l] Stadtteil
wijzen ['wɛizən] ⟨wees, gewezen⟩
(hinweisen) zeigen

wild (1) [wilt] n Wild
wild (2) [wilt] wild
willen ['wilən] ⟨wilde, gewild⟩
wollen
wind [wint] Wind
windmolen ['wintmo:lən] Windmühle
winkel ['wiŋkəl] Laden, Geschäft
winnen ['winən]
⟨won, gewonnen⟩ gewinnen
winst [winst] Gewinn
winter ['wintər] Winter
wisselen ['wisələn] *(Geld)* wechseln
wisselkoers ['wisəlku:rs] Wechselkurs
wit [wit] weiß
woede ['wudə] Wut
woedend ['wudənt] wütend
woelig ['wuləx] *(Meer)* bewegt
wol [wɔl] Wolle
wolk [wɔlk] Wolke
wolkenkrabber ['wɔlkəkrɑbər]
Wolkenkratzer
wollen deken [wɔlə 'de:kən]
Wolldecke
wonderbaarlijk [wɔndər'bɑ:rlək]
wunderbar
wonen ['wo:nən] wohnen
woning ['wo:niŋ] Wohnung
woonkamer ['wo:nkɑ:mər]
Wohnzimmer
woonplaats ['wo:mplɑ:ts] Wohnort, Wohnsitz
woord [wo:rt] n Wort
worden [wɔrdən]
⟨werd, geworden⟩ werden; **het
eens ~** s. einig werden, s. verständigen
wortel ['wɔrtəl] Wurzel; Karotte
woud [wɔut] n *(großer* Wald)
wrang [wrɑŋ] *(negativ)* herb
wuiven ['wœivən] winken

?

Z

zaak [zɑ:k] Sache; Geschäft
zaal [zɑ:l] Saal
zacht [zɑxt] mild; zart; *(Ton, Farbe)* weich, leise
zachtjes spreken [zɑxjəs spre:kən] leise sprechen
zak [zɑk] Beutel; Sack; Tüte; (Hosen-)Tasche
zakdoek ['zɑgduk] Taschentuch
zakje ['zɑkjə] *n (kleine)* Tüte
zakkenroller ['zɑkərɔlər] Taschendieb
zaklantaarn ['zɑklɑntɑ:rn] Taschenlampe
zand [zɑnt] *n* Sand
ze (1) [zə] *pers prn (unbetont)* ihnen; sie
ze (2) [zə] *poss prn (unbetont)* ihr
zee [ze:] Meer, See *f;* **aan zee** [ɑ:n 'ze:] am Meer
zeep [ze:p] Seife
zeer [ze:r] sehr
zegel ['ze:xəl] (Brief-)Marke
zeggen ['zɛxən] ⟨zei, gezegd⟩ sagen; bemerken; **wat zegt u?** [wɑt 'sɛxt y] wie bitte?
zeker ['ze:kər] gewiß, sicher
zekerheid ['ze:kərhɛit] Sicherheit
zekering ['ze:kərɪŋ] *(el)* Sicherung
zelden ['zɛldən] selten
zelfs [zɛlfs] sogar
zenden ['zɛndən] ⟨zond, gezonden⟩ senden, schikken
zetten ['zɛtən] setzen; *(Kaffee, Tee)* kochen
zicht [zɪxt] *n* Sicht
zichtbaar ['zɪxtbɑ:r] sichtbar
ziek [zik] krank
ziekenfonds ['zikəfɔnts] *n* Krankenkasse
ziekenhuis ['zikəhœis] *n* Krankenhaus
ziekte ['ziktə] Krankheit
zien [zin] ⟨zag, gezien⟩ sehen
zij (1) [zɛi] *pers prn nom sing/pl* sie
zij (2) [zɛi] Seite
zijde (1) ['zɛidə] Seide
zijde (2) ['zɛidə] Seite

zijn (1) [zɛin] *verb* ⟨was, geweest⟩ sein
zijn (2) [zɛin] *poss prn (betont)* sein
zin [zɪn] Sinn; Satz; **ik heb geen zin** [ik hɛp xe:n 'zɪn] ich habe keine Lust
zingen ['zɪŋən] ⟨zong, gezongen⟩ singen
zinloos ['zɪnlo:s] zwecklos
zitplaats ['zɪtplɑ:ts] Sitz
zitten ['zɪtən] ⟨zat, gezeten⟩ sitzen
z'n [zən] *poss prn (unbetont)* sein
zo [zo:] so; **zo gauw mogelijk** [zo: 'gou 'mo:xələk] so bald wie möglich; **zo maar iets** ['zo: mɑ:r its] irgend etwas
zoeken ['zukən] ⟨zocht, gezocht⟩ suchen
zoet [zut] süß
zoëven [zo:'e:vən] *(zeitlich)* eben
zomer ['zo:mər] Sommer
zo'n [zo:n] solch
zon [zɔn] Sonne
zonder ['zɔndər] ohne; **zonder twijfel** [zɔndər 'twɛifəl] ohne Zweifel
zonnebril ['zɔnəbrɪl] Sonnenbrille
zoon [zo:n] Sohn
zorg [zɔrx] Sorge; Sorgfalt; **zich zorgen maken over** s. sorgen um
zorgen ['zɔrxən] sorgen (**voor** für)
zorgvuldig [zɔrx'fʌldəx] sorgfältig
zorgvuldigheid [zɔrx'fʌldəxhɛit] Sorgfalt
zoëven [zo:'e:vən] *(zeitlich)* gerade
zuidelijk ['zœidələk] südlich
zuiden ['zœidən] *n* Süden
zuil [zœil] Säule
zulk [zʌlk] solch
zullen ['zʌlən] ⟨zou, -⟩ sollen; *(Futur)* werden
zus [zʌs] *ugs* Schwester
zuster ['zʌstər] *(auch* Kranken-, Ordens-)Schwester
zuur [zy:r] sauer
zwaar [zwɑ:r] *(Gewicht)* schwer
zwager ['zwɑ:xər] Schwager
zwak [zwɑk] schwach

?

zwakte ['zwɑktə] Schwäche
zwart [zwɑrt] schwarz
zwembad ['zwɛmbɑt] *n*
 Schwimmbad
zwemmen ['zwɛmən]
 ⟨zwom, gezwommen⟩ schwimmen, baden
zweten ['zwe:tən] schwitzen
zwijgen (1) ['zwɛixən] *n* Schweigen

zwijgen (2) ['zwɛixən]
 ⟨zweeg, gezwegen⟩ schweigen
zwijgend ['zwɛixənt] schweigend
zwijm [zwɛim] Ohnmacht
Zwitser ['zwɪtsər] Schweizer
Zwitserland ['zwɪtsərlɑnt]
 Schweiz
Zwitserse ['zwɪtsərsə] Schweizerin
zwoel [zwul] schwül

Allgemeine Abkürzungen

ANWB	Algemene Nederlandse Wielrijders Bond	Königlich Niederländischer Touringclub
aub	alstublieft	bitte
BF	Belgische Franken	Belgische Franken
bl	bladzijde	Seite
BO	betaalde oproep	R-Gespräch
BTW	Belasting over de Toegevoegde Waarde	Mehrwertsteuer
CS	Centraal Station	Hauptbahnhof
enz.	enzovoort	und so weiter
fl	gulden	Gulden
GWK	Grenswisselkantoor	Geldwechsel an der Grenze
Hr	Heer	Herr
KLM	Koninklijke Nederlandse Luchtvaart Maatschappij	Königlich Niederländische Luftfahrtgesellschaft
KNAC	Koninklijke Nederlandse Automobiel Club	Königlich Niederländischer Automobilclub
M	Metro	Untergrundbahn
Mevr/ Mw	Mevrouw	Frau
maw	met andere worden	mit anderen Worten
NBT	Nationaal Bureau voor Toerisme	Niederländische Fremdenverkehrszentrale

NJHC	Nederlandse Jeugdherberg Centrale	Niederländische Jugendherbergsorganisation
NLM	Nederlandse Luchtvaart Maatschappij	Niederländische Luftfahrtgesellschaft
NMBS	Nationale Maatschappij der Belgische Spoorwegen	Belgische Eisenbahnen
NNTB	Nederlands Nationaal Toeristen Bureau	Niederländische Fremdenverkehrsorganisation
NRC	Nationaal Reserveringscentrum	Nationales Reservierungszentrum
NS	Nederlandse Spoorwegen	Niederländische Eisenbahnen
NV	Naamloze Vennootschap	Aktiengesellschaft
PTT	Post Telegraaf Telefoon	Postamt
VAB	Vlaamse Automobilisten Bond	Flämischer Automobilistenverband
VTB	Vlaamse Touristenbond	Flämischer Fremdenverkehrsverband
VVV	Vereniging voor Vreemdelingenverkeer	Fremdenverkehrsverein
WC	watercloset	Toilette
WW	Wegenwacht	Straßenwacht
Z	Zelfbediening	Selbstbedienung
zoz	zie ommezijde	siehe Rückseite

Kurzgrammatik

Substantiv (Hauptwort)
und Artikel (Geschlechtswort)

Im Niederländischen werden drei Geschlechter unterschieden:
Maskulinum (männlich), Femininum (weiblich) und Neutrum
(sächlich).
Da eine klare Trennung zwischen männlichen und weiblichen
Substantiven heute kaum mehr gemacht wird, unterscheidet man
eigentlich nur noch zwischen *de-woorden* und *het-woorden*. Die
Gruppe der *de-woorden* entspricht teilweise den im Deutschen
männlichen und weiblichen Substantiven. Viele *het-woorden* sind
im Deutschen auch sächlich. Wie im Deutschen sind alle Diminu-
tive (s. S. 230) Neutrum.

Der bestimmte Artikel

Der bestimmte Artikel lautet im Singular (Einzahl) *de* [də] für
die männlichen und weiblichen Substantive und *het* [ət] für die
sächlichen, im Plural (Mehrzahl) *de* [də] für alle Geschlechter.

	Singular		Plural	
Maskulinum und Femininum	**de** man	der Mann	**de** mannen	die Männer
	de vrouw	die Frau	**de** vrouwen	die Frauen
	de kast	der Schrank	**de** kasten	die Schränke
Neutrum	**het** kind	das Kind	**de** kinderen	die Kinder
	het huis	das Haus	**de** huizen	die Häuser

Der Artikel wird, anders als im Deutschen, nicht dekliniert (gebeugt). Der Genitiv (2. Fall) wird mit Hilfe der Präposition *van*
gebildet, der Dativ (3. Fall) mit Hilfe der Präposition *aan* oder
voor.

het huis **van** de man	das Haus des Mannes
Hij geeft het boek **aan** de kinderen.	Er gibt den Kindern das Buch.

!

Der unbestimmte Artikel

Der unbestimmte Artikel lautet für alle Geschlechter *een* [ən].

	bestimmt		unbestimmt	
Maskulinum und Femininum	**de** man	der Mann	**een** man	ein Mann
	de vrouw	die Frau	**een** vrouw	eine Frau
	de kast	der Schrank	**een** kast	ein Schrank
Neutrum	**het** kind	das Kind	**een** kind	ein Kind
	het huis	das Haus	**een** huis	ein Haus

Das Diminutiv (Verkleinerungsform)

Verkleinerungsformen kommen im Niederländischen viel häufiger vor als im Deutschen. Sie sind wie im Deutschen immer Neutrum (vgl. der Baum — das Bäumchen). Sie werden gebildet durch Anhängen der Diminutivendung.

1. -pje nach auslautendem *-m*

Grundform		Diminutiv
de boo**m**	der Baum	het boom**pje**
de fil**m**	der Film	het film**pje**

2. -tje nach Vokalen, Diphthongen und *-l, -n, -r*

de paraplu	der Regenschirm	het parapluutje
het ei	das Ei	het eitje
het verhaal	die Erzählung	het verhaaltje
de boon	die Bohne	het boontje
de veer	die Feder	het veertje

● Nach Kurzvokal mit nachfolgendem *-l, -r, -m, -n, -b, -g* lautet die Diminutivendung *-etje*. Damit der Vokalwert der Grundform erhalten bleibt, wird in der Schreibung der Endkonsonant verdoppelt.

!

Grundform			Diminutiv	
het spel	[spɛl]	das Spiel	het spelletje	[spɛlǝcǝ]
de ster	[stɛr]	der Stern	het sterretje	['stɛrǝcǝ]
het lam	[lɑm]	das Lamm	het lammetje	['lɑmǝcǝ]
de pan	[pɑn]	die Pfanne	het pannetje	['pɑnǝcǝ]
de krab	[krɑb]	die Krabbe	het krabbetje	['krɑbǝcǝ]
de vlag	[vlɑx]	die Flagge, Fahne	het vlaggetje	['vlɑxǝcǝ]

3. -je in allen übrigen Fällen

de kast	der Schrank	het kastje
het huis	das Haus	het huisje

● In einigen Fällen hat die Verkleinerungsform eine andere Bedeutung als die Grundform.

de lepel	der Löffel	het lepeltje	der Teelöffel
het kwart	das Viertel	het kwartje	das Viertelguldenstück

Die Pluralbildung

Die niederländischen Substantive lassen sich nach ihrer Pluralbildung in vier Gruppen einteilen; die beiden ersten sind die häufigsten. Die Pluralendung wird an die Grundform angehängt.

1. Plural auf -en

Singular		Plural	
de boer	der Bauer	de boeren	die Bauern
de mens	der Mensch	de mensen	die Menschen

● Damit der Vokalwert der Grundform erhalten bleibt, kann sich im Plural die Schreibung ändern (vgl. oben und S. 244).

de taak	[taːk]	die Aufgabe	de taken	['taːkǝn]	die Aufgaben
de tak	[tɑk]	der Zweig	de takken	['tɑkǝn]	die Zweige
het bos	[bɔs]	der Wald	de bossen	['bɔsǝn]	die Wälder

!

● Bei manchen Substantiven ändert sich auch der Vokal der Grundform. Solche Fälle sind im Wörterbuch eigens angegeben.

de sta**d**	die Stadt	de st**eden**	die Städte
het sch**ip**	das Schiff	de sch**epen**	die Schiffe

● Manche Substantive dieser Gruppe haben eine doppelte Pluralform (vgl. auch 3., Seite 233) mit Bedeutungsunterschied.

het blad	das Blatt	de bl**aden**	die Buchblätter
		de bl**aderen**	die Baumblätter
het been	das Bein	de b**enen**	die Beine
	der Knochen	de been**deren**	die Knochen

2. Plural auf -s

a) bei Substantiven auf unbetontes -el, -em, -en und -er

Singular		Plural	
de vog**el**	der Vogel	de vogel**s**	die Vögel
de bod**em**	der Boden	de bodem**s**	die Böden
de wag**en**	der Wagen	de wagen**s**	die Wagen
de fiets**er**	der Radfahrer	de fietser**s**	die Radfahrer

b) bei allen Diminutiven

het boompje	das Bäumchen	de boompje**s**	die Bäumchen
het boontje	das Böhnchen	de boontje**s**	die Böhnchen
het sterretje	das Sternchen	de sterretje**s**	die Sternchen
het huisje	das Häuschen	de huisje**s**	die Häuschen

c) bei vielen Fremdwörtern. Enden diese auf -a, -i, -o, -u oder -y, steht vor dem -s ein Apostroph.

de foto	das Foto	de foto**'s**	die Fotos
de ski	der Ski	de ski**'s**	die Skier

!

3. Plural auf -eren

Singular		Plural	
het ei	das Ei	de ei**eren**	die Eier
het kind	das Kind	de kind**eren**	die Kinder
het goed	das Gut	de goed**eren**	die Güter
het volk	das Volk	de volk**eren**	die Völker

Zu dieser Gruppe gehören sächliche Substantive, die im Deutschen den Plural auf -er bilden. Die Pluralformen sind im Wörterbuch eigens angegeben.

4. Wörter lateinischen und griechischen Ursprungs erhalten im allgemeinen ihre eigene Pluralendung.

de music**us**	der Musiker	de music**i**	die Musiker
het centr**um**	das Zentrum	de centr**a**	die Zentren
de cris**is**	die Krise	de cris**es**	die Krisen

Das Adjektiv (Eigenschaftswort)

Das Adjektiv steht wie im Deutschen meistens mit einem Substantiv. Es wird in bestimmten Fällen dekliniert (gebeugt).

Die Deklination (Beugung)

Das Adjektiv erhält die Endung -e

1. vor einem männlichen oder weiblichen Substantiv im Singular.

de nieuw**e** fiets	das neue Fahrrad
een oud**e** vrouw	eine alte Frau
de dikk**e** man	der dicke Mann

2. vor einem sächlichen Substantiv im Singular, wenn ein Bestimmungswort vorangeht.

het mooie boek	das schöne Buch
ons kleine huis	unser kleines Haus
het lieve kind	das liebe Kind

!

3. vor allen Substantiven im Plural.

de nieuwe fietsen	die neuen Fahrräder
hoge bomen	hohe Bäume

Undekliniert bleibt das Adjektiv

1. vor einem sächlichen Substantiv im Singular, wenn kein Bestimmungswort oder *een, geen, ieder, elk, menig, welk, zulk* vorangeht.

vies weer	schlechtes Wetter
een mooi boek	ein schönes Buch
Dat is **geen** lief kind.	Das ist kein liebes Kind.
elk goed orkest	jedes gute Orchester

2. wenn es auf *-en* endet.

een gouden horloge	eine goldene Uhr
het open raam	das offene Fenster

● Die Adjektive *linker* und *rechter* sowie die vom Ortsnamen abgeleiteten Adjektive bleiben undekliniert.

de linker hand	die linke Hand
de rechter kant	die rechte Seite
Edammer kaas	Edamer Käse

Steigerung und Vergleich

Der Komparativ wird gebildet durch Hinzufügung von *-er*, der Superlativ durch Anhängung von *-st*.

rijk	rijk**er**	rijk**st**
reich	reicher	am reichsten
groot	grot**er**	groot**st**
groß	größer	am größten

!

Wenn das Adjektiv auf *-r* auslautet, erhält es im Komparativ die Endung *-der*, im Superlativ die normale Endung *-st*.

zwaar	zwaar**der**	zwaar**st**
schwer	schwerer	am schwersten
ver	ver**der**	ver**st**
weit	weiter	am weitesten

Wenn das Adjektiv auf *-s* oder *-isch* auslautet, erhält es im Komparativ die normale Endung *-er*, im Superlativ aber nur ein *-t:*

wijs	wijz**er**	wij**st**
weise	weiser	am weisesten
drastisch	drastisch**er**	drastisch**t**
drastisch	drastischer	am drastischsten

Bei Vergleichen im Komparativ wird *dan* verwendet.

Hij is dikker **dan** ik.	Er ist dicker als ich.

Bei Vergleichen, bei denen die Gleichheit hervorgehoben werden soll, verwendet man *even … als* oder *(net) zo … als*.

Hij is **even** dik **als** ik.	
Hij is **(net) zo** dik **als** ik.	Er ist genauso dick wie ich.

Adjektive mit unregelmäßiger Steigerung

goed	beter	best
gut	besser	am besten
veel	meer	meest
viel	mehr	am meisten
weinig	minder	minst
wenig	weniger	am wenigsten

!

Das Adverb (Umstandswort)

Wie im Deutschen kann die ungebeugte Form des Adjektivs als Adverb verwendet werden.

We lopen snel naar huis.	Wir gehen schnell nach Hause.
Ze zingt heel mooi.	Sie singt sehr schön.

Adverbien, die von Adjektiven abgeleitet sind, können wie diese gesteigert werden.
Im Superlativ erhalten solche Adverbien *het* + ...*-st(e)*.

We lopen sneller dan zij.	Wir gehen schneller als sie.
Ze zingt veel mooier.	Sie singt viel schöner.
Dat meisje zong **het** mooist(e).	Das Mädchen sang am schönsten.

Ursprüngliche Adverbien sind:

altijd	immer	gauw	bald, schnell
bijna	fast	graag	gern
bijzonder	besonders	heel	sehr
erg	sehr	misschien	vielleicht
		zeer	sehr

Graag kann auch gesteigert werden.

graag	liever	liefst
gern	lieber	am liebsten

Die Pronomen (Fürwörter)

Personalpronomen (Persönliche Fürwörter)

Bei den Personalpronomen unterscheidet man zwischen der Subjekt- und der Objektform. Außerdem haben sie fast alle eine betonte („volle") und eine unbetonte („verkürzte") Form, wobei die betonte meist schriftlich, die unbetonte mündlich verwendet wird.

!

	Subjekt			Objekt	
	betont	unbetont		betont	unbetont
Singular	ik	('k)	ich	mij	me [mə]	mir/mich
	jij	je [jə]	du	jou	je [jə]	dir/dich
	u	—	Sie	u	—	Ihnen/Sie
	hij	(ie)	er	hem	('em) [əm]	ihm/ihn
	zij	ze [zə]	sie	haar	(d'r) [dər]	ihr/sie
	het	('t)	es	het	('t) [ət]	ihm/es
Plural	wij	we [wə]	wir	ons	—	uns/uns
	jullie	—	ihr	jullie	—	euch/euch
	u	—	Sie	u	—	Ihnen/Sie
	zij	ze [zə]	sie	hun, hen ze	ze [zə]	ihnen/sie

- *Hun, hen* kommen überwiegend in der Schriftsprache vor und werden für Personen verwendet, wobei *hun* die Form des indirekten Objektes und *hen* die Form des direkten Objektes ist und nach Präpositionen verwendet wird:

Hij geeft **hun** een cadeau. Hij geeft een cadeau **aan hen**.	Er gibt ihnen ein Geschenk.

Weitaus geläufiger ist *ze*, das sowohl für Personen als für Sachen, als direktes und als indirektes Objekt verwendet werden kann.

Reflexivpronomen (Rückbezügliche Fürwörter)

zich wassen sich waschen

Singular	ik	was	me	ich	wasche	mich
	jij	wast	je	du	wäschst	dich
	u	wast	zich	Sie	waschen	sich
	hij	wast	zich	er	wäscht	sich
	zij	wast	zich	sie	wäscht	sich
	het	wast	zich	es	wäscht	sich
Plural	wij	wassen	ons	wir	waschen	uns
	jullie	wassen	je	ihr	wascht	euch
	u	wast	zich	Sie	waschen	sich
	zij	wassen	zich	sie	waschen	sich

!

● Reziprok ist *elkaar*. Dieses Pronomen muß dann verwendet werden, wenn im Deutschen das Reflexivpronomen durch *einander* ersetzt werden kann.

We groeten elkaar niet meer.	Wir grüßen uns (= einander) nicht mehr.
Ze helpen elkaar veel.	Sie helfen sich (= einander) viel.

● Man beachte den Unterschied:

Ze wassen zich.	Sie waschen sich.
Ze wassen elkaar.	Sie waschen sich gegenseitig (= einander).
Ze vervelen zich.	Sie langweilen sich.
Ze vervelen elkaar.	Sie langweilen sich gegenseitig.

Possessivpronomen (Besitzanzeigende Fürwörter)

Auch bei den Possessivpronomen gibt es eine betonte und eine unbetonte Form.

	betont	unbetont		
Singular	mijn	(m'n)	[mən]	mein
	jouw	je	[jə]	dein
	uw	—		Ihr
	zijn	(z'n)	[zən]	sein
	haar	(d'r)	[dər]	ihr
	zijn	(z'n)	[zən]	sein
Plural	ons/onze	—		uns
	jullie, je	—		euer
	uw	—		Ihr
	hun	—		ihr

● Die unreflektierte Form *ons* wird nur beim Neutrum im Singular verwendet:

ons huis   unser Haus

In allen anderen Fällen verwendet man *onze:*

onze hond   unser Hund
onze buren   unsere Nachbarn

!

● Anstatt *jullie* verwendet man *je*, wenn im Subjekt bereits *jullie* steht:

Hebben **jullie je** ouders nog gezien?   Habt ihr eure Eltern noch gesehen?

Selbständig gebrauchte Possessivpronomen

Singular	de/het mijne	meiner/meine/mein(e)s
	de/het jouwe	deiner/deine/dein(e)s
	de/het uwe	Ihrer/Ihre/Ihres
	de/het zijne	seiner/seine/sein(e)s
	de/het hare	ihrer/ihre/ihres
Plural	de/het onze	unserer/unsere/unseres
	die/dat van jullie	eurer/eure/eures
	de/het uwe	Ihrer/Ihre/Ihres
	de/het hunne	ihrer/ihre/ihres

● Das Besitzverhältnis kann auch durch das Personalpronomen (Objektform) wiedergegeben werden: *die/dat van mij, jou* usw. Bei der 2. Person Plural ist dies sogar die einzige Möglichkeit.

Demonstrativpronomen (Hinweisende Fürwörter)

Mask./Fem.	Neutrum	Plural	
deze	dit	deze	dieser, -e, -es (für das Näherliegende)
die	dat	die	jener, -e, -es (für das Entferntere)

Sie sind unveränderlich und können adjektivisch und substantivisch verwendet werden.

Deze man is mijn vader.	Dieser Mann ist mein Vater.
Dit boek is spannender dan dat.	Dieses Buch ist spannender als jenes.
Ik hou niet van deze kleur.	Ich mag diese Farbe nicht.

!

Weitere Demonstrativa sind:

dezelfde, hetzelfde	derselbe, dieselbe, dasselbe
dergelijk(e), zodanig(e)	ein/e derartiger, -e, -es
zo'n, zulk(e)	ein/e solcher, -e, -es/so(lch) ein, -e

● Bei zählbaren Substantiven im Singular verwendet man *zo'n:*

Ik zou ook zo'n hemd willen hebben.	Ich hätte auch gern so ein Hemd.

● *Zulk(e)* wird bei Kollektiva und bei Substantiven im Plural verwendet:

Zulk weer is goed voor mijn tuin.	Ein solches Wetter ist gut für meinen Garten.
Zulke wijn lust ik niet.	So einen Wein mag ich nicht.
In zulke landen is de bevolking erg arm.	In solchen Ländern ist die Bevölkerung sehr arm.

Relativpronomen (Bezügliche Fürwörter)

	Personen	Sachen
Nominativ	die, dat	die, dat
Genitiv	van wie	waarvan
Dativ	aan wie	waaraan
Akkusativ	die, dat	die, dat

● *die* — Maskulinum und Femininum Singular; Plural
  dat — Neutrum Singular

de jongen **die** daar loopt	der Junge, der da geht
het glas **dat** jij brak	das Glas, das du brachst
mensen **die** geen wijn lusten	Leute, die keinen Wein mögen

!

● Bei Präpositionen lautet das Relativpronomen für Personen
wie, für Sachen *waar*.

de man **aan wie** ik het boek gaf	der Mann, dem ich das Buch gab
het huis **waarin** wij wonen	das Haus, in dem wir wohnen

● Alte Genitivformen sind *wiens* (Maskulinum und Neutrum
Singular) und *wier* (Femininum Singular; Plural). Sie kommen
noch in der Schriftsprache vor.

Interrogativpronomen (Fragende Fürwörter)

Personen		Sachen	
wie	wer, wen	wat	was
van wie	wessen	waarvan	wovon
aan wie	wem	waaraan	woran
	wat voor (een)	was für ein, -e	
	welk(e)	welcher, -e, -es	

Wie beim Relativpronomen werden Genitiv und Dativ mit Hilfe
von Präpositionen gebildet. Bei *waar* wird die Präposition gern
abgetrennt.

Wie heb je gezien?	Wen hast du gesehen?
Aan wie heb je het geld gegeven?	Wem hast du das Geld gegeben?
Wat is er aan de hand?	Was ist los?
Waar denk je **aan**?	Woran denkst du?
(**Waaraan** denk je?)	
Waar wacht zij **op**?	Worauf wartet sie?
(**Waarop** wacht zij?)	
Wat voor (een) auto heeft hij?	Was für ein Auto hat er?
Welk meisje ken je?	Welches Mädchen kennst du?
Welke jongens hebben dat gedaan?	Welche Jungen haben das getan?

● Die alten Genitivformen *wiens* und *wier* (wessen) kommen
nur noch in der Schriftsprache vor (vgl. auch oben).

● **Wat** leuk!   Wie nett!   **Wat** jammer!   Wie schade!

!

Fragewörter

waar? wo?	**Waar** is de melk?	Wo ist die Milch?
waarnaartoe? wohin?	**Waar** gaat hij **naartoe**?	Wo geht er hin?
waarvandaan? woher?	**Waar** komt zij **vandaan**?	Wo kommt sie her?
wanneer? wann?	**Wanneer** heb je tijd?	Wann hast du Zeit?
hoe? wie?	**Hoe** doe je dat?	Wie macht man das?
waarom? warum?	**Waarom** bent u boos?	Warum sind Sie böse?

Indefinitpronomen (Unbestimmte Fürwörter)

iets	etwas	men, ze, je	man
niets	nichts	ergens	irgendwo
alles	alles	nergens	nirgendwo
iemand	jemand	overal	überall
niemand	niemand		

● *Men* wird in der gesprochenen Sprache nicht gerne verwendet. Statt dessen nimmt man *ze* oder *je*.

Ze zeggen dat **je** hier goed kunt eten.	Man sagt, daß man hier gut essen kann.

adjektivisch	substantivisch		
	Personen	Sachen	
veel	velen	vele	viel
weinig	weinigen	weinige	wenig
ieder(e), elk(e)	iedereen	—	jeder, -e, -es
alle	allen	alle	alle
enig(e), enkel(e)	enigen, enkelen	enige, enkele	einige
sommige	sommigen	sommige	manche
verschillende	verschillenden	verschillende	verschiedene
verscheidene	verscheidenen	verscheidene	mehrere
ander(e)	anderen	andere	andere

!

Das Verb (Zeitwort)

Die niederländischen Verben teilt man in schwache (Bildung der Vergangenheit durch Endung), starke (Bildung der Vergangenheit ohne Endung durch Ablaut) und unregelmäßige Verben ein. Es gibt einfache und zusammengesetzte Zeiten. Einfache Zeiten sind **Präsens** (Gegenwart) und **Imperfekt** (Vergangenheit). Zusammengesetzte Zeiten sind **Perfekt** (vollendete Gegenwart), **Plusquamperfekt** (vollendete Vergangenheit), **Futur** (Zukunft) und **Konditional** (Bedingungsform).

Das **Perfekt** wird mit dem Präsens von *hebben* oder *zijn* und dem 2. Partizip (Mittelwort der Vergangenheit) gebildet. Das **Plusquamperfekt** wird mit dem Imperfekt von *hebben* oder *zijn* und dem 2. Partizip gebildet. Das **Futur** wird mit dem Präsens, das **Konditional** mit dem Imperfekt von *zullen* und dem Infinitiv gebildet. Für das Passiv wird das Hilfsverb *worden* benützt.

Das Präsens (Gegenwart)

Bei der Konjugation der Verben geht man vom Stamm (= Infinitiv ohne *-en*) aus.

	helpen helfen	zitten sitzen	vinden finden
ik	help	zit	vind
jij	hel**pt**	zit	vind**t**
u	hel**pt**	zit	vind**t**
hij/zij/het	hel**pt**	zit	vind**t**
wij	help**en**	zit**ten**	vind**en**
jullie	help**en**	zit**ten**	vind**en**
u	hel**pt**	zit	vind**t**
zij	help**en**	zit**ten**	vind**en**

- Endet der Stamm auf *-t*, so erhält das Verb in der 2. und 3. Person Singular keine Endung.
  Endet der Stamm auf *-d*, so erhält das Verb in der 2. und 3. Person Singular die normale Endung *-t* (ausgesprochen wird nur ein [t]).

- In der 2. Person Singular entfällt bei Inversion (= Umstellung von Subjekt und Prädikat) das Endungs-*t:*

  help jij?
  vind jij?

!

- Doppelkonsonant wird in der Schreibung vereinfacht, wenn er ans Silbenende kommt (vgl. auch S. 231):

zitten ['zɪtən] — ik zit [zɪt]   sitzen

-v- und -z- werden in der Schreibung zu -f und -s, wenn sie ans Silbenende zu stehen kommen:

blijven ['blɛivən] — ik blijf [blɛif]   bleiben
reizen ['rɛizən] — ik reis [rɛis]   reisen

Bei langem Vokal im Infinitiv wird dieser in der Schreibung verdoppelt, wenn er in die Silbenmitte zu stehen kommt:

leven ['le:vən] — ik leef [le:f]   leben

Imperfekt (Vergangenheit) und 2. Partizip (Mittelwort der Vergangenheit)

1. Schwache Verben

An den Stamm wird für das Imperfekt die Endung -te(n) angehängt, wenn dieser auf -ch, -f, -k, -s, -p, -t ausgeht, in allen anderen Fällen -de(n).

	maken machen	horen hören
ik	maakte	hoorde
jij	maakte	hoorde
u	maakte	hoorde
hij/zij/het	maakte	hoorde
wij	maakten	hoorden
jullie	maakten	hoorden
u	maakte	hoorde
zij	maakten	hoorden

- Endet der Stamm des Verbes auf -t oder -d, so bleibt die normale Endung erhalten, ausgesprochen wird aber nur ein [t] oder [d]:

zuchten ['zʌxtən] — ik zuchtte ['zʌxtə]   seufzen
bloeden ['bludən] — ik bloedde ['bludə]   bluten

!

● Damit der Vokalwert des Infinitivs erhalten bleibt, wird im Imperfekt bei langem Vokal dieser in der Schreibung verdoppelt (vgl. auch S. 230—231):

maken ['ma:kən] — ik maakte ['ma:ktə] machen
leven ['le:vən] — ik leefde ['le:vdə] leben
horen ['ho:rən] — ik hoorde ['ho:rdə] hören

● Verben, deren Stamm im Infinitiv auf -v oder -z ausgeht, haben im Imperfekt in der Schreibung -f- oder -s-. Die Endung ist in diesem Fall trotzdem -de(n) und nicht -te(n).

leven ['le:vən] — ik leefde ['le:vdə] leben
reizen ['rɛizən] — ik reisde ['rɛizdə] reisen

Das 2. Partizip wird gebildet mit der Vorsilbe ge-, außer bei Verben, die mit ge-, be-, her-, ont- anfangen, und erhält als Endung ein -t oder -d nach den gleichen Regeln, nach denen das Imperfekt gebildet wird. Endet der Stamm auf -t oder -d, so erhält das Partizip keine Endung.

Infinitiv	Imperfekt	2. Partizip	
maken	maakte	**ge**maakt	machen
horen	hoorde	**ge**hoord	hören
zuchten	zuchtte	**ge**zucht	seufzen
bloeden	bloedde	**ge**bloed	bluten
leven	leefde	**ge**leefd	leben
reizen	reisde	**ge**reisd	reisen
ontdekken	ontdekte	ontdekt	entdecken

● Man beachte den Unterschied zum Deutschen:

Hij heeft **ge**studeerd.   Er hat studiert.

!

2. Starke Verben

Wie im Deutschen werden Imperfekt und 2. Partizip der starken Verben durch Ablaut gebildet. Das 2. Partizip erhält zudem die Vorsilbe *ge-* und die Endung *-en*. Im Wörterbuch werden diese Formen eigens angegeben. Vgl. auch die Übersicht auf S. 252.

Infinitiv	Imperfekt	2. Partizip	
blijven	bleef	gebleven	bleiben
vinden	vond	gevonden	finden
dragen	droeg	gedragen	tragen
gelden	gold	gegolden	gelten
geven	gaf	gegeven	geben
laten	liet	gelaten	lassen

Im Imperfekt bleiben die drei Personen Singular endungslos, die Pluralformen erhalten die Endung *-en*.

	blijven bleiben	vinden finden
ik	bleef	vond
jij	bleef	vond
u	bleef	vond
hij/zij/het	bleef	vond
wij	bleven	vonden
jullie	bleven	vonden
u	bleef	vond
zij	bleven	vonden

● Für die Rechtschreibung gelten die Regeln analog zu denen auf Seite 244.

3. Unregelmäßige Verben

Die unregelmäßigen Verben haben im allgemeinen Ablaut, können jedoch im Imperfekt und 2. Partizip die gleichen Endungen wie die schwachen Verben haben. Im Wörterbuch sind diese Formen eigens angegeben. Vgl. auch die Übersicht auf S. 252.

Infinitiv	Imperfekt	2. Partizip	
brengen	bracht	gebracht	bringen
kopen	kocht	gekocht	kaufen
bakken	bakte	gebakken	backen

!

● Einige Verben sind ganz und gar unregelmäßig. Zu diesen gehören *gaan, doen, zien, staan, slaan*, die Modalverben *komen, mogen, moeten, willen* und die Hilfsverben *hebben, zijn, zullen, worden*.

gaan, doen, zien, staan

	gaan gehen		doen tun	
	Präsens	Imperfekt	Präsens	Imperfekt
ik	ga	ging	doe	deed
jij	gaat	ging	doet	deed
u	gaat	ging	doet	deed
hij/zij/het	gaat	ging	doet	deed
wij	gaan	gingen	doen	deden
jullie	gaan	gingen	doen	deden
u	gaat	ging	doet	deed
zij	gaan	gingen	doen	deden
2. Partizip	gegaan		gedaan	

	zien sehen		staan stehen	
	Präsens	Imperfekt	Präsens	Imperfekt
ik	zie	zag	sta	stond
jij	ziet	zag	staat	stond
u	ziet	zag	staat	stond
hij/zij/het	ziet	zag	staat	stond
wij	zien	zagen	staan	stonden
jullie	zien	zagen	staan	stonden
u	ziet	zag	staat	stond
zij	zien	zagen	staan	stonden
2. Partizip	gezien		gestaan	

● Wie *gaan* und *staan* wird im Präsens auch *slaan* (schlagen) konjugiert.

!

Die Modalverben

	kunnen können		mogen dürfen	
	Präsens	Imperfekt	Präsens	Imperfekt
ik	kan	kon	mag	mocht
jij	kan/kunt	kon	mag	mocht
u	kan/kunt	kon	mag	mocht
hij/zij/het	kan	kon	mag	mocht
wij	kunnen	konden	mogen	mochten
jullie	kunnen	konden	mogen	mochten
u	kan/kunt	kon	mag	mocht
zij	kunnen	konden	mogen	mochten
2. Partizip	gekund		gemogen	

	moeten müssen		willen wollen	
	Präsens	Imperfekt	Präsens	Imperfekt
ik	moet	moest	wil	wilde/wou
jij	moet	moest	wilt	wilde/wou
u	moet	moest	wilt	wilde/wou
hij/zij/het	moet	moest	wil	wilde/wou
wij	moeten	moesten	willen	wilden
jullie	moeten	moesten	willen	wilden
u	moet	moest	wilt	wilde
zij	moeten	moesten	willen	wilden
2. Partizip	gemoeten		gewild	

● *Wou* ist die in der Umgangssprache gebräuchlichere Form.

Die Hilfsverben

	hebben haben		zijn sein	
	Präsens	Imperfekt	Präsens	Imperfekt
ik	heb	had	ben	was
jij	hebt	had	bent	was
u	hebt/heeft	had	is/bent	was
hij/zij/het	heeft	had	is	was
wij	hebben	hadden	zijn	waren
jullie	hebben	hadden	zijn	waren
u	hebt/heeft	had	is/bent	was
zij	hebben	hadden	zijn	waren
2. Partizip	gehad		geweest	

	zullen werden (sollen)		worden werden	
	Präsens	Imperfekt	Präsens	Imperfekt
ik	zal	zou	word	werd
jij	zal/zult	zou	wordt	werd
u	zal/zult	zou	wordt	werd
hij/zij/het	zal	zou	wordt	werd
wij	zullen	zouden	worden	werden
jullie	zullen	zouden	worden	werden
u	zal/zult	zou	wordt	werd
zij	zullen	zouden	worden	werden
2. Partizip	—		geworden	

● Zur Stellung des Hilfsverbs vgl. Seite 255.

!

Perfekt (Vollendete Gegenwart)
und Plusquamperfekt (Vollendete Vergangenheit)

Perfekt und Plusquamperfekt werden gebildet mit den Hilfsverben *hebben* oder *zijn* und dem 2. Partizip. Der Gebrauch dieser Hilfsverben entspricht im allgemeinen dem im Deutschen.

● **Ausnahmen:**

beginnen:	
Het programma is begonnen.	Das Programm hat angefangen.
toenemen:	
De pijn is toegenomen.	Die Schmerzen haben zugenommen.
afnemen:	
De bevolking is afgenomen.	Die Bevölkerung hat abgenommen.
ophouden:	
De regen was opgehouden.	Der Regen hatte aufgehört.

Verben der Fortbewegung können mit *hebben* oder mit *zijn* verbunden werden. Ist die Handlung an sich gemeint, so verwendet man *hebben*. Wird eine Richtung oder ein Ziel erwähnt, so verwendet man *zijn*.

We **hebben** vandaag lang gefietst.	Wir sind heute lange Rad gefahren.
We **zijn** naar Amsterdam gefietst.	Wir sind mit dem Rad nach Amsterdam gefahren.

Futur (Zukunft)
und Konditional (Bedingungsform)

Das Futur wird mit dem Präsens, das Konditional mit dem Imperfekt von *zullen* und dem Infinitiv gebildet.

Futur	ik zal werken	ich werde arbeiten
Konditional	ik zou eten	ich würde essen

Auch das Verb *gaan* (gehen) wird oft zur Bezeichnung der Zukunft verwendet:

Ik ga hem morgen opzoeken.	Ich werde ihn morgen besuchen.

!

Der Imperativ (Befehlsform)

Der Imperativ ist für Singular und Plural gleich dem Stamm.
Die Höflichkeitsform wird gebildet aus Stamm + -*t* und dem
Wort *u*.
Zijn hat besondere Imperativformen.

Singular und Plural	
Kijk eens!	Schau/Schaut mal!
Blijf daar!	Bleib/Bleibt da!
Wees stil!	Sei/Seid still!
Höflichkeitsform	
Kijkt u eens!	Schauen Sie mal!
Blijft u daar!	Bleiben Sie da!
Weest u stil!	Seien Sie ruhig!

Das Passiv (Leideform)

Das Passiv wird mit dem Hilfsverb *worden*, in den zusammengesetzten Zeiten mit dem Hilfsverb *zijn* und dem 2. Partizip gebildet.

ik word gedragen	ich werde getragen
ik werd gebeten	ich wurde gebissen

Die Präposition vor dem handelnden Objekt ist immer *door*
(durch, von):

Hij wordt **door** zijn buurman geroepen.	Er wird von seinem Nachbarn gerufen.

In zusammengesetzten Zeiten wird das 2. Partizip von *worden*
immer weggelassen:

Dit huis is snel gebouwd.	Dieses Haus ist schnell gebaut worden.

!

Die wichtigsten starken und unregelmäßigen Verben

Infinitiv	Imperfekt	2. Partizip	
bakken	bakte	gebakken	backen
bederven	bedierf	bedorven	verderben
bedriegen	bedroog	bedrogen	betrügen
beginnen	begon	begonnen	beginnen
bevelen	beval/bevalen	bevolen	befehlen
bewegen	bewoog	bewogen	bewegen
bidden	bad/baden	gebeden	beten
bieden	bood	geboden	bieten
bijten	beet	gebeten	beißen
binden	bond	gebonden	binden
blijken	bleek	gebleken	s. herausstellen
blijven	bleef	gebleven	bleiben
braden	braadde	gebraden	braten
breken	brak/braken	gebroken	brechen
brengen	bracht	gebracht	bringen
buigen	boog	gebogen	biegen
denken	dacht	gedacht	denken
doen	deed	gedaan	tun
dragen	droeg	gedragen	tragen
drijven	dreef	gedreven	treiben
drinken	dronk	gedronken	trinken
duiken	dook	gedoken	tauchen
dwingen	dwong	gedwongen	zwingen
eten	at, aten	gegeten	essen
gaan	ging	gegaan	gehen
gelden	gold	gegolden	gelten
gelijken	geleek	geleken	gleichen
genezen	genas, genazen	genezen	genesen, heilen
genieten	genoot	genoten	genießen
geven	gaf, gaven	gegeven	geben
gieten	goot	gegoten	gießen
grijpen	greep	gegrepen	greifen
hangen	hing	gehangen	hängen
hebben	had	gehad	haben
heten	heette	geheten	heißen
houden	hield	gehouden	halten
kiezen	koos	gekozen	wählen
kijken	keek	gekeken	schauen

Infinitv	Imperfekt	2. Partizip	
klimmen	klom	geklommen	klettern
komen	kwam, kwamen	gekomen	kommen
kopen	kocht	gekocht	kaufen
krijgen	kreeg	gekregen	bekommen
kunnen	kon, konden	gekund	können
lachen	lachte	gelachen	lachen
laden	laadde	geladen	laden
laten	liet	gelaten	lassen
lezen	las, lazen	gelezen	lesen
liggen	lag, lagen	gelegen	liegen
lijken	leek	geleken	scheinen
lopen	liep	gelopen	gehen
meten	mat/maten	gemeten	messen
mijden	meed	gemeden	meiden
moeten	moest	gemoeten	müssen, sollen
mogen	mocht	gemogen	dürfen
nemen	nam, namen	genomen	nehmen
onderscheiden	onderscheed	onderscheden	unterscheiden
raden	raadde/ried	geraden	raten
rijden	reed	gereden	fahren
roepen	riep	geroepen	rufen
ruiken	rook	geroken	riechen
scheiden	scheidde	gescheiden	trennen
schenken	schonk	geschonken	schenken
scheren	schoor	geschoren	rasieren
schieten	schoot	geschoten	schießen
schijnen	scheen	geschenen	scheinen
schrijden	schreed	geschreden	schreiten
schrijven	schreef	geschreven	schreiben
schrikken	schrok	geschrokken	erschrecken
schuiven	schoof	geschoven	schieben
slaan	sloeg	geslagen	schlagen
slapen	sliep	geslapen	schlafen
sluiten	sloot	gesloten	schließen
snijden	sneed	gesneden	schneiden
spijten	speet	gespeten	bedauern
spreken	sprak, spraken	gesproken	sprechen
springen	sprong	gesprongen	springen
staan	stond	gestaan	stehen
steken	stak/staken	gestoken	stechen; stecken

!

Infinitv	Imperfekt	2. Partizip	
stelen	stal/stalen	gestolen	stehlen
sterven	stierf	gestorven	sterben
stijgen	steeg	gestegen	steigen
stinken	stonk	gestonken	stinken
stoten	stootte	gestoten	stoßen
treden	trad, traden	getreden	treten
treffen	trof	getroffen	treffen
trekken	trok	getrokken	ziehen
uitscheiden	scheed uit	uitgescheden	aufhören
vallen	viel	gevallen	fallen
vangen	ving	gevangen	fangen
varen	voer	gevaren	(mit dem Schiff) fahren
verdwijnen	verdween	verdwenen	verschwinden
vergeten	vergat/vergaten	vergeten	vergessen
verliezen	verloor	verloren	verlieren
verwerven	verwierf	verworven	erlangen
vinden	vond	gevonden	finden
vliegen	vloog	gevlogen	fliegen
vragen	vroeg	gevraagd	fragen
vriezen	vroor	gevroren	frieren
wassen	waste	gewassen	waschen
wegen	woog	gewogen	wiegen
werpen	wierp	geworpen	werfen
weten	wist	geweten	wissen
wijzen	wees	gewezen	zeigen
willen	wilde, wou	gewild	wollen
winnen	won	gewonnen	gewinnen
worden	werd	geworden	werden
zeggen	zei, zeiden	gezegd	sagen
zenden	zond	gezonden	senden
zien	zag, zagen	gezien	sehen
zijn	was, waren	geweest	sein
zingen	zong	gezongen	singen
zitten	zat/zaten	gezeten	sitzen
zoeken	zocht	gezocht	suchen
zullen	zou/zouden	—	werden (, sollen)
zwemmen	zwom	gezwommen	schwimmen

!

Wortfolge und Satzkonstruktion

Wortfolge und Satzkonstruktion sind im großen und ganzen die-
selben wie im Deutschen.

● **Unterschiede:**
1. In Nebensätzen steht das konjugierte Verb vor dem Infinitiv.

Ze zeiden dat ze **wilden komen**.	Sie sagten, daß sie kommen wollten.
Ik denk niet dat hij dat **wil doen**.	Ich glaube nicht, daß er das tun will.

2. Bei zwei Infinitiven steht das Hauptverb am Satzende.

We hebben het niet **kunnen doen**.	Wir haben es nicht tun können.

3. Die Hilfsverben *hebben, zijn* und *worden* können im Neben-
satz vor oder hinter dem 2. Partizip stehen:

Weet zij nog wat hij **gezegd had**? Weet zij nog wat hij **had gezegd**?	Weiß sie noch, was er ge- sagt hatte?

4. Die deutsche Konstruktion Aussageverb + Hauptsatz ist im
Niederländischen unüblich.

Ik denk **dat** hij niet meer komt.	Ich glaube, er kommt nicht mehr.

Das niederländische Alphabet

A	a	[aː]	J	j	[jeː]	S	s	[ɛs]
B	b	[beː]	K	k	[kaː]	T	t	[teː]
C	c	[seː]	L	l	[ɛl]	U	u	[yː]
D	d	[deː]	M	m	[ɛm]	V	v	[veː]
E	e	[eː]	N	n	[ɛn]	W	w	[weː]
F	f	[ɛf]	O	o	[oː]	X	x	[ɪks]
G	g	[xeː]	P	p	[peː]	IJ	ij	[ɛi]
H	h	[haː]	Q	q	[kyː]	Z	z	[zɛt]
I	i	[iː]	R	r	[ɛr]			

!

Bildquellen: Heinke Behal-Thomsen, Tübingen 70, 3, 5, 6; 167; 184 – Martin Dilger, Winterbach 68; 70, 1, 2, 4; 125, 1, 2; 138; 139; 150, 1, 2; 152, 2, 3 – Erich Fritz, Stuttgart 102; 131 – Jürgen Gaiser, Weißenhorn 93 – Bildarchiv Gerhardt Klammet, Ohlstadt 61; 126, 1; 130, 2, 4–6; 133, 1, 2; 158 – Bildarchiv Jürgen Lindenburger, Kastl 130, 1 (Böhm); 133, 4 (Mathyschok) – Niederländische Eisenbahnen, Köln 82 – Niederländische Fremdenverkehrszentrale 101; 105; 115, 2 – Pressefoto Willy Pragher, Freiburg 73; 86; 115, 1; 126, 1; 130, 3; 152, 1; 163 – Bildarchiv Sammer, Neuenkirchen 133, 3; 154; 160 – Bernhard Wagner, Oberboihingen 159.
Vorderer Vorsatz: K. Harig, Reinheim.
Hinterer Vorsatz: Mairs Geographischer Verlag, Ostfildern.

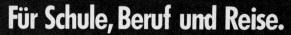

AMSTERDAM